PENCEREMDEN İNCİLER

Giriş

Hayalim

Bir kitapta okumuştum adını hatırlamıyorum: "Hayallerinizin gerçekleşmesini istiyorsanız eğer, onları bir yere yazın." diyordu. Bu yazının başlığı, bu nedenle oluştu; sayfam ile ilgili hayalim. Aslında yayınladıktan sonra, "Kitabım" menü başlığı altında olacaktı. Ama hayallerin gerçekleşmesi konusunda, yazılanlara, söylenenlere bakınca vardır elbet bir bildikleri dedim ve belki böyle daha çabuk gerçekleşir diye oluşturdum. (Buradaki büyülü olmayan sözcük "çabuk" sözcüğü. Çabuk demeyeyim de, olunca bir kitap kadar olunca yazdıklarım, diyeyim.) Üstelik de 2019'un hemen öncesinde dilek dilemiş ve evrene de mesaj göndermiş oldum böylelikle. Eğitim sistemimiz nedeniyle ilköğretim yıllarından liseye gelene kadar her şey öğretiliyor bizlere ve böylece her şey hakkında da bilgimiz oluyor... Çekirdekten öyle yetişince de, armut bazen elma, elma bazen armutmuş gibi yapıyor. Hatta olgunluğunda çağınızın, okumayı, araştırmayı, öğrenmeyi de bırakmamışsanız eğer, eğitimden nasibinizi almışsanız yani şanslıysanız da her konu da uzman olabiliyorsunuz. Yani doğal olarak uzman sayısı da artıyor tabii. Ama merak etmeyelim armut armuttur, elma da elmadır fıtratı gereğince... Yazımın burasında, elma armut benzetmesi bana çağrışım yaptırttı ve "Armut ağacı aşılansa elma olur mu?" diye sordum Google'ye. Bakın hâlâ öğreniyorum... Öğrenme işi hiç de bitmeyecek... Öğrendiğime göre, aynı familyadan bir başka ağaç aşılanırsa, aşılanan ağaç o ağacın meyvesini verirmiş. Örneğin; eriğe ve vişneye kiraz, elmaya armut aşılanabilirmiş.

Aynı familyadan olmayan ağaçların aşılanmasına da, bir örnek mevcut. Akasyaya kiraz aşılama örneği. Bir rivayete göre, akasyada gövdeye matkapla bir delik açıyorsunuz ve o delikten kirazın bir sürgününü geçiriyorsunuz sürgün o delikte gelişiyor ve deliği kaplayana kadar o delikte büyüyor deliği kaplayıp da iyice sıkışınca ana gövdeden kesiyorsunuz. Söylenen o kirazın orada geliştiği şeklinde. Bu örneğe bakarsak çok zahmetli olduğunu görüyoruz. Armuttan elma oluşturmak daha az zahmetli. Ama yine de bir uğraş gerektiriyor. Burada, armut elma olma sorumluluğunu almayı istiyor mu öncelikle bunu sormak gerekli. Armutun, elma olmayı istemesi ve elma olma sorumluluğunu almayı istemesi, bu isteğinde sebat etmesi ile oluşur bence. Armut, elma olmak için kendini kendini aşılayamaz; aşılama işini, birilerinin yapması gerekir ve bu kararlılığı göstermeleri gerekir. Armut, armut olarak da kalabilir, elmaya da dönüşebilir…

Sözün kısası, bu kıssayla ne demek istediğimi anlamışsınızdır sanırım. Amacım "yazarlık mesleği" sorumluluğunu almak değil. Benim zaten bir mesleğim var. Yazar olmak bir alt yapı gerektirir, süreklilik gerektirir, eserler yaratmayı gerektirir. Burada yaptığım; gittiğim resim, tiyatro atölyesi, konuk olduğum ve bir kerelik katıldığım yazma atölye çalışmasından yola çıkıp yazmayı da deneyimleme çabamdır. İlk kez yazmıyorum gerçi. Okul yıllarımda edebiyatım hep iyi olmuştu. Kompozisyonlarım, öğretmenlerimin övgüsünü kazanmıştı. Birikimim de hayat okulunda oldu; herkesle aynı. Daha sonrasında da yazmalarım devam etti. Acil serviste çalışırken nöbet defterimiz vardı. Bazı arkadaşlarım ertesi gün ne yazdım diye heyecanla okurlardı yazılarımı. O zamanlar eğer kızdıysam nöbette olmuşlara, çok uzun ve kargacık burgacık yazardım. O haliyle bile severlerdi.

İşyeri hekimliği yaparken ise öneri ve tespit defterleri vardı. Buraya da bolca yazardım. Buraya yazılmasını işverenler pek istemezlerdi. Olumsuz da olabildiğinden, işimiz bunları da yazmak olduğundan da olurdu bu. Olumlu olanlarını, yapılması gerekenleri yaptıklarında da mutlaka düzeltmeleri de yazardım. İşverenler bundan memnun olurlardı. Sağlıkta kayıtlar çok önemlidir. Söz uçar yazı kalır denir ya, ondan da önemliydi bu defterlere yazmak. Yasal görevdi. Bu sayfada ise yazma şeklim daha farklı. Daha sakin, rahat ve bir yerlere gidip gelme zorunluluğum da yok. Stresim olmadan yazıyorum. Stres olmayınca da yaratıcılık rahat nefes almaya başlıyor. Müziğin sesi daha iyi, güzel geliyor... Yazılarımı, atölyede oyalanan bir çırak yazmaktadır. Bundan da keyif almaktadır. Hobisel bir uğraş diyebiliriz. Yazmak dediğim gibi şu anda her şeyin önüne geçti. Her ne kadar bazen geçmişten yazsam da akışta olmamı sağladı. Zaman nasıl geçiyor anlamıyorum. Bildiğiniz su gibi akıyor. Bunu sevdiğim için de yazabildiğimce yazmayı istiyorum. Çünkü sevgiyle, heyecanla yaptığım bir şeye dönüştü. Bana göre ben çalışıyorum. Ama sevdiğim şeyi yapınca da pek de çalışıyor gibi değilim. "Sevdiğiniz işi yaparsanız, bir gün bile çalışmış sayılmazsınız." Konfüçyüs demiş. Bu sözü çok severim...

Buradaki yazılarım hepsi birer çocuğum gibi de oldu. En iyi okuyucum da kendimim. Dönüp dönüp okuyorum ve gerçekten de çok beğeniyorum ☺. Yazıları, danışmanım oğlum yedekliyor sürekli. Bu arada yılbaşı tatili için geldi; mutluyum. Sitede yapılması gerekli olanları tamamlayacağız birlikte. Ondan öğreneceklerim var. Yazılarımın kaybolmasını istemiyorum ve elimde de derli toplu olarak bir kitapta olmasını istiyorum. Araştırdım bir yayınevinde gördüm belki diğerlerinde de vardır: "Az adetli Yayın Paketi"

Diyor ki yayınevi: "Diyelim ki yazmış olduğunuz bir teziniz, romanınız ya da şiir kitabınız mevcut ve siz eserinizi kendi adınıza resmi olarak tescillemek istiyorsunuz, 'Az adetli Yayın Paketi' böyle bir durumda tam da size göre bir paket!' İşte istediğim bu. Üzerinde yandaki resmim olabilir. Kitabımın adı da "Penceremden İnciler". Birkaç bölümden oluşacak tabii: Sanat atölyeleri; mutfak, resim, tiyatro, seyahat, koruyucu sağlık, büyüklere masallarım, şeklinde. Seslendirme atölyemden ise CD olabilir; kitabın yanında hediyesi şeklinde mesela... Eğer faydalı olacaksa yazılarım, daha da fazla basılsa ve daha çok okuyana ulaşsa, tabii ki mutlu olurum...

Hepinizin sevdiği işi yapması dileğiyle hepinize mutlu bir yeni yıl dilerim. Mutluluklarınız daim olsun... Selam ve saygıyla...

Eşime, Çocuklarıma, Aileme, Öğretmenlerime, Arkadaşlarıma; ''Bugünkü Ben'' olmamda katkı sağlayanlara ithafen...

Penceremden İnciler

Atölye Çalışması

Demet Nohutçu

"İnsanın sağlığını koruyan iki faktör vardır. İşini sevmesi ve hayatı sevmesi."

Sigmund Freud

MENÜLER:
ANA SAYFA
SANAT ATÖLYELERİ
HAKKINDA
ETKİNLİK

ANA SAYFA

Merhaba Dünya!

Neden "PENCEREMDEN İNCİLER"?

Uzun süredir bir sayfa açmayı düşünüyordum. Ancak neyi paylaşacağım konusunda karar veremiyordum. İşimi mi, aşımı mı, uğraşılarımı mı, seyahat ettiğim yerleri mi ya da buraların bana hissettirdiklerini mi, okuduklarımı mı ya da geçmişi mi, geleceği mi ve daha birçoğunu mu?

Ustaca olmasa da; yazmayı, yağlı boya resim yapmayı, fotoğraf ve video çekmeyi, sunum hazırlamayı, evimi, kısaca ilgilendiğim her şeyde kendimi kaptırıp; bazen saatlerce internette sörf yapmayı, bulduklarımı paylaşmayı, öğretmeyi, ilham olmayı ve motive etmeyi, yaşama sevincimi tüm bunları yani "incilerimi" seviyorum.

Başlarken, penceremden ne inciler döküleceğini ben de bilmiyorum. Şimdilik bu kadar.

Sayfama hoş geldim ve sizler de hoş geldiniz.

PENCEREMDEN İNCİLER

Demet Nohutçu

İKİNCİ ADAM YAYINLARI

Yazar:
Demet Nohutçu

Yayın Yönetmeni
Başak Ergün

Editör
Bensu Bayraktaroğlu

Baskı
İkinci Adam Matbaacılık
Moda Caddesi Özgür İş Hanı
No:28 K:3 D:306-307
Kadıköy / İstanbul
Tel 0216 345 95 66

2020

1. Baskı

ISBN 978-605-306-734-4

İKİNCİ ADAM YAYINLARI

Tel: 0216 345 95 66
Fax: 0216 345 95 74

www.ikinciadamyayinlari.com

Bu eserin tüm yayın hakları
İkinci Adam Yayınları'na aittir.

SANAT ATÖLYELERİ (2. Menü)

1. Kategori:

YAZI ATÖLYESİ

Klavyemden dökülen incilerim.

1. Alt Kategori:
Büyüklere Masallarım

Kurguladığım İncilerim.

2. Alt Kategori:
Mutfak

"Yemeklerimiz ilaçlarımızdır, ilaçlarımız yemeklerimizdir."

Hipokrat

3. Alt Kategori:
Resim

Resim incili yazılar.

"Sanat, gerçekleri tanımamıza yardımcı olan bir yalandır."

Pablo Picasso

4. Alt Kategori:

Tiyatro

Oynadığım ve izlediğim tiyatro oyunlarından klavyeme dökülen incilerim.

5. Alt Kategori:

Seyahat:

- Seyahat Albümleri
- Seyahat Filmleri

6. Alt Kategori:

Koruyucu Sağlık:

İşim; Tababet de sanat olduğu için sanat atölyelerinde yer aldı. Bizim mesleğimizde hiçbir zaman "Biliyorum" dememek gereklidir; tabiri caizse ve kelimenin tam anlamıyla; biliyorum dediğiniz an çuvallarsınız. Sürekli kendinizi geliştirmeniz ve okumanız gereklidir. Öğrenmeyi ve araştırmayı sevmem belki de mesleğim nedeniyledir.

İşimde de her zaman öğrenmeye devam eden bir çırak olduğumu düşünürüm. Daha öğrenecek çok şey var...

- Eğitim

"İnsan eğitimle doğmaz ama eğitimle yaşar"

Cervantes

Bu bölümde daha çok, işyeri hekimliği anılarımı paylaşacağım.

- Sevgi
- İlkyardım
- Temizlik
- İnanç

2. Kategori:

SESLENDİRME ATÖLYESİ

Dilimden dökülen incilerim.

Neden Seslendirme?

Çocuklarım küçükken onlara masal okurdum. Masalları, öyküleri seslendirmeyi seviyorum. Değişik nedenlerle okuyamayanlar için de ikinci bir alternatif olsun istedim. Teknolojiden uzak kalmamız artık mümkün değil. Kitap okumanın güzelliği ayrı, ancak gördüğüm; internetten okumaların, kitap okumalarının önüne geçtiği. İstediğimiz bilgiye anında ulaşabilmenin güzelliği yadsınamaz. Yazıların da sıcağı sıcağına okuyana ulaşması, anında yorum yapılıp, karşılıklı iletişim içinde olabilmek de güzel. Bu arada gözleriniz de zarar görmesin istedim. Umarım yararlı olur ve beğenirsiniz. Teşekkür ederim.

"https://www.penceremdeninciler.com/category/seslendirme-atolyesi/"

Adresten seslendirme atölyesine ulaşabilirsiniz.

Sanat Atölyeleri

Atölyeler ruhları besler.

Yazı Atölyesi:

Burada, yazma atölyesinden dökülen incilerimi paylaşacağım.

Örnek yazma çalışması:

Yaratıcı yazma atölyesi incilerim:

Birinci incim

10 Ekim Çarşamba günü, yazmayı seven ve meslek edinmiş olan arkadaşımın (www.nerminsenol.com) davetiyle, yine kendisinin hazırladığı yazma atölye çalışmalarından birine konuk olarak katıldım. Bu günün aynı zamanda, Dünya Ruh Sağlığı Günü'ne denk gelmesi de anlamlı oldu.

Dünya Sağlık Örgütü, 10 Ekim Dünya Ruh Sağlığı Günü'nün bu yıl ki temasını da, "Değişen Dünyada Gençler ve Ruh Sağlığı" olarak belirlemiş, gençlerin dayanıklılığını arttırmayı, önlenebilir ruhsal hastalıkları önlemeyi de amaç olarak belirlemiş ve yapılacak çalışmaların bu bağlamda yapılması gerektiğini belirtmiştir. (http://www.psikiyatri.org.tr/)

Bizler, böylesi bir amaç için toplanmamıştık ama çalışmamız bu bağlama da hizmet etmiş oldu. Atölye çalışmamızda aramızda bir genç kızımız vardı. İlk gördüğümde yüzünde geçirilmiş bir inmesi olduğunu düşündüğüm kızımız, kendi yazdığı öyküsünü okurken onu seyrettiğimde, bunun inme olmadığını düşündürdü bana. Çünkü çalışma sırasında, yazmayı çok sevdiğiyle ilgili düşüncelerini anlatırken, yüzünde var olan sağ kaş ve dudağındaki asimetrik halden eser kalmamıştı. Karamsar kurgulama ve sonu dışında öyküsü, katılımcıların ve yazarımızın alkışını hak etti. Yazarımız ona yazılarıyla ilgileneceği sözünü verdi. Atölye çalışmamız mutlu sonla bitti. Diğer çalışmaya katılamadım ama arkadaşlarımdan, yeni öyküsünün daha da güzel olduğu ve bu sefer kurgusunun da karamsar olmadığı haberini aldım. Daha da mutlu oldum. Bize göre minik ama belki bir gencin yaşamına büyük bir katkıda bulunmuş olabilmenin düşüncesi bile çok güzel. Dilerim bu çalışmamız, gerçekten de onun hayatında işe yarar ve ona yol gösterici olur.

İkinci incim

Yazarımız bizden, kendi yarattığı "Lili" adlı büyücü karakterinden üç dilek istememizi, bunu yazıya dökmemizi ve "Büyülü Gerçekliği" yazarak yaratmamızı istedi. Konu kadınlardı. Bu çalışmada dikkat çektiği de "kadın dünyasını", pozitif bakış açısıyla anlatan bir kadın yazar olması gerekliliğiydi. Öykülerimizi yazdık ve sırayla okuduk. Çoğumuz kendi yaşanmışlıklarımızı yazmıştık. Bu en kolayıydı. Yine de, ortaya karışık, güzel, mini eserler çıkmıştı. Yazarımız minik dokunuşlarla öyküyü kurgulamayı, merkeze karakterleri koyup dışarıdan bakabilmeyi ve büyülü dokunuşların öyküyü nasıl şekillendirebileceğine rehberlik ediyordu. Sonuç olarak hepimizin keyif aldığı bir çalışma oldu ve orada bulunmak hepimizi mutlu etti.

Üçüncü incim

Kurgulamak o kadar da kolay değildi aslında. Atölyede yazdığım ilk yazıya dokunuşlar yapmam, düzenlemem gerekti. Düzenlediğim yazımı yazarken de yeniden düzenlemem gerekti. "Sevgili Lili benden üç dilek tutmamı istedin. Sana bir masal anlatarak bunları dileyeceğim. Şimdi dinle beni:

Bir varmış bir yokmuş, evvel zaman içinde, Lili diye biri varmış. Lili'nin karnı büyümeye başlamış. Öğrenmiş ki bebeği olacakmış. Karnı daha tam büyümeden bebeği gelivermiş. Çünkü çok aceleci ve meraklıymış. Ama büyükleri annesini biraz daha merak etsin istemişler ve alıp onu büyümesine yardım edecek sıcak bir yere götürmüşler. Lili'nin minik bebeği bir süre sonra büyümüş ve ona dönmüş. Onlar ermiş muradına derken bu mutlulukları uzun sürmemiş. Lili'nin çok sevdiği işine de dönmesi gerekiyormuş. Aslında daha zamanı varmış.

Lili'nin işyerinde bir cadı varmış. Bu cadı bir amcaymış. Demiş ki; "Eğer işe başlamazsan seni başka bir yere göndereceğiz." Lili, buna çok üzülmüş. Lili'nin yaşadığı ülkede bir padişah varmış. Lili gidip ona derdini anlatmak istemiş. Ama öğrenmiş ki cadıyı padişah çok severmiş. Ona hep, "Dile benden ne dilersen." dermiş. Cadı da. "Padişahım çok yaşa!" dermiş.

Bir gün bütün cadılar toplanmışlar. Lili de onları saklandığı yerden seyretmiş. Cadılardan birinin bebeği olduğu için ona ne hediye edelim diye konuşuyorlarmış. Biri demiş ki, "Ona bebeğiyle birlikte uzun bir zaman verelim. Onu büyütsün. O arada onun işlerini biz yerine getirelim, karnını da doyuralım, sonra da işinin sonuna geldiği zamanlara bu süreyi ekleyelim."

Hepsi bunu kabul etmişler. Padişaha bildirmişler. Padişah da cadıları sevdiğinden kabul etmiş ve cadılar bebekleriyle mutlu zamanlar geçirmişler. Cadılar mutlu oldukları için de Lili'yi anlamışlar ve onu hep sevmişler...

Sevgili büyücü Lili, bütün masallar sana çıkar aslında. Büyüyü yapan da sensin, dileyen de, dilekleri yerine getiren de sensin. Cadı da sen, padişah da sensin. Bunu herkesin görmesi de dileğim..."

Yazıyı istediğiniz gibi yoğurabilirsiniz. Aynı yazıdan farklı durumlar, farklı karakterler, farklı sonlar oluşturabilirsiniz. Cadıyı; tatlı cadı ya da şirin, kralı da Lili yapabilirsiniz. Yeni büyüler, yeni büyülü gerçeklikler oluşturabilirsiniz. Yazmanın güzelliği burada olsa gerek.

Dördüncü incim

Atölye çalışması başladığında, yazarımızın okuduğu öyküye yol yorgunu olmam nedeniyle dikkatimi tam da veremedim. Öyküde iplik, iğne, çuvaldız gibi sözcükler ve sanırım temsil ettiği büyüler anlatılıyordu. Okumanın sonunda yöneltilen soruya yanıt verme sırası bana geldiğinde, öyküyü büyüsünden çıkararak katılımcılara; "Eğer ipliği iğneye geçiremiyorsanız daha büyük bir iğne kullanın." tavsiyesinde bulunup kendi gerçekliğimi de yansıtmış oldum. Bu da yazma atölyesinden kalan hoş bir "an"ı oldu.

Dökülen incileri toplayıp güzel bir kolye oluşturma zamanı.

İnciler birleşti ve işte sonucu:

https://www.penceremdeninciler.com/2018/10/24/atolye-calismasi/

Bir İnsanın Ana Vatanı Çocukluğudur

"Bir insanın ana vatanı çocukluğudur"

Epictetus

"Epictetus Yunan ve stoacı filozoftur. Stoacılığın temelinde şu yatıyor: Fiziksel rahatsızlıklarımızın kaynağı nasıl bedenimizde ise ruhsal rahatsızlıklarımızın kaynağı da aklımızda ve düşüncelerimizde yatıyor. Düşüncelerimize de kendimiz şekil verdiğimiz için manevi sıkıntılarımızın sorumlusu biziz. Bu rahatsızlıklar, hatalı muhakeme ve yanlış inançlardan doğuyor. Stoacılar, muhakeme yetimizi geliştirirsek ve inançlarımızı düzeltirsek mutlu bir yaşama sahip olacağımızı düşünüyorlar. Çözümleri dışarıda aramak yerine insan aklında arıyorlar. Stoacı filozoflar, bir bakıma bireyin görevlerinden birinin de yaşadıkları topluma faydalı olmak olduğuna inandıklarından, oldukça üretken kişiler. Ruhsal sıkıntılarımızın çoğu elimizde olmayan şeyleri isteme ve sahip olduğumuz şeylerin kıymetini bilmemekten kaynaklı. Hepimizin deneyimlediği bir şey bu.

"Mutlu bir yaşam için pek az şey gerekli; gereken her şey içimizde ve düşünce biçimimizde."

Marcus Aurelius

"İşte insanın çılgınlığı böyle bir şey. Mutlu olmak elindeyken perişan olmayı tercih ediyor. Bilinçsiz insan, köleler efendilerine nasıl itaat ediyorlarsa, arzularına öyle itaat ediyor ve arzularını kontrol edemediği için asla huzur bulamıyor."

Diyojen

Stoacılar Tanrı'nın doğanın her yerine nüfuz etmiş olduğunu ve her şeyin bir plan ya da akıl tarafından kontrol edildiğini düşünmüşlerdir. Akılcı olmayan aşırılıklardan uzak durmak, duygusal aşırılıklardan uzak durmak, hayatın doğal akılcılığına güven ve kişinin kendi kendine yetebilme yönünde doğru eylemde bulunma istekliliği stoa düşünürünün temel dayanak noktalarıdır."

*Derleme

*(seyler.eksisozluk.com/mutlulugun-dis-kosullara-bagli-olmamasi-gerektigini-savunan-dusunce-akimi-stoacilik)

Koca Köprünün Ayakları

Uzun yıllar olmuştu çocukluğumun geçtiği yere gitmeyeli. İlk gittiğimde gördüğüm manzara koca köprünün ayaklarıydı ve gözlerim şaşkınlıktan neredeyse yerinden fırlayacaktı.

Bu koca köprü, beynimdeki oraya ait eski görüntüyü silivermişti. Benim bıraktığımda şirin, küçük bir yerdi şimdiyse kocaman olmuştu. Kocaman yerin tam ortasında koca ayaklı bir köprü vardı. İkinci gidişimdeyse bu koca köprünün diğer ucundaki ayağını da gördüm. Yine olanca azametiyle, binaların arasından orantısız büyüklükte fırlamış adeta bir hilkat garibesi gibiydi. Etrafındaki binalar da büyümüştü ve koca ayaklar onlarla, nefes aldırmaz halde iç içeydi.

Bu durumdan orada yaşayan güzel insanlar hiç memnun değillerdi ve "Yerin altında olsaydı." diyorlardı. Dedim ki: "Köprü de utanıyordur belki koca ayaklarından, belki ileride yerin altına alınır ve o koca ayaklar kaybolur. Kaybolana kadar bir şeyler yapılmalı. Boyanmalı koca ayaklar güzel manzaralarla, mesela yeşille ve toplanmalı kuşlar birer tabak buğdayla. Sokak çalgıcıları yapmalı müziklerini, her telden nağmeyle bu koca köprünün ayaklarında ve sizler mutlu olmalısınız. Kim bilir, o zaman belki koca ayaklı köprü de mutlu olur ve utanmaz koca ayaklarından.

Gizemli Yer

Yaşadığım yerlerden birinde "Gizemli Yer" diye bir dinlence yeri vardı. Bazı hafta sonları gittiğimiz, sahipleri tanıdığımız olan, kocaman çınar ve okaliptus ağaçları arasında serpiştirilmiş masalar ve dileyenin minderlere bağdaş kurarak oturabildiği köşklerde, gözlemenin her çeşitinden ve minik alabalık havuzundan seçerek alabalık yediğimiz, hatta bir keresinde yoğun müşteriye yetişemediklerinde, eşimle birlikte burada servis yapmanın tadına da baktığımız bir yerdi.

Burası özel çevre koruma alanı olduğu için işletme izni alınamamış ve bu nedenle sonraki yıllarda da kapatılmıştı. Ağaçlar mevsimleri takip edip görsel şölene devam ediyorlar. Anılarımızda ise gözlemelerin tadı kaldı.

Başlığa adını veren "Gizemli Yer" ise çocukluğumun ana vatanından şimdiye kalmış, halen yaşayan ve yaşatılan bir yer. İlkokul öğretmenimin ve ailesinin yeri. Ceviz, defne, limon, portakal, mandalina ve bir dolu zeytin ağaçları, mercan köşkü, kekik ve tertemiz semizotları var. Buradaki gizem ise etrafındaki binaların arasında bozulmadan kalmış olmasından geliyor. Hızlı sanayileşme ve buna bağlı büyümenin getirdiği sonuçlar bu bahçeyi şimdilik teğet geçmiş. Ama zaten böyle olsun istemişler. Dilerim hep de bu şekilde kalır.

Üç çocukluk arkadaşı, öğretmenimizin verdiği torbalarla bahçeye girip, mandalina, portakal, semizotu, defne yaprağı ve defne meyvesi topladık. Ceviz ağacının altında, taze cevizlerden kırıp yedik ve "Guguuu! Ceviz ağacı ve Gugu" yu andık. Daha bu kitabı okumadım ama okumuş gibiyim. Çünkü ortaokulda beraber okul gazetesi çıkardığımız arkadaşımın, şimdilerde yazdıklarını okudukça görüyorum ve anlıyorum. Aynı zamanda annesi de olan ilk öğretmenimiz öğretti bize hayat bilgisini, yaşama bakışı, açıları... Sonrasında aynı öğretmenlerden okuduk sosyal bilgileri, Türkçeyi, dil bilgisini, matematiği, din ve ahlak bilgisini, müzik, resim ve beden eğitimini. Aynı havada büyüdük, aynı sudan içtik. Sadece okuldan eve döndüğümüzde ayrı mahallelerde oynadık oyunlarımızı. Buraya yansıyanlar onlar belki de. Yollar ayrıldı ve yollar kesişti yine bu bahçede...

Çocukluğumun ana vatanından şimdiye geldiğimde orada olanlar bana biraz ağır geldi. Belki olurken içinde yaşamamış olmamdan olabilir. Değişim özellikle son beş yılda daha da büyümeyle seyretmiş. Sanayi merkezi haline gelme, göçü de beraberinde getirmiş olduğundan, yapılaşma, kentsel dönüşüm burayı da etkilemiş. Değişimleri kucaklamak gerek evet ama böylesi hızlı değişimleri sindirmek için biraz zaman gerekli... İlkokul öğretmenimiz nasıl yemek yenildiğini de öğretmişti bize. Lokmalar yavaş çiğnenir, yemek yerken beraberinde bir şey içilmez, su da yemek arasında değil yemekten sonra içiliri öğretmişti. Buradaki gizemli sözcük ise "yavaş" sözcüğü. Hızlı yersek beraberinde havayı da yutarız ve gaz problemi yaşarız. Yemeğin gerçek lezzetine de varamayız.

Değişimlerin de hızlı olması, birçok sosyal sıkıntıyı beraberinde getirir. Şimdi, bu sıkıntıların aşılması zamanı. Biraz felsefe, biraz sanat, biraz tarih ile. Belediyelere ve sivil toplum örgütlerine bu konuda çok iş düşüyor. Gördüğüm; bu konudaki çalışmaların başlamış ve bizi yetiştiren öğretmenlerimizin de, bu çalışmaların içinde bulunmuş olduğuydu...

Yazımı Dünya Sağlık Örgütünün, "Sağlık" tanımıyla bitirmek istiyorum:

"Sağlık sadece hastalık ve sakatlığın olmayışı değil, bedence, ruhça ve sosyal yönden tam iyilik halidir."

WHO

Çağdaş Yaşam

Çağdaş yaşam nedir? Çağdaş yaşam topraktır. Neden? Toprak olmazsa beslenme olmaz. Beslenme olmazsa düşünme ve üretim olmaz. Toprak olmazsa sanat olmaz. Müziğin tınılarını çıkartan enstrüman ağaçtan, toprak olmazsa ağaç olmaz. Resmi oluşturan kâğıt, fırça ağaçtan, tuval kumaştan, kumaş pamuktan, toprak olmazsa ağaç ve pamuk olmaz. Kitaplar, defterler, kalemler ağaçtan, ağaçlar topraktan, toprak olmazsa eğitim olmaz. Testiler, heykeller topraktan...

Çağdaş yaşam ziraattır, tarımdır, hayvancılıktır. Toprağa sahip çıkmak, üretmek ve kendimize yetmektir. Ekşi mayalı ekmektir, zeytindir, incirdir. Arkadaşının kara fırınında yapılan boyozu yemektir. Birlikte çay içmektir, kahveni dostlarla paylaşmaktır. Yeşildir, ormandır, korudur ve bunları yıllar sonra gelecek nesillere hediye etmektir. Ağaçların kokusunu içine çekmektir, nefes almaktır, tarihe arşiv hediye etmektir. Tarihi öğrenmek, köprü olmaktır geleceğe. Gökyüzünü görmektir ve bütün bunlara teşekkür etmektir.

Bütün bunlara önem vermek de, çağdaş bir yaşamın gereklerini yerine getirmektir.

Çağdaş yaşam nerededir? Çağdaş yaşam binalardan tarlalara inen yoldadır. Eğer ulaşabilirseniz bir bahçededir. Toplandığınız, ektiğiniz, hasadını yaptığınız, yazdığınız, resim yaptığınız, müziğinizi yaptığınız ve müziği dinlediğinizbir bahçede...

95. Yıl
Cumhuriyetimizin 95. yılı kutlu olsun.

Hepimizin, cumhuriyete borcu var. Bunun içinse yapmamız gereken; daha çok çalışmak, okumak ve öğrenmek. Herkesin elinden geleni en iyi şekilde yapmaya çalışması, iyi eğitim ve bunun için de her türlü fırsatı değerlendirmeye çalışmak. Bilişim teknolojisi sayesinde bilgiye ulaşımımız çok kolaylaştı ancak bilişim doğru kullanıldığında faydalı. Bilgilerin doğru kaynaktan olduğuna emim olunmalı ve gerektiğinde konuların ilgili uzmanlarına danışılmalı. Aksi takdirde yarardan çok zarar sağlayabilir. Eğitime ne kadar çok değer verirsek, okuryazarlık oranımız ne kadar yüksek olursa, cumhuriyetimize borcumuzu ödemeye o kadar yaklaşırız. Cumhuriyeti kuran Atamız ve emek verenlerimizin hepsine buradan minnet duygularımı belirterek, cumhuriyetimize borcumuzu ödeyebilmek için elimden geleni yapmaya devam edeceğime söz veriyorum. Bu güzel ülkenin evladı olduğum için mutluyum ve ne mutlu ki bize özgür bir ülkede yaşama şansını vermiş olan tarihi değerlerimiz var.

Defnenin Dalları

Yıllarca önünden geçtiğim defne ağaçlarıyla yeniden buluşmam, ilkokul öğretmenimin bahçesinde gördüğüm defne ağacı ile başladı. Öğretmenim bir ağaç dikerek öğretmeye devam ediyordu...

Geleceğe bir şey bırakmak isterseniz eğer, bir ağaç dikin. Sözcüklerle anlatmanız gerekmez o zaman, ağaç size varlığıyla her şeyi anlatır.

Defne ağacı da:

Bir onur ağacı olduğunu ve bu nedenle Yunan heykellerinin başlarında çelenk olduğunu, defnenin "Daphne" den geldiğini, ölümsüz aşkı ve sonsuzluğu simgelediğini, şifa olduğunu, mesela, üç yaprak ve iki bardak sudan çay olduğunu, çayı yaparken çaydanlığın kirecini de çözebildiğini, meyvesinin ekim ayında olgunlaştığını, aynı zamanda baharat olduğunu ve bal ile yakıştığını da anlatır.

Defne ağacı var oldukça, kendini anlatmaya ve şifa vermeye devam edecek...

Yeniden buluştuğum defne ağaçlarından üç dal kopardım. Biri yeni komşuma, biri eski komşuma, biri de adaşıma...

Meyveleri yoktu, toplayamadım. Onları da söyledim pazarcıya, getirecek tezgahına...

Erken Gelen Mucize

17 Kasım Dünya Prematüre Günü.

Rengi mor, simgesi de mor bir kurdele. Kasım ayı da "Erken doğum farkındalık ayı." Bizim mucizemiz, 28. haftasında geldi. Erken gelen mucize, "Doğum Günü" yazısında.

Doğum Günü

31 Ekim 2000'den bu yana on sekiz yıl geçmiş. Ne kadar da hızlı akmış zaman. Şimdiden geriye baktığımızda hızlı ama yaşarken öyle olmuyor… Salı günü öğle saatlerinde, sonradan doğumumun başladığını anladığım, bitmek bilmezcesine erkenden gelen suyum, eşimi telefonla arayışım, onun ambulansı arayışı, gelen ambulans çalışanlarını yormamak ve oğlumu telaşlandırmamak için oğlumun elinden tutup, dördüncü kattan yürüyerek aşağıya inişimiz, "İstersen artık ambulansa bin" diyen sesler arasında hastaneye gidişimiz, sedyeyle acilden geçerken küçük oğlumun gözleriyle buluşmamız ve küçük oğlumun bir saat sonrasında büyük oğlum olması... Kanamalı olduğu ve durdurmak için epeyce uğraşıldığı için ameliyattan zor uyanışım, sancılarım, sesler arasında ne olduğunu anlamayışım, sezişim... Oğlumu göremeden büyük merkeze sevk edilişi, minik

bebeğimin bir doktor ablasının kucağında sıcacık gidişi, doktor abisinin sıcak gitsin diye termofor arayışı, anestezi teknisyenleri gerekebilir diye ikinci ambulansın yetiştirilme telaşı, annemin, kardeşlerimin ağlamalarına izin vermeyişim, güçlü oluşum... Bu koşuşturmada büyük oğlumun boğazının şiştiğini fark edemeyişim ve suçluluğumu duyuşum... Eşimin bir arkadaşımızla birlikte ambulansın peşinden gidişi, aile büyüklerinin ambulansı karşılayışı, hastanede kalışı, sıcak havlu koyarak, üç saatte bir pompayla süt sağışım, sütünün ulaşana kadar, garaj-dede aracı-hastane zincirini takip edişi, otobüslerin önce yardım edişi, süreklilik arz ettiğinde ücret isteyişi, şehrimizdeki soğuk taşımacılık seferlerine öncülük edişi, dedemizin her sütü bırakışında o gün aldığı gramı öğrenişim, gram arttığında mutlu olup, gram azaldığında kaka yaptığını öğrenişimiz, her gün, kaç günde iki bin gram olacak diye hesaplayışımız, zor bulduğumuz ve bir kez yaptığında değiştirildiğini öğrendiğimiz minik bezlerin çabucak bitişi, bir ay olup iki bin gram olduğunda kavuşmamız ve ilk sütünü biberondan değil anneden içişi, tutmayı beceremeyişim ama kendime bunu yapmak zorundasın deyişim ve öğrenişim... Yıl sonu olduğu için kurum ödemeleri kapatılınca ve bu tetkiklerden hangisi gerekliyse onu yaptıralım deyişimiz, çaresizliğimiz...

Eve gelişimiz, tartarken üşümesin diye, çoraplarına kadar tüm giysilerinin gramlarını bilişimiz, sarılığının uzun sürüşü, abi olan oğlumuzun okuldan kalmasın diye anneanneyle kalışı ve her hafta kontrole gidişimiz, çok küçük olması nedeniyle göz dibi kontrolü sonrasında merkez bulup hemen uçmamızın gerekebileceğinin söylenişi ve geçen iki günün hayatımızın en uzun iki günü oluşu, gerek kalmadığını duyduğumuzdaki sevincimiz, kontrollerden sonra kantinden çay ile boyoz yiyişimiz ve motive oluşumuz, dönüşlerimiz ve yine gidişlerimiz...

Dokuz ayını tamamlayana kadar minik sepetinde sürekli uyuyuşu, emzirmek için uyandırışımız, dede, babaanne, abi, baba hep birlikte banyosunu yaptırışımız, kucağımda müzik eşliğinde dans ederek uyutuşum, uyuyunca mutfağa koşuşum, dinlenişim, büyük oğlumla ilgilenişim, oğlumuzun okula, eşimin işe gidişi, eve gelen ziyaretçi yakınlarımızın azalması ve herkes gittiğinde duvara bakıp ağlar hale gelişlerim, eşimin ofisinde bir oda hazırlayıp, bütün malzemeyi alıp gidişlerimiz, uyuduğunda ofise gelen tanıdıklarla sohbet edişim ve kendime gelişlerim.

Bebeğim nedeniyle çocuk doktorunun rapor verişleri, üç aylık daha hakkım olduğu halde, bir aylık raporumu torpille almak zorunda kalışım, dokuz aylık olduğunda bakıcı teyze arayışlarımız, bir aylık beraber alıştırma döneminden sonra işe başlayışım, nöbetçi olduğum akşamlarda babayla, abiyle kalışları...

Bugün on sekiz oldu. Bugün doğum günü, bugün büyük oğlumuzun abi olduğu gün, bugün babamızın ikinci kez baba olduğu gün, bugün ikinci kez anne olduğum gün. İyi ki doğdun oğlum. Doğum günün kutlu olsun. Nice mutlu, sağlıklı yaşlara hep birlikte...

Çam Ağaçları Arkadaşımdı

Çocukken arkadaşlarımın arasında onlar da vardı. Çam ağaçları arasında büyüdüm. Köşe kapmaca oyunumuzun baş aktörleri oldular. Seksek, saklambaç, beş taş, kırk taş, çelik çomak, körebe, saklambaç bütün oyunlarımıza şahitlik ettiler. Kumrulara ve ağustos böceklerine ev sahipliği yaptılar. Onların sayesinde öğrendim kumruların ve ağustos böceği ile karıncanın öykülerini. Ben de onlara şahitlik ettim; kabukları sıyrılıp akan reçineyi görünce ağlama dedim ve sarıldım sımsıkı çocuk aklımla. Yeniden gittiğimde evlerimiz yoktu ama onlar hâlâ oradaydılar aynı yerlerinde. Sabırlı ama gövdeleri büyümüş ve heybetli. Daha da çoğalmıştı arkadaşları. Sahne bu sefer çocuk parkı olmuştu... Biraz daha yürüdüm bir çama daha rastladım. Babamın çalıştığı yerin bahçesinde. Babamın minik bisiklet çantasında yerini alıp eve geldiğinde, kırarken elimizi karaya boyayan kabukların içinden çıkan fıstıklar için teşekkür ettim ona da.

Daha da ilerde kocaman bir çamlık vardı. Buradaki çamlar hayatımda gördüğüm en büyük çamlardı. Görebilmek için kafamı iyice yukarı kaldırmam gerekiyordu. Bunlar Abdülhamit zamanından kalma çamlardı. Merak ettim ve Sosyal Bilgiler öğretmenime; "Bize Abdülhamit'i öğretir misiniz?" dedim. Çamlar bende tarihi öğrenme isteğini uyandırıyordu. Öğretmenim "Yakın tarihler için kaynak çok ama dikkat etmek lazım birinin ak dediğine diğeri kara diyor." dedi ve yerel bir tarihçinin "Salnameler" ile ilgili çalışmasını kaynak olarak gösterdi. Türkçe öğretmenim de: "Çok iyi analiz yapmak gerekiyor, bunun için de okumak gerekiyor." dedi. Bir de başöğretmenimizden öğrenmek istedim ve ulaştığım bilgi bana sahip olduğumuz öğretmenlerimiz, değerlerimizden yana ne kadar şanslı olduğumuzu bir kez daha hatırlattı:

"Yıl 1937. Yaz günlerinden birinde. Sürekli takip ettiği yazar Nizametin Nazif, Abdülhamit'e hakarete varan yazılar yazması üzerine Atatürk'ün emriyle Dolmabahçe'ye gelmiştir.

Atatürk: "Yazını okuyorum. Hürriyetin ilan edildiği zaman küçük bir çocuk olman lazım. Fakat tebrik ederim o günleri iyi canlandırıyorsun. Yalnız Abdülhamid'i hiç sevmediğin belli. Sevme Abdülhamid'i. Gene de sevme! Fakat sakın hatırasına hakaret edeyim deme. Senin neslin biraz daha temkinli kararlar vermeye alışmalı. Bak çocuk! Şahsi kanaatimi kısaca söyleyeyim: Tecrübe göstermiştir ki, toprakları üstünde yaşayan insanların çoğunun ahvali meşkuk (ne olacakları şüpheli) ve hudutları yalnız düşmanlarla çevrili bir büyük devlette Abdülhamid'in idare tarzı azami müsamahadır (en yüksek hoşgörüdür). Hele bu idare on dokuzuncu yüzyılın son yıllarında tatbik edilmiş olursa..."

(Nizamettin Nazif Tepedenlioğlu'nun hatıralarından)

Güzeldi çocukluğum

Ne güzeldi çocukluğum. Gidince yine hatırladım, arkadaşım olan çam ağaçlarından sonra uğradım sokağıma. Yanı başındaydı hemen, konuşsa neler anlatırdı? Okuldan çıkar çıkmaz birer dilim ekmeğe yağ sürüp fırladığımız, akşam ezanı okunup hava kararana kadar ayrılamadığımız, annemin bizi çağıran sesiyle eve dönüp sonra yeniden buluştuğumuz, oyunlarımızın tadına doyamadığımız, bizi biz yapan sokağımız. Bir yanındaki binalar değişmemişti ama içlerinde oturanlar değişmişti. Birinde hiç kimse yaşamıyordu artık. Sokak kapısını açtım, girdim, merdivenleri çıktım, uzattım kafamı; toz toprak, virane olmuş, çaldım kapıyı kimse yok. Üç kızları bir de onların nineleri vardı çocukluğumda, inekleri bir de atları. Süt sevmezdim ama ne çok yedim yoğurdunu. Sütü almaya her gidişimde, adaletli koyuşunu seyrederdim komşu teyzemin. Maşrapaya oradan da tasıma, bir yudumunu bile yere dökmezdi. Tepsi elinde salonuna gelişi ve sofrasının etrafında oturup yemeklerini yediğimiz günler geldi gözümün önüne. Hatta ilk enginarı ondan yiyişimi hiç unutmadım; değişik gelmişti, kusmuştum. Şimdi ise ne severim enginarı. Komşu amcam ise bize matematik çalıştırırdı. Her gidişimde mutlaka bir problem çözüme ulaşırdı, ne severdik.

Oyunlarımızı beraber oynadığımız onların küçük kızı benim de ablamdı. Diğer oyunlarda iyiydim ama yakan top oyununda topu atmayı beceremezdim. Beni yine de hep takımına alırdı. Komşu teyzem büyük kızında kalıyormuş şimdi. Diğer komşular ise evlerini satıp, başka mahallelere gitmişler.

Yolun diğer tarafı ise çok değişmişti. Pamuk tarlası ve pamuk deposu yerini kocaman binalara terk etmişti. Çocukken burada, "Pamuk nasıl yetişir? Mevsimlik işçi nedir?" öğrenmiştik. Kasabamız meğer ne kadar büyükmüş de haberimiz yokmuş. Pamuk yine yetişiyor; fedakârlık etmiş, göçle gelen konukları ağırlamak için yerini onlara vermiş, biraz daha uzağa taşınmış sadece. Biz boyumuz küçük olduğu için görememişiz o zaman. Yolları çabucak yürüdüm. Şaşırdım, arkadaşım dedi ki: Adımlarımız küçüktü o zaman. At arabalarına binerdik incir, tütün toplamaya giderken. Traktörler de vardı arada sırada sokaktan geçen bir de mobilet, bisiklet, istasyonda da kara tren...

Trenle buluşamadım, yol uzundu o zaman... Sokağımız aradaydı, çok nadir geçerdi araçlar, bize zarar vermezlerdi oyun oynarken. En çok ip atlamayı severdim. "Denizde dalga hoş geldin abla, eteğini topla..." diyen tekerlemelerle yanana kadar ip atlardık. Sonra sıradaki atlardı, o kadar çoktuk ki bir dahaki sıra hemen gelmezdi. Tekerlemeleri hep birlikte söylerdik, sıkılmazdık. Çelik çomak ise çok eğlenceli, saklambaç, bir de "Yağ satarım bal satarım, ustam ölmüş ben satarım, alacağına, vereceğine, bir kaşık ayran yarın sabah bayram..." derken mendili bulanın koşması ve hep bir ağızdan "Tavşan kaç, tazı tut!" diyerek koşmamız, ne güzeldi hepsi... "Ahmed'i medi, kuyruğu kedi, bir sıçan tuttu yalamadan yuttu." diye hep bir ağızdan bağırırken Ahmet'e, boyu uzun ve çilleri olan ablamızı "Çilli çilli çamaşır ipi" diye kızdırırken ne de keyif alırdık hiç düşünmeden neler hissettiğini...

Çocukluk işte, güzelliği burada, şimdi yapabilir miyiz bunları? Küslüklerimiz olurdu ama sürmezdi uzun. Kin utmazdık, severdik yine... Başparmak ve işaret parmağımızdan küslüğü boz yapardık, açardık yapışan parmak uçlarını, hesapsızca, çıkarsızca yaklaşırdık birbirimize... Ne güzeldi çocukluğumuz. Tadı damağımızda kaldı. Şimdi, "Haydi çıkın sokağa!" desem kaç kişi çıkar ki sokağa?

Cahit Sıtkı Tarancı'nın "Çocukluk" şiirini çok severim. Der ki şair:

Affan Dede'ye para saydım

Sattı bana çocukluğumu

Artık ne yerim var, ne adım;

Bilmiyorum kim olduğumu.

Hiç bir şey sorulmasın benden.

Bu bahar havası bu bahçe

Havuzda su şırıl şırıldır

Uçurtmam bulutlardan yüce

Zıpzıplarım pırıl pırıldır.

Ne güzel dönüyor çemberim;

Hiç bitmese horoz şekerim...

Yaz Yolculuğum

Çamlardan incirlere...

Yaz tatillerinde babaannemle olurdum. Yaşadığım yere önce otobüs ve diğer yarısında da dolmuş ile aktarma olduğumuz uzaklıktaydı yaz çocukluğumun yeri. Şimdiye baktığımda kısa ama o zamanki olanaklar neticesinde, gerçekten uzun süren yolculuklarımız; babannemin önce eşarp, aktarmada ise alnına lastikle geçirilip arkaya atılan siyah örtüsü ve benim aktarma sınırında kendiliğinden başlayan şivemin dönüşümüyle olan kültürler arası uzun yolculuklarımız. Sonradan nedeninin otobüste içilen sigara kokusundan olduğunu anladığım mide bulantısı ve kusmalarım da eklenince daha da uzun olan yolculuklarımız...

Aktarma yerine geldiğimizde babaannemin memleketinin adını duyduğundaki heyecanı. Bende sevinirdim. Çünkü orası da şirin mi şirindi ve orada da bir mahalle dolusu arkadaşım vardı. Bahçemizde de badem ağacı ile üzerinde rahatça oturabileceğimiz yerleri olan incir ağaçlarımız vardı. Oradaki yaz çocukluğumun oyunları da farklıydı; hep anne rolünü seçtiğim hatta incir ağacının tepesinde bile oynadığımız evcilik, komşuculuk, sonradan düşündüğümde sanırım öğretmencilik.

Arkadaşlarımla toplandığımızda onlara masallar, öyküler anlatırdım. Hatta bir keresinde de sanırım müzik öğretmenliğine fazlaca özenmiş olmalıyım ki; elimi sallayarak arkadaşlarıma şarkı söyletiyordum. Üstelik de komşumuzun cenazesinde ta ki biri, "Burada cenaze var" diye uyarana kadar. Çocukluktu yine. Yaz yolculuğumuz böylece okullar açılana kadar devam ederdi ve tekrar dönerdik. Sevinirdim yine, özlemler biterdi, kavuşurdum çocukluk ana vatanımdaki sokağımıza, bahçemizdeki arkadaşım olan çam ağaçlarına ve okuluma...

...İncirlerden çamlara...

Yaz Akşamları

Yaz çocukluğumda bahçemiz kocamandı. Babannemin, kirada olan üç oda, bir tahta balkon, evinin yanında müştemilat şeklinde tek oda, tuvaleti dışarıda olan evinde kalırdık. Yerler tahta, kilimin altındaki iki tahta kalkınca aşağıda depomuz, köy ocağı olan duvar, kap kacağın ve ekmek mendilinin bulunduğu dolap mutfağımız, çeşmeden doldurduğumuz, testide suyumuz, kapı arkası kapandığında banyomuz, yerde altına kuyrukludan (akrep) dolayı her yaz gidince ddt serdiğimiz üç minderimiz oturma odamız olurdu. Bir de yatarken serdiğimiz döşek, pencerenin kepengi perdemiz, kıyafet giydirdiğim, kapının önünü tutma işini gören tahta da oyunlarımda bebeğim olurdu. Mavi tüllü eteğim ona çok yakışırdı. Kepenk, Kıbrıs Barış Harekâtında çok işe yaradı. Geceleri karartma yapılıyordu. Savaş mıydı? Geceleri babaannemin arkadaşı Ütya (Lütfiye) ninenin hayatında, bütün mahallenin yaşlıları bir de ben toplanır radyodan haberleri dinlerdik, karanlıkta...

Dünyayla ilişkim bu kadardı yazları. Hayal meyal, galiba kazanmışız hatırladığım. Gece komşulara gittiğimizde yaptıkları, şeytan, cin, peri sohbetlerinden sonra dışarıdaki tuvaletin önünde babaannemi bekletirdim, ödüm kopardı. Mercan köşkü çayı içerdik ikram olarak. Bazen sac üstünde yapılan bazlamalar yemeğimize eşlik ederdi. Sabahları ekmek almaya giderken tüm babaanne arkadaşlarına seslenir, isteyenlerin de ekmeğini alırdım koşarak fırından, sonra oyuna tabii.

Mahallemizde yatır vardı. Bazen adak yapılırdı "Dede aşı" adağı. Koca bir sini etli ya da tavuklu pilav ve de bir sürü kaşık getirirdi adağın sahibi. Hepimiz koşarak gider, çalakaşık ortadaki siniden hızlıca yer sonra da dua ederdik "dede"ye bilebildiğimizce, yüreğimizden gelen cümlelerle... Hepimiz camiye

Kur'an kursuna da giderdik başımıza üsküflerimizi bürleyip, elimizde namaz hocası kitabı ile. Üçüncü duaya gelince yıllık iznini alırdı babam; gelirlerdi. Özlediğimden bırakırdım hep... Sonraları öğrendim duaları da, anlamlarını da...

Silinen Evler

Çocukluğumun ana vatanından dönünce, beş eve gitmeden önce, uğradım çocukluk yazımın şimdiki yerine. Yaşadığım yere yakın olunca, şimdiye kadar çekmemiştim fotoğrafını sokağın. Koruma alanı değildi, başlayınca dönüşüm, belki dayanamayabilir ranta sokağım. Silinebilirdi istemesek de. Karşı ev silinmişti mesela, dönmüştü koca boşluğa. Ne anılarımız vardı orada? Evler gitti, evler silindi, kaldı anılar dimağlarımızda. Sofralarımızı paylaştığımız insanlar; kimi gitti cennete, kimi gitti miras kalan arsaya dikilen apartmana, kimi gitti uzağa...

Sokağın bulunduğu kocaman yerde küçüktü, şirindi eskiden... Eşekler geçerdi gece karanlığında, köhünler dolu tütünlerle ve hatırlarım eşeklerin anırma seslerini. Tütün dizerdik bazen de yardım için silinen evdeki komşuya. Birbirine yapışmış çatal yaprakları bulmak için yarışırdık. Tütünü sıyırarak kırarlardı, demet yapardık o yüzden, dizerdik kocaman iğnelere, biri değneğe takardı, sonra da kurutmaya. Tütün yapraklarının içlerinden çekirgeler de çıkardı, zıplardı ve gülerdik kahkahalarla. Acıkınca bandırıp suyuna keyfine varırdık yemeklerin...

Tarlaların içinden buz gibi soğuk su akan arıklar geçerdi... Silinen evdeki dedemin kocaman şeftali tarlasına giderdik. Ceviz ağacına kurulmuş salıncakla gökyüzüne çıkar, kuyunun dibinde ne var onu merak ederdik. Dinlerdik kuyuda yankılanan seslerimizi, atları da vardı, bindirirlerdi ve gezerdik. Bunun için hiç ata binmedim demedim. Çeşit çeşit şeftali ağaçları vardı, dalından toplar yerdik. Silinen evdeki ninemin kocaman şeftali tarlasındaki kagir evin önündeki ocakta pişerdi ikram yemekleri: yoğurtlama, taze fasulye ve niceleri...

Ne severdim "yoğurtlamayı". Dığanda kızarmış patates, biberler, havanda dövülmüş sarımsak ve kendi ineklerinden çaldığı yoğurtla buluşurdu. Üzerine de zeytinyağı gezdirirlerdi. Yanında da ev yapımı turşuları, tadı kaldı damağımızda, silindi evler, silindi insanlar...

Silinen evlerde gördüm cennete erken gitmeleri, gidenin arkasından çalınan bando müziğinin ağlama etkisi yaptığını ve öğrendim gidenlerin arkasından ağlandığını... Silinen evlerin bahçesinde tanıdım ortancaları, küpelileri ve kocaman kara eriğin açan çiçeklerini ve daha nicelerini ve böylece sevdim çiçekleri, dostluğu, komşuluğu, öğrendim aynı anneden ve babadan olunmasa da kardeş olunabildiğini...

Şimdilerde şirin kasabamızda koca bir canavar yaşıyor. Yerden yakıtını sağlamak için tüneller kazdı, taşımak için raylar yaptı tarlalara. Yemeğini yedikçe gaz çıkarıyor ve tüm kasabanın üzerine üflüyor, mis havaya artık karıştı şaibeler. Bazen kapkara bulutlar yağmur olup iniyor ekinlere, ekinlere karıştı şaibeler, siliniyor tarlalar, siliniyor insanlar... Çektim fotoğrafını sokağın; şimdi silinmiş yer boş ama dolacak ve olacak üç yuva. Onlardan var bir isteğim: Ortanca, küpeli, kara erik bir de şeftali dikin.

Bir İyilik Yap

Bir arkadaşım, 13 Kasım "Dünya iyilik günü. Şimdiye kadar iyilik yaptınız mı ve yaptığınız en son iyilik ne oldu?" dedi ve resmi paylaştı.

"İyimiş" dedim ve "Şimdi bir iyilik paylaşacağım" deyip, bir şarkı paylaştım:

İyilik yap, iyilik bul

Kim kazanmış kötülükten (2)

Kötünün başına gelmedik olmaz

Kimsenin ettiği kimseye kalmaz (2)

İyilik yap, iyilik bul

Kim kazanmış kötülükten (2)

İyilik yap, iyilik bul

Kim kazanmış kötülükten (2)

Sonra da: "Bugün toplumu birbirine bağlayan iyiliğin gücüne dikkat çekilmek isteniyor. İyilik sayesinde ırk, din, politika, cinsiyet ve bölgesel ayrımların kapanması, insanlar arasında köprüler kurulması amaçlanıyor. Ben de bir köprü kurdum; "penceremdeninciler.com" yorumlarınızı beklerim." dedim.

Yazının başlığı da "Bir İyilik Yap" oldu...

En sonunda da, bana göre iyilik yapmak aynı zamanda güzellik de olduğundan, Zülfü Livaneli'den, çok sevdiğim "Dünyayı Güzellik Kurtaracak" şarkısını paylaştım. Arkadaşım ise yanıtlarınızı bekliyor...

"İyi bir şeyle karşılaştığın zaman, yapman gereken ilk şey bulabildiğin insanla onu paylaşmaktır; bu şekilde iyilik öyle bir yayılır ki nereye gittiğini bilemezsiniz."

Forrest Carter

Tanrılar Okulu

Kitabın Kapağından:

Dünyanın tüm problemlerinin başlıca sebebi ve esas kaynağı insanoğlunun kalbinde bulunan bir kara delik. Bütün dünyevi kötülükler, adeta bir pandora kutusu misali, bu kara delikten çıkıp yayılmaktadır. İnsanlık olumsuz düşünür ve olumsuz hisseder. Dünya üzerindeki en korkunç hastalık Aids veya kanser değildir ya da en gerçek felaketler kirlilik, işlenen suçlar, savaşlar veya dünyanın bazı bölgelerinde yaşanılan yoksulluklar da değildir. Dünyanın en büyük felaketi, hastalığı, insanoğlunun olumsuz hisleri ve çatışmacı düşüncelerinin ölçülemeyecek derecedeki uçsuz bucaksız cehennemidir.

Dünya böyle çünkü sen böylesin.

Dünyayı, insanlığın olumsuz düşünceleri ve hisleri şekillendirmektedir. Kişinin kaderini değiştirmesi için, parçalanmış psikolojisini birleştirmesi, düşünce ve inanç sistemini değiştirmesi, eski zihin yapısını, ön yargılarını ve batıl inançlarını terk etmesi gerekmektedir. İnsan; kâbuslarını ve düştüğü tüm kötü durumları ortaya çıkaran, kendisini alaşağı eden düşleme şeklini ve olumsuz düşüncelerinin zulmünü öncelikle kendi içinde, derinde, kökünden kurutmalıdır. Yoksulluğu da düşleyebiliriz, zenginliği de düşleyebiliriz. Cehennemi de düşleyebiliriz, cenneti de düşleyebiliriz. Ölümü de düşleyebiliriz, sonsuz bir yaşamı da düşleyebiliriz. Hepsi bize bağlıdır. Dünya bizim onu düşlediğimiz gibidir.

"Her insani başarının ardında, her bilimsel veya sosyal zaferin kökeninde, dünyanın en zorlu çabalarının, ticari girişimlerinin, güzel, faydalı ve varlıklı olan her şeyin ardında…İstisnasız, tek bir birey ve onun düş'ü vardır."

Stefano D'Anna

"Bu kitap, bir harita ve kaçış planıdır.

Hayat; tıpkı bana yaptığı gibi, seni de bir mengenede soluğun kesilinceye kadar sıktığında, seni içinden çıkamayacağın hayal kırıklıklarına uğrattığında ve hiçbir çıkış yolu bulamadığında işte ancak o zaman bu kitap, bir anda eline geçecek ve seni bulacaktır. Böylece "Bireysel Devrim'in" için, bir insanın hayal edebileceği en büyük maceraya hazır olduğunu bileceksin: Bütünlüğüne ve yolunu kaybettiğin cennetine yeniden kavuşmak.

Bu kitap önceden çizilmiş ortak bir kaderin yazgısından çıkarak bir birey olmak adına izlediğim yolun hikâyesidir. Bu öze dönüş yolculuğunda..."

Stefano D'Anna

Yazarın asıl amacı da, yol göstermek ve bizleri kendi yolculuklarımıza çıkmak için zorlamak...

Tanrılar Okulu kitabını okurken, yanınızda yazarın Dreamer'ının da dediği gibi "mutlaka kâğıt ve kalem olmalı." Ben de Dreamer'ı dinledim ve öyle de yaptım. Sizlerle aldığım notları paylaşacağım.

"Benimle birlikteyken kâğıt kalemin yanında olacak. Bunu sakın unutma. Artık yazmak zorunda kalacaksın. Kâğıt ve kalemin kurtuluşun olacaktır. Sözlerimi yaz çünkü onları hatırlamanın tek yolu budur. Yaz! Yazmak, varlığının etrafa saçılmış parçalarını bir araya getirebileceğin tek yoldur..."

"Mea Culpa" (Benim Suçum) monk filozof Lupelius (IX. Yüzyıl) demiş.

Mea Culpa'yı her duruma uygulayın. Kendinizi nasıl hissedeceksiniz bir bakın.Tartışmalar baştan çözümlenir. Birilerini suçlamak en kolayı ve tercih edileni. Başkasını suçladığınız bir durumda ya da bir tartışma anında bir de "Benim Suçum" deyin ve neler olacak bir bakın. Her şeyin sorumluluğunu almak anlamına gelir. Başta zor olabilir. Denemekte yarar var. Hararetle tartışmaksa ve kavga etmekse amacınız, bir işe yaramaz o zaman ama zamanı geldiyse iç yolculuğunuza çıkmanın, o zaman denersiniz... Kitap size ulaşınca...

Yazar ya da Dreamer (bana göre aynı kişi) bir okul hedeflemektedir. Amacı da; geleceğin düşleyenlerini bir araya getirmek ve dünyanın ihtiyacı olan vizyon sahibi bireyler ve pragmatik ütopikler olmaya hazırlamaktır. (Pragmatizm: Faydacılık olarak dilimize uyarlanan bu felsefi düşüncenin temelinde sonuç odaklı olmak esastır. Ütopya: Gerçekleşmesi olanaksız, çarpıcı, ilginç tasarı ya da düşünce) "Dünya için geleceğin liderleri: En stratejik kaynak. Dünyanın büyümesi için onlar olmadan kalkınmak mümkün değildir." demekte ve düşünmektedir.

"Bağımlı olmak, istem dışı bile olsa, her zaman kişisel bir seçimdir. Hiç kimse veya hiçbir şey seni bağımlı olmaya zorlayamaz; bunu kendin için ancak sen yaparsın"

"İnsanı bağımlı kılan kendi korkularıdır."

"Bağımlılık korkudur"

"Bağımlılık oluş'un bir hastalığıdır, düşün eksikliğidir, özgürlükten yoksunluğu ve yaşamdan vazgeçişi gizlemek için insanların taktıkları maskedir. Eski zamanlardaki kölelikten farklı değil"

"Evren bolluk içindedir. Bereket boynuzudur"

"Yoksulluk kişinin kendi sınırlarını görmemesi demektir... Yoksul olmak, kişinin hoşlanmadığı ve yapmayı istemediği bir iş karşılığında kendi yaratıcılık hakkından vazgeçmesidir."

"Uyan artık! Kendine baş kaldır ve kendi devrimini gerçekleştir!"

"Düş, var olan en gerçek şeydir. Kendini alıkoyan tek kişi sensin." "Hatırla! Tüm olasılıklar şimdinin içinde bulunur."

"Hiç kimse kimseden üstün değildir. Yanılsamadır."

"Her şey burada ve andadır! Her insanın yaşamında, geçmiş ve gelecek daima birlikte hareket etmektedir"

"Kendini içinde bağışlamak geçmişi ve içindeki bütün safralarını dönüştürme gücüne sahip olmak demektir."

"Kendini gözlemlemek kendini düzeltmektir... Bir kişi kendini gözlemleyebilirse geçmişindeki her şeyi düzeltebilir... Öz gözlemleme yaşantına yukarıdan bakmaktır!"

"Bak dolunay çıktı... Bir insana ömründe en fazla bin defa dolunayı izleme fırsatı verilir ama büyük bir olasılıkla bu insan, yaşamının sonunda onu bir kez bile izleme zamanı bulamamış olacaktır."

"Kendini gözlemleme, düşleme sanatının ilk adımıdır"

"Kötü iyinin hizmetindedir. Her zaman! Her şey bizi iyileştirmek için gelir."

"Lupelius'un mottosu: Sev ve hizmet et" "İnsanlığa hizmet edebilmek için sevmek gerekir. Ama her şeyden önce kendisini ve kendi yaşamını sevmeli..."

Kitaptaki Peder S. der ki: "Kendini içinde öldürmen yasaktır! Binlerce psikolojik ölümlerdir bizi her gün yavaş yavaş fiziksel ölüme doğru götüren..."

"Hep aynı olaylarla karşılaşıyorsun çünkü sende hiçbir şey değişmiyor." "Like atracts like: Benzer benzeri çeker." "Niyet önemli."

Sır nedir?

Mea Culpa (Benim suçum) + Derin nefes almak.

Savaş alanı neresidir?

Senin bedenindir.

"Reddedilen her yiyecek, uykudan kurtarılan her an, senin için ölüme karşı bir zafer sayılacaktır. Yiyecek, uyku, seks, hastalık, yaşlılık ve ölüm, zihinsel kötü alışkanlıklardır! Kişi bunlardan kurtulmalıdır. Azla yetinmelidir... Die less an live forever: Daha az öl ve ebediyen yaşa."

"İnsanın kendini öldürmesi için, silah ile yiyecek arasındaki tek fark, seçilen yöntemin çabukluğudur!"

"Para için endişelenme. Sen kendin için, kendi bütünlüğün için endişe duy. Para ihtiyaç duyulduğu anda sana gelecektir. Sen kendine güven, düşlerine inan, işte o zaman güzel bir hayat için gereken tüm paraya sahip olacaksın."

"Antagonist sınırlarımızı aşabilmek için gelir."

"Hiç kimseden hiçbir şey bekleme."

"Gözlemlerin sonucunda insan gücüne dayalı kuruluşlardaki bir "psikolojik kirlenmenin" kaçınılmaz olduğunu anladım. Bu kirlilik, korku, kıskançlık, çekememezlik gibi istenmeyen duyguların, dar görüşlerin ve boş konuşmaların kaynadığı kazanlardan yükselen duman, kuruluşların havasını zehirleyerek milyonlarca insanın beden ve akıl sağlığına inanılmaz derecede zararlar veriyor, hastalıklara yol açıyordu."

"Bir çalışan olmak; ne bir sözleşmeye bağlı olmanın, ne bir kurumdaki hiyerarşik bir pozisyonun ne de sosyal bir statünün sonucu değildir. İnsanın, oluş merdiveninin en alt basamağına ait olduğunun sonucudur."

"Sevgi bağımlı olmaz... Sevmek ve özgür olmak aynı şeydir. Bir gün yapıt değil sanatçı olduğunu; düşlenen değil düşleyen olduğunu; yaratılan değil yaratan olduğunu ve her şeyin senin hizmetine verildiğini anlayacaksın. İşte o zaman bir daha asla bağımlı olmayacaksın! Dünya, sen böyle olduğun için böyledir. Dünya böyle olduğu için sen böyle değilsin."

Kitabın büyüsünün bozulmaması için genellikle yazarın cümlelerini yazdım. Kitabın yarısına geldim. Not tutmaya devam edeceğim, unutmamak için... Devamını kitaplarınızdan okursunuz. Kitabın sizi ya da sizin kitabı bulması dileğiyle...

Kandilimizin Doğumu

Dürüst
Güvenilir
Sabırlı
Adaletli
Hoşgörülü
Cömert
Zamanını verimli kullanan
Boş şeylerle uğraşmayan
Eşit davranan
Merhametli
Yılmayan
Pes etmeyen
Gereksiz konuşmayan
Sade giyinen
Tüm insanlara özellikle çocuk ve yaşlılara sevecen, sevgi dolu davranan

Bugün, bu özelliklere sahip olan bir insanın doğum günü. İslam dinini tanıtırken bir sürü zorluklarla karşılaşmış ve sabretmiş olan yol gösterici bir ışık olan (kandil) Peygamberimiz Muhammed Mustafa'nın mevlüdü. Peygamberimizin doğum günü... Hicretten üç yüzyıl sonra ilk kez Mısır'da kutlanmaya başlanmış. Böyle önemli günlerde insanların birbirini arayıp, hatırlarını sormaları gelenek olmuş.

Böylesi günlerde günün anlamını araştırıp öğrenmeye çalışmak da gelenekselleşti. Ben de kendi içimde kutlamayı tercih eder, birkaç ayetin manasını öğrenmeye çalışırım...

"O Peygamber'e uyun ki, doğru yolu bulasınız." (A'raf:158)
"Seni ancak âlemlere rahmet olarak gönderdik." (Enbiya 107)
(Elmalılı Mealinden)

Böylesi bir değere sahip olduğumuz için şanslıyız. Kandilimizin doğum günü kutlu, ışığından aydınlananları bol olsun...

24 Kasım'da Sevgiyle

24 Kasım Öğretmenler Günü

24 Kasım öğretmenler günü. Öğretmenlerimizin, öğretenlerimizin, öğretmeyi başaranların, öğretmeyi sevenlerin günü. Son yıllarda sosyal medyanın etkisiyle buluşmalar arttı. Bizim zamanımızda cep telefonları ve internet yoktu. Okullardan ayrıldığımızda bağlantılarımız da kopmuştu. Bu anlamda gerçekten sosyal medya işini gördü. Şimdiki 24 Kasım'larda öğretmenlerimizle ve arkadaşlarımızla buluşuyoruz. Bu sene biraz erken oldu bu buluşmamız. İlköğretim yıllarım, eğitim öğretim yıllarımın en güzel anılarıyla dolu güzel yıllarımdı. Nil Karaibrahimgil'in Kelebeğin sırları kitabında, "Sizi en orijinal haliniz-

le tanıyanlara ihtiyacınız olacak." diyordu. İşte bu nedenle de, bizler için ayrı bir öneme sahipler ilk öğretenlerimiz. İyi ki onların öğrencileri olmuşuz. İyi ki çocukluk ana vatanımızda buluşmuşuz. Tüm hepsine buradan minnet ve saygılarımı iletiyorum. Öğretmenler günü, Atatürk'ün 100. doğum yılı olan 1981 yılında ilk Başöğretmen olduğu günün (24 Kasım 1928) anısına kutlanmaya başlamış. Dünyada ise 5 Ekim'de kutlanıyor.

1981 yılında lise yıllarımdaydım; çocukluk ana vatanım ve ilk öğretmenlerimden ayrılmıştım. Araya uzun yıllar girdi ama yeniden buluştuğumuzda aynı yerden devam etmenin güzelliğine vardık ve kocaman bir aile olduğumuzun yeniden farkına vardık.

Sanat Engel Tanımaz

Tam bu başlığa yazı yazmak için klavyemin başına oturduğumda, karşımda Mia ilk kez, yeşeren kedi otlarını yemeye başladı. Bu anı kaydetmek için hemen telefonuma sarıldım ve hem fotoğrafını hem de videosunu çektim. Geçenlerde eski komşum gelmişti. Hani defne dalının birini ona vermiştim ya o gün. Ondan öğrendim; kedi otunu ve satın alındığını.

Halikarnas Balıkçısı'nın yerindeki bir marketten almıştık. Sadece kedi otunu alıp, hemen çıkmıştık. Şimdi merkür retrosunun etkileri bitmek üzere ☺ Yine çok gerilere gittim bu nedenle.

Şimdilerde ihtiyaç neyse alıp, çıkıyoruz hemen. Zaten dayanamıyoruz da yoruyor mekânları, ışıkları... Kedileri hiç sevmezdim. Ya da öyle mi sanırdım? Çünkü bir anım geldi gözlerimin önüne: Çocukluk ana vatanımda, çam ağaçlarının yanında, pamuk tarlasından hemen önce, bir sürü minnacık kedi biri de yeleğime sarılı. Severdim de sevdiğimi unuttum sanırım... Köpeğimiz vardı adı Lucky. O gidince yerine gelmişti bu kedi. İlk defa Mia diye miyavladığından adını Mia koyduk ama daha çok "kedi" diye sesleniyoruz ona.

Çok cadı olduğundan ona en güzel "Şıllık" ismi yakışıyor ☺. Ama herkesin içinde de denmez ki o. O yüzden kedi diyoruz bazen de Mia. Mia nasıl hitap edersek edelim anlıyor seslenişimizin tonundan.

Yazarken müzik yardım ediyor demiştim ya fonda da Beethoven var. Bugün engelliler günü. Bu nedenle açmıştım bu müziği. Çünkü Beethoven işitme engeli olan bir sanatçıydı. Tam yazacakken Mia girdi araya.

Engeli, Beethoven'in sanatını yapmasına engel olamamış... Şimdi Mia ve otu ile hep birlikte dinliyoruz Beethoven'ı... Mia mutlu, sizlere de sevgilerini gönderdi.

Yaşam Odası Var mı?

"Yüz karası değil, kömür karası.
Böyle kazanılır ekmek parası?"

                        Orhan Veli Kanık

"BU ŞİİR KÖMÜR KOKAR

Bu şiir kömür kokar
Kapkara buram buram kömürdür
Dağlar nehirler göller tren yolları
Bir yarım asrın ipe dönmüş insanları
Kederleri ümitleri buruk boyunlar ile
Bu şiirden geçerler

Bu şiirde dağlar sıra sıradır
Kırmızı kayaların sırtında kertenkeleler dolaşır
Ağaçlar bir karıştır
Yaprakların üzerinde tavşanlar oynaşır
Toprak rüya görmez toprağın altı paramparçadır

Dağlar düşünceli ve vakarlıdır
Bir akarsu gibi inmiştir üstüne insanların
Tepelerinden yaban ördekleri geçer
Bulutların hışırtısını duyarsın
Dağlar katıp önlerine
Binlerce insan elini ayağını kolunu
Dağlar insanları
Peşin ellerinden ayaklarından
Sonra kendilerinden etmiştir

Bir asılı çengele benzer insanlar
Elleri kocaman yürekleri ufacık
Toprağın üstünde kara bir akrep gibidir
Çocuklar çöp gibi
Kadınların memeleri görünür
Gariptirler naçardırlar
Arabalar hayvanlar insanlar
Bir gün dağların arkasındaki köylerinden
Dağları bir pabuç gibi giyip gelmişlerdir.

Kimi tertemiz gökyüzünü
Kimi masmavi denizi
Kimi anasının san yüzünü
Kimi karısının iki korkunç gözünü
İçine yerleştirip çıkmıştır
Kursaklarında bir parça kara somunla
İki minare boyu toprağın altında
Hepsinin rüyaları başka başkadır

Öyle insanlar gördüm ki
Ölüm peşlerine düşmeğe korkardı
Kılları uzamış hayvanların yanısıra
Ya kuyulara iniyorlar
Ya kuyulardan çıkıyorlardı
Kazmaları kürekleri lâmbalariyle
Ya insanlar gibi toprağın üstünde
Ya köstebekler gibi toprağın altındaydılar

Bir düdük sesinde bütün şehir ayaktaydı
Dağlara tepelere doğru bir ayaklanmadır başlıyordu
İkinci düdüğe kadar bütün şehirde tıs yoktu
Uyudum uyandım hep aynı seslerdi
Anladım insanlar bir vardiya giriyorlar

Bir vardiya çıkıyorlardı
Anladım en kısa ömür insanoğlunundu
Sonra kurtlar böcekler
Ve tarla farelerinindi

Birtakım insanlar gördüm ki
Kelepçeli jandarmalıydı
Ya dağların arkasından geliyorlardı
Ya dağların arkasına gidiyorlardı
Baktım sapsarıydılar
Gözleri çıkık boyunları buruktu
Sanki hiç yaşamıyordular
Bir acaip mahlûklardı

Ben boyuna seni düşünüyordum
Sen kederimizin yanısıra ayaktaydın
Sen kara bir somun gibi yediğimiz şehir
Sen ki gecenin aralığından
Kapkara ellerini kollarını çıkarmış
Nefes alıyordun
Boyuna insanlar geçiyordu
Sanki hiç bitmiyeceklermiş
Sanki hiç tükenmeyeceklermiş gibi
Kahrın ve zulmün önünde dimdiktiler

Bu şiir kömür kokar
Bu şiirde ölüm iki kaş arasıdır
Bu şiirde insanlar
Birbirinin nefesiyle yaşarlar
Birbirlerinin soluğuna kulak verip çalışırlar
Bu şiirde insanlar
Vatan dışı dünya dışıdır"

            İlhan Berk

Yaşam odası var mı? Kaçış için çıkış yolu var. Nerede? Çalışma alanına uzak diye söktük... Yaşam odası var mı? Yok... İhmal var mı? Kesinlikle yok... Yaşam odası var mı? ...?

Saygıyla...

Kelebeğin Hayat Sırları

Nil Karaibrahimgil'in kitabı. Müzisyen, yazar ve anne. Aynı zamanda Pollyanna. Oyun oynamaları seviyor ama Pollyanna'cılığı değil. Kitabının bir bölümünde, yine bayan yazar olan Barbara Fredrickson'dan bahsetmekte.

Barbara'ya sormuşlar: Zorluklar karşısında bazıları kırılıp düşerken, diğerleri nasıl esneyip zıplıyor üzerinden? "Onlar kendileri pozitif duygu yaratabilenlerdir." demiş. Bunlar kafalarını kuma gömüp negatifi yok sayan Pollyanna'lar değil. Her şeyin farkındalar. Sadece negatifin yanında pozitifi de yaşatabiliyorlar. Felaketler karşısında bile trajediyi görüp, pansuman yapacak iyi cümleyi kurabilmek büyük meziyet anlayacağınız... Peki, bu yazı niye? Bazen her negatife üç pozitif koymaya ihtiyacımız olan günlerden geçtiğimizden.

Kelebeğin hayat sırları şarkısını hep severek dinlerdim. Kitabı da olduğunu öğrenince hemen aldım. Bu kitap alınmalı ve başucu kitabı yapılmalı ve hatta dönüp dönüp okunmalı. Yazmayı severim ancak "yazar" sorumluluğunu almak başka bir şey. Ancak kitabında gördüğüm şu kısacık zamanda, açtığım sayfadaki bakışımla, ne kadar benzeştiği oldu. Pencerelerimizin yan yana olduğunu gördüm. Nil Karaibrahimgil gibi pozitif bakışı olan yazarlara özellikle günümüzün çok ihtiyacı var. Kitabı okurken sürükleyici, öğretici, insanları karşısına almadan motive edici, doğal, yalın bir dille ve sohbet edercesine, hepimizin aynı soydan olup, karanlıklarımızın, sessizliklerimizin de aslında aynı olduğunu, çok da dert edilmemesi gerektiğini, hepimizin insan olduğumuz için hatalar yapabileceğimizi dile getiren, ortaya karışık ama değil, herkesin kendinden bir parça bulacağına inandığım öykü, masal, alıntılardan da oluşan, pozitif yaklaşan kişiliğini de sergileyen bir kitap olmuş. Klavyesine sağlık...

Yazının sonundaki, "Bazen her negatife üç pozitif koymaya ihtiyacımız olan günlerden geçtiğimizden" cümlesi için benim sizlere bir önerim olacak: İnsan düşünce yapısı negatife daha yatkın ve eğilimli olduğundan bunu değiştirmek hemen kolay olmayabilir. O yüzden alıştıra alıştıra olmalı. İlk başta üç negatife bir pozitif olmalı ve mizahı yaşamına alıp, kahkahayı da bol atmalı. Tecrübeyle sabit; kahkaha atmak ruhunuza iyi gelir. Ne zaman mizahı yaşamıma aldım ve kendime de yeri geldiğinde güldüm, işte o zaman kahkaha atmaya başladım ben de...

Nil Karaibrahimgil'in dediği gibi: "Kahkaha içindeki kirlileri mis gibi yıkar, asar. Her şey yeniden rengine kavuşur... Gözlerinizden yaşlar gelene dek, yerlere oturup kaslarınızı kullanamayana dek, kendinizi dakikalarca toparlayamayana dek kahkaha atın e mi?"

Bir de Nil Karaibrahimgil kafasına endişeli, negatif düşünceler gelmeye başladığında onları balon yapıp, patlatıyor, sonra da patlamış balonların üzerine basıp gidiyormuş. Ve yine diyor ki:

"Her gün şükret. Karanlık günler olacak. Düşeceksin de. Yaralar da açılacak. O zamanlarda şunu unutma: Tünel bitecek. Kalkacaksın da. Kabuk da bağlayacaksın. Korkmaktan korkma. Ödün bile kopsun. Sonra kapa gözünü bas karanlığına. Belki biri taş döşemiştir: Kim bilir? Böbürlenme. Kibirlenme. Köpürme. Abart. Çoğalt. Parlat. Her gün bir yazar tarafından hayatının hikâyelendirildiğini düşün ve dinle. Böyle bir kahraman olmak ister miydin? İstiyorsan başarıyorsun. Ne mutlu sana!"

Benim Güzel Manolyam

Bu yazıda anlatılan "manolya" çiçek değil. Evet, manolya çiçeklerimiz de var ama yazıya adını veren manolya, apartmanımızın adı. Apartmanımızın ilk sakinleri bizdik. Bunun için apartmana adını verme onuru da bize verildi. Apartmanımızın bahçesinde altı manolya ağacı olduğu için de; görmezden gelmedik ve adını "Manolya Apartmanı" koyduk. 2004 yılında sadece deniz kıyısında ve havası temiz olduğu için, kurduğumuz on yıllık düzenimizi bozup, kiralık olan evimizi, çocuklarımızın okulunu, kreşini, öğretmenlerini, dost, akraba, tanıdıklarımızı bırakıp, taşındık.

İlk başta işimi taşımamıştım. Acil serviste çalışıyordum o zamanlar. Nöbetler tamam ama bir de icap nöbetleri de vardı. Sevk çıkınca, evden hastahaneye gitmek zaman aldığından zor olmaya başlayınca da işimi de taşımak zorunda kaldım. Böylece iş ile ilgili sınavlarımın farklı bölümlerini de yaşamaya başladım.

Bahçesinde altı manolya, sekiz tane benjamin, iki limon, bir kayısı ağacı, çimler ekili, bir de havuzu olan, üç kat, her katta üç daire olan apartmanımızı, güne Zeki Müren'in "Benim Güzel Manolyam" şarkısıyla başlayınca, buraya taşımak istedim. Apartmana ilk taşındığımız için yönetici de eşim olmuştu. Karşı komşumuz çocuklarımızın da büyüdüğü bir kreşti. Apartmanımızı karşı komşumuz inşaa etmişti. Dairelerimizi ondan almıştık. Karşı komşunun bahçıvanı, bizim de bahçemize, havuzumuza bakıyordu. Aidatları her daireden topluyor, merdivenleri de temizliyor, faturalarla ilgileniyordu. Bahçedeki çimler düzenli sulandığından canlı ve bakımlıydı.

Apartmana ilk taşındığımızda, bahçıvan, eşi, bir de kıvırcık saçlı küçük kızları gelmişlerdi ellerinde çiçekle hoşgeldine. Mutlu olduk. Derken tek tek komşular taşınmaya başladı. Bir tepsi çayla ve yanında kurabiyesiyle karşıladık komşularımızı. Sahiplendik apartmanı. Hatta öyle ki, komşum gözünden bile sakındı çimleri. Çocuklar çıkınca bahçeye, "Çimlere dikkat edin." dedi. Boş ver be komşum. Hem biliyor musun çimler, çocuklar basınca daha da güzelleşir. Bak artık çocuklar dışarıda değil hepsi içeride; oyunların şekli değişti. Keşke hep bassalardı çimlere... Bak basmadılar ama çimler gitti şimdi. Yabani otlar türedi içinde.

Bir senenin ardından biz bir üst kata taşındık. Karşıdaki basket potasının durduğu oyun alanına kocaman apart dikilince, bina üstümüze üstümüze geldi. Bunaldık. O yüzden bir üste çıktık hem de daha ferah ve genişti. Şimdi iki kişi kaldık bir de kedi. Belki yeterdi ama binalar geldi üstümüze. Hem yazları çocuklar yine gelecek sonra da kalabalık gelmeye başlayacaklar evlenince de. İyi oldu taşındık. Alttaki evimize İngiliz'lere sattık. İlk katta da İngilizler vardı. Biz de satınca üç İngiliz aile oldu apartmanımızda.

Apartman yapılmadan önce, yerinde kreşe ait çocuk parkı varmış. Çocukların neşeyle gülüşmelerini duyar gibiyim. Şimdi de her gün duyuyorum kreşteki çocukların sesini... Havuz da onlara ait ve binadan önce varmış. Yaz okulunda çocuklar burada havuza girermiş. Apartman olunca havuz da apartmanın bahçesinde olduğundan apartmanın oldu. Apartmana yerleştiğimizde, kreş ile bir anlaşma yaptık. Hafta içlerinde akşamüstü beşe kadar çocuklar girecek biz de beşten sonra ve hafta sonları girecektik. Havuzun bakımı da suyu da elektriği de kreşe ait olacaktı. Kabul ettik ve her şey düzenli giderken, İngiliz komşularımızın havuz sevgileri iyice kabardı, taştı. İngiliz komşunun biri havuz ve tesisat bakımcısı olduğundan dedi ki, "Havuzun bakımını biz üstleneceğiz, merdivenleri de biz sileceğiz." Uzun bir süre ilgilendiler ve sonra ülkelerindeki krizden etkilenip evlerini satıp gittiler. Diğer İngiliz komşular pek istemeseler de, biz yeniden kreşe müracaat ettik tekrar eskiye döner miyiz diye. Ama olmadı tabii. Hem sonrasında da öğrendik ki motorda arıza, havuzda da kaçak var. Bir kez doldurulunca, kimyasalları düzenli atılıyor sürekli devir daim olduğu için sürekli doldurmaya gerek kalmıyor normalde. Ama kaçak olunca baya masraflı oldu.

Şimdi hepimiz katılmıyoruz havuza. Bakımı yapılmalı yoksa çok masraflı oluyor. İlk evimizin bulunduğu orta katta bir daire vardı. Oraya yeni bir komşu gelir, biz iki komşu elimizde hediye hoşgeldine giderdik. İlk girenler boşandı, ikinci girenler boşanmaya ramak kaldı, bir komşu daha derken, bir daha hoşgeldine gitmeyelim, tanımayalım, üzülmeyiz o zaman dedik.

Komşucuğum içim rahat etmedi ben geçenlerde gittim içim dayanmadı bu sefer dairenin sahibiydi gelen. Kaptan eşi, bir de yeni oldu bebekleri. Bebeğine gittim. Bu farklıydı ve ayıp olacaktı. Bebek şirin mi şirin, şimdi büyüdü.

Alt köşedeki İngiliz komşuyu severdik. Birgün kardeşlerim hepsi birlikte toplanıp geldiler. Çocuklar indi bahçeye top oynamaya, komşu cama gelecek diye toplarını ellerinden aldı, çocuklar üzgün geldiler eve. Düşünsene aklında nasıl kalacak, "halamın, teyzemin evinde buluştuk, oyunumuz yarım kaldı" diye. Dedik ki, "Children's more important for our." Yarım yamalak ingilizcemizle. Kaç yıl oldu hala Türkçeyi öğrenmedi. İlk yıllarda sevimli sempatik mutlu olsun diye onun dilinde konuşurduk. Şimdilerde ise pek içimizden gelmiyor. Ben "hello" yanında da "merhaba" deyip geçiyorum. Eşim de "Burada yaşıyor artık öğrenmeli." diyor. Severiz de yine ama anılarında kaldı çocukların öyle...

Yılda on gün gelir tek, balkonunda kitap okur gidene dek. Şimdi onun evinde kiracı var. Evi kiralamalarına vesile olduk. Onlara da hoşgeldin dedik. Apartmanımızda herkes kendi halinde... Buraya taşınmadan önce oturduğumuz apartmanda hacı teyzemiz vardı. Her aşure gününde tüm komşulara aşure dağıtırdı. Diğer komşulardan da olurdu; alışmıştık.. Bu gelenek yaşasın diye bir kere hazır aşure paketlerinden aşure yapıp, İngiliz komşulara da vermiştim. Tabağımın içine çorba koyup getirmişlerdi geri. Aşureyi çorba sandılar sanırım. Ama âdetimizi biliyorlar. Belki onlarda da öyledir. Tabağı boş getirmediler. Onlar da evlerini satıp gittiler. Bahçeli bir ev aldılar havuzu kendine ait olan.

Şimdilerde komşuya yaptıklarımdan verirken kâğıt tabaklardan kullanıyorum. Komşu zorunda hissetmesin karşılığını vermek için diye. Her zaman gidip gelemesek de kalpler birliktedir apartmanımızda. Çimler gitti ama çimleri gözünden bile sakınan sonra da giden komşumun diktiği güller, diğer çiçekler, manolya ağaçları duruyor ve büyümeye devam ediyorlar. Çocuklarımız da öyle... Havuzda kaçak hâlâ var elbet bir gün nereden kaynaklandığı da bulunup tamir edilecek. Bazen bahçenin suyu, havuzun kaçağına dayanamadığından kesilir. Yine İngiliz komşunun havuz özlemi ve ısrarı ile havuz açılır; bir yıllık aidat borcunu toplu verince. Merdiveni ise bazen şimdiki yönetici komşumuz temizliyor. Komşucuğum sen yorulma diye kapımın önündeki paspası kaldırdım. Çok toz topluyordu zaten. Sen mutlu ol diye... Ergenlerimizin birer birey olma çabalarını apartmanca destekledik, yüksek sesleri duymadık, içtikleri sigaraları görünce üzüldük... Doğum günlerimizde birbirimizin kapısına hediye koyduk bazen... Gurur duyduk sağlı sollu turizmle uğraşan komşularımızın büyüyüp yeni zincirler oluşturmasından, hangi marka bakmadım bilmem hâlâ arabalar, alt komşunun arabasını önünde takılı nazar boncuğundan tanırım, bir de rengi gri onu bilirim, yan apartmandaki hacı amcanın bal satışını, ondan bal alan babamızı "Nasıl? İyi mi?" diye soruşunu ve yeniden bal almasını istediğini, teyzenin tavuklarını besleyişini, bütün apartmanımızın geçerken yan bahçeye tavuklarına versin diye içi bayat ekmek dolu torbalarını yan bahçeye atışını bilirim...

Apartman sakinlerine bir diyeceğim var; merdivenin karşısında her bahar açan mor çiçek var ya, siz onu kopartmayın olur mu? Eşim bana almıştı, ben de çoğalsın diye bahçeye dikmiştim. Bir de hani açan sarı zambaklar var ya önde, onlar da annemden, güller ise taşınan komşudan. Güllerin dalından kışın koparıp toprağa diktiğinizde tutuyor, yandakiler o şekilde üredi. Saksıda çoğalıp büyüyünce çiçekleriniz siz de bahçeye dikebilirsiniz. Limon ağacının üzeri dolu. Salatalarınızda kullanın. Ara sıra öyle yapıyorum haberiniz olsun. Manolyanın çiçeklerinin kokusunu duyamadım, güzel olurmuş ya... Uzanılmıyor ağaç uzun olunca. Merdivenin oradaki kayısı ağacının aşılanması lazım ama yeşili güzel, kalsın. Bir de dileğim: Biraz narenciye dikelim... Unutmadan söyleyeyim; geçen aldığım bal kabağının çekirdeklerini saksıya dikmiştim, fide oldular şimdi. Onları havuzun yanındaki çiçekliğe dikeceğim haberiniz olsun. Belki de büyür ve hep birlikte yeriz, çok çünkü...

Karşı kreşe de bizden selam gönderelim ve teşekkür edelim... Sanat Güneşinin de 87. yaşı kutlu olsun...

Uzun yıllar bekledim, hakikat oldu rüyam (2)
Koklamaya kıyamam, benim güzel manolyam (2)
Nazlı çiçeğimsin sen, sevdana dayanamam (2)

Manolya'ya, Yazma Atölyesi Bakışım

Yazma Atölyem

"Benim güzel manolyam" isimli yazımı 6 Aralık'ta yazmıştım. Sonra kaldırdım diğerlerinden farklı oldu diye. Yazılarımı yazarken "Büyüklere masallarım"ın dışında kurgulama yapmıyorum. Büyüklere masallarım'daki kurgulamalar da gerçek öykülerden. Bazen kendi yaşadığım bazen de tanık olduğum ya da dinlediğim yaşanmış öykülerden. Bu nedenle penceremden inciler, klavyenin başına geçip bir çırpıda çıkardığım yazılardan oluşmakta. Çok nadir, uzun yazılarımda daha fazla olmak üzere düzeltme yapıyorum ya da bazen ilaveler oluyor. İçinde yaşarken olumsuz gördüğümüz yaşanmışlıklar, dışarıdan bakınca ya da yıllar sonra üzerinden geçildiğinde, yazarken de öyle, hiç sanıldığı kadar olumsuz görünmüyor, üstelik özlem de duyuluyor... Onun için, içinde yaşarken olumlu bakarsanız ya da tabiri caizse pozitif bakmayı başarırsanız "an" larınızı dolu dolu yaşamış olursunuz. Bu benim naçizane tavsiyem sizlere. Olgunluğun çağında daha kolay. Önceki yıllarda hele ergenlikte daha zor. Belki bundan oluyor "keşke"ler. Okuduğum bir yazıda "keşke"lerin yerine "iyi ki"leri koyun diyordu. (Nil Karaibrahimgil'in) Bunu hayat kitaplarınızdaki herkes yaparsa eğer, işte o zaman geçmiş yakanızı tartaklamaz, kendimize çıkan yokuşlarınız düzelir ve geleceğe mutlu adımlar atabilirsiniz. Farkındalıklarınız oluşur... Bu nedenle de okumak, okumak, okumak. Çok önemli. Vakit bulduğunuz her zaman, ister ağaçtan yapılmış olanından, ister cebinizde olanından... Benim güzel manolyam yazıma dönecek olursak; bu yazım bana göre diğerlerinden farklıydı. Yazıda yakın geçmiş ve şimdi vardı. Şimdide yaşayan bir komşum ile paylaştım. O sevdi yazıyı. Teşekkür etti ve "Yazının içinde kendini bulmak ve görmek ne güzel." dedi. Diğerine paylaştıktan hemen sonra sildim yazımı. Yorumunu belki buraya yazar okuyunca. Bence olumsuz bir durumu olan bir yazı değil ama yine de tedirgin olup sildim. "Komşular ne der?" iç sesim bastırmıştı. Ama eğer faydası olacaksa bir şekilde geleceğe de "Desin komşular" dedim ve kopyaladığım dosyadan geri aldım sayfaya yeniden.

Bu yazıda sadece komşuluk halleri değil ki anlattığım. Eğer yeniden okursanız, uluslararası ilişkilere pozitif bakmanın önemi var, bilgisayar oyunlarının gençler ve üzerine etkileri var, kültürler arası oluşan bağlar ve birliktelikler var, söylemedim ama doğu var, batı var. Doğulu, batılı, İngiliz hepsi var burada. Ali var, Muhammet var... Toplumumuzun küçük bir örneği var, tarih var, geleneklerimiz var. Yazdıklarım olumsuz da olabilirdi. Tıpkı yaşam gibi, olumlu olumsuz hepsi bir arada. Zaten bu da yaşamdan küçük bir alıntı. Küçük bir örneklem.

Olumsuz yazmayı istemem. Kırılsınlar da istemem. Ama yazılar illa olumlu olacak diye bir kural da yok tabii. Kırılabilir insanlar, en fazlası küsedebilirler. Ama yıllar sonra içinden çıkıp, özlediğinde bu günleri ve yeniden okuduğunda gülümser, "Ne güzeldi o günler" ve "anı olarak yazılı bir şeyler kaldı." derler sadece. Araya zaman girer çünkü. Yaşamınızın bir bölümünde size de tanıdık geliyordur, oluyordur illa ki. Bana çok oldu. Kurgulamayı çok yapamadığımdan, tüm halimle yalın olduğumdan, yalın yazıp, yalın söylediğimden, bazen de içimdeki çocuk dobraca söylediğinden bana da oldu. Küsenler de oldu, eleştirenler de bu nedenle. Yıllar sonrasında küslükleri bitti. Bunu da çok yaşadım. Sizin onlara anlatamadıklarınızı yıllar anlatıyor. Size ise sadece sabretmek ve beklemek düşüyor.

Sonunu bildiğimden artık üzülmüyorum da. Çünkü başta da dediğim gibi içinde yaşarken anlaşılmıyor, çok geriden bakınca işte o zaman farkediliyor. İnsanın yüzüne, ne düşünüldüğü ve ne hissedildiği içinden geldiğince söylenildiğinde hemen kaldıramıyor, ağır da gelebiliyor... Sindirmek için de zaman gerekiyor. İşte bunun için denmiş sanırım "Zaman her şeyin ilacı." diye.

Türküm, doğruyum, çalışkanım... dedik her sabah. Yeminler ettik. Yetmedi üstüne bir de "Hipokrat'ın yemini"ni ettik. Her seferinde aileme, öğretmenlerime sordum, sorma ihtiyacı duydum, "Neden bu kadar doğru yetiştirdiniz?" diye ve bunu sormak da ne acı değil mi? Okullarda, ailemde böyleydi ama hayat okulunda hiç de böyle olmadı, olmuyor...

Belki çok yoruldum, belki bu nedenledir şimdi yazmayı seçişim. Yazma işi beni çok mutlu etti. Belki de yaşamımdaki yapbozlar burada toplanıp yapılsın diye olmuştur tüm olanlar, tüm yaşanılanlar... Yaşa ki daha iyi yaz demiştir senarist, kim bilir... Gerek var mıydı hepsini yaşamaya? Eser mi? Sanat eseri mi? Ya da günlük, geçmişlik, gelecekik mi bunun adı da, ben "Penceremden İnciler" koydum. Yıllar sonra da okunabilirse ne güzel olur... En azından çocuklarıma bir armağan, bir anı olur... O da en güzeli...

Belki şimdi göremediğini okuyunca anlar. "Annem ne yapmış bu durumda? Annem ne hissetmiş seyahatinde?" der. Bunların hepsi güzel, beni mutlu da ediyor, zamanımda bol artık. Şimdi adım da emekli. Olgunluğun çağından bir insana baktığımda onun bütün hallerini içinde yaşadığı duruma göre yorumlayabiliyorum ve her şekilde insanı sevebiliyorum. Negatif ve pozitif hep birlikte, zıtlıklar beraber olunca anlamlı. Pozitifin değerinin fazla olması negatifin yüzünden. Benzerin benzerini de çektiğini biliyorum, zıtların ittiğini ama birbiri olmadan yapamadığını da biliyorum. Benim de keşkelerim var hepinizle aynı. Şimdi olgunluk çağımda hepsini kucaklamaya ve iyi kileri yerlerine koymaya başladım.

Bizi biz yapan keşkelerimiz var, iyi ki onları yaşamışım ki şimdiki ben olmuşum. Merak ediyorum, "keşke" diyorum da bazen, ama senaristin bir bildiği vardır elbet diyorum sonra da "İyi ki" diyorum yine... Yaşamımızdaki her şey bizlere bir şey anlatmak ve öğretmek için, sancılar yoruyor ama doğunca bebek her şeye değiyor, tıpkı bu sayfadaki gibi...

"Sanat, özgürlük tarafından emzirildikçe büyür."

Friedrich Schiller.

Acil Servisleri Sevdim

Acil serviste çalışmayı sevdim. Zaten ilk defa da mecburiyetin hizmetinde, gümüşün hanesindeki iyi yapan yerin acilinde başlamıştım görevime de. İyi ki mecbur olmuşum da burada çalışmışım. Yıl 1990. 24 Haziran'daki mezuniyet töreninden sonra, komşu, eş dost, akraba, tanıdık o kadar ilgilenip, nereye gideceğimle öyle meşgul oldu ki, sorandan değil dedim yaram da yoktu. En iyisi deyip, ilk kurada çekilişi yapıp gümüşün hanesine artık sadece çocukluğumun yazı değil, kış tatillerimin de yeri olandan, otobüsle otuz saat öteye gittim çocuk halimle; kendimi büyük sanarak, annem ve babamla.

Meslek hayatıma geri baktığımda yaşadığım en güzel yıllardan biri olarak ön sıralarda halen yerini alır. Meslektaşlarımın bir ikisi hariç, hepimiz uzaktan olduğumuz için tıpkı uzak askerliklerde de olduğu gibi (öyle söylenir), paylaşımlar sıcaktı. Adı gurbetti ve hepimiz birbirine akrabaydı. Uzmanlar abimiz ve ablamızdı, tıpkı üniversitedeki gibi. Hepimiz aynı odayı paylaşırdık çay molalarında, yemeklerde de. Abla, abi deyince de sohbetler, aile kıvamında olurdu, yemekler de daha lezzetli. Diyetisyen hazırlardı listeleri, arkadaşımdı o da. Beraber kumaşları boyamıştık o yıl. Boş günlerim olduğundan aralarda oradaki kız meslek lisesinin kumaş boyama kursuna gitmiştim. Kumaşın arkasına basınca kabaran boyayı öğrenmiştim, tuval kumaş olmuştu o zaman. Kayın valideme seccade boyamıştım, çeyizde adettendir diye sevgiyle. ("Ural-Altay kültürlerinde gök katları, yaşam ağacı, kayın ağacından yapılma bir direk üzerine ya da bir kayın ağacının üzerine kertikler açılarak temsil edilir. Kayın ağacına verilen önem, Türkler'in akrabalık bağlarını gösteren isimlerde de "kayın" sözcüğünü kullanılmasıyla görülür. Bir sözlükte yer alan YAŞAM AĞACI tanımlaması kısmındandır.

Saygılar...") Alıntıdan alıntı. (Hep merak ederdim, şimdi öğrendim)

Diyetisyen arkadaşım nerede şimdi kim bilir? Cep telefonu, internet yoktu ki o zaman... Olsaydı da araya zaman girip, herkes kendi derdine düşünce gözden ırak oluyor ama bence gönülden ırak değil. Sadece neler yaptığından haberdar olamıyorsun o kadar. Gümüşün hanesindeki kocaman aileye sevgilerimi yollarım buradan. Belli mi olur denk gelir de okurlar.

Unutmayın yıl 1990 ile 1991. Başhemşire vardı o zaman. Seyahati severdi. Bekârdı, hiç evlenmemişti. Lojmanda kalırdı. Nöbetlerimde, onunla gezilerden sohbetler ederdik. O anlatırken gezmiş gibi olurdum. Gezmek gerçekten dünyayı genişleten, insanı resetleyen, içinizde kir bırakmayan, tozlanmanıza izin vermeyen büyülü bir değnek. Dilerim büyülü değneklere dokunanlarınız çok olur.

Santralin memurları iki kardeşti. Nöbetlerde, sadece bizim odada olan televizyonu beraber seyrederdik ve bu nedenle minnet duydular bana hep. Yıllar sonra yaşadığım yerdeki bir eğitim toplantısı vesilesiyle ziyaretime geldiler hem de on kişilik ekiple. Ne mutlu olmuştum. Başhekimimiz vardı, ablamızdı. Aynı sene onun da, benim de babamız aynı hastalığın sınavını verdiler. Gümüşün hanesiyle, Egenin incisi arasında mekik de dokudum o yıl. O da gece gündüz yaşayan kocaman büyülü şehre mekik dokudu. İşte tam da buradaki "keşke"lerin yerine "iyi ki"yi koyamıyorsunuz. Yıllar geçtikçe acılar hafifliyor, ilk zamanlardaki gibi olmuyor, yeri dolmuyor ve yerine gelenlerle paylaşılıyor sevgiler... Yaşamın döngüsü bu...

Körfez savaşı nedeniyle izinler kalkmıştı, son görevimi yapmaya gitmem lazımdı. Birlikte şehrin valisine gidip izin alışımızı hatırladım şimdi... Gümüşün hanesinde ilk aldığım küçük televizyonum halen duruyor. Mutlu resmini paylaştığım Ela'nın annesi seyrediyor, eşimin ofisinde yemekleri yaparken. Oradan aldığım pirinç havan ile timsah şeklindeki ceviz kıracağı halen işlevsel, mutfağımdalar. Ceviz kıracağı ile fotoğraf makinesini o zaman üç saat ötedeki yerde kurulan Rus pazarından almıştık, şimdi eşim olan, o zaman söz verdiğimle.

Çevre yerleri de gezmiştik. Gümüşün hanesindeki ünlü bir mağara ile üç saat ötedeki yerde bulunan dağdaki manastır kaldı, oralara da gidilecek, aklımda... Suriyeli bir nörolog abimiz vardı. Körfez savaşı nedeniyle ücretsiz olan hat ile bağlandı yakınlarına. Bizler de kullandık o hattı. Bağlandık sevdiklerimize. Bunun için de ayrıca teşekkür ederim düşünenlere.

Çocukluğumun küçük bir bölümünde, ülkemin baş şehrindeki kar "an"ım dışında ilk kez karla kucaklaştım o yıl. Kar yağıyordu ve ben pencereden seyretmek zorunda kalmıştım, hasta olmayayım diye. Buraya da bir keşke koyuyorum... Anımın rengi değişirdi, bembeyaz olurdu o zaman... Gümüşün hanesindeki kar uzun zaman kalmıştı, çatılarda buzdan saçaklar vardı. Birlikte aynı evi paylaştığım, beden öğretmeni arkadaşımla, kılıççılık oynadık bir keresinde kopardığımız saçaklarla.

Dersimiz beden eğitimiydi. Ne güzel bak... Pencereden bakmıştın ya çocukken... Ey özgürlük! Sadece kar ve buzdan saçak bir de sen... Bazı hafta sonları, üç saatlik ötedeki yere öğretmenle giderdik. Giderken ülkemin en kocaman tünelinden geçerdik. Bir gün mantom cama yapıştı buzdan. Etli ekmek de yerdik; meşhurdu Çardak'ta. Seccadeye kapitoneyi burada yaptırmıştım. Orada yaşadığımız kurban bayramını hiç unutmadım. Alt kattaki ev sahibi kurban kesmişti. Et kokuları geliyordu. Bize et gelmedi. Kasaba gittik et alalım diye ama kapalıydı. Et nasıl da kokmuştu. Oysa bir kez kasaptan kıyma almıştık. Etin tadı da kokusu da değişik gelmişti bize. Et kokunca almak istedik işte. Sonra da, çocuk yetiştirme yurduna ziyarete gitmiştik ve birbirimize, "şimdi bizim onlardan ne farkımız var?" demiştik. Kar yağdığında çeşmeleri açık bırakırdık ama yine de donardı, musluktan su akmazdı. Yakındaki çeşmeden su taşırdık. Pazara gitmezdik (nedense) hep manavdan alırdık. Patatesi, havucu ne çok tükettik. Herhalde soğuktan, sıcacık çorbalarımızın içine koyardık. Cennet elmasını da ilk burada yemiştik. Kuşburnu marmelatını, reçelini, dut pestilini de. Öğretmen şimdi yaşadığım yere yakın oturuyor, geç karıştı çoluk çocuğa. Şimdi hangi evresinde yaşamının? Belki görürse yazıyı arar. Ona da selam ve sevgiyle. Bir kez kızmıştık birbirimize, soba nedeniyle. "Neden sobayı sen yaktın? Beklemedin, yoruldun." demişti. Soba için teşekkür ederim ona da.

Kar vardı ama üşümezdim, belki nem yoktu ondan. Karla ilgili bir anım daha geldi aklıma şimdi. Yaşadığım yere gelmeden önceki bacalarıyla ünlü olan yerde bir gün kar yağmıştı. Her zaman olmazdı bu. Bu anı ölümsüzleştirmek gerekti. Onun için değil ama kendiğilinden içimdeki çocuk, apartmanın bütün zillerine basıp komşuları çağırdı. Geldiler. Çocuklar gibi şendik derler ya aynı öyleydik. "İyi oldu çağırdın." dediler. Kar topları yaptık, kar toplarını attık birbirimize, kardan adam da yaptık tabii ki.

Anlatırken bir tane daha geldi şimdi aklıma. Tatil için Ulu olan dağa gittiğimizde, kızak üstüme uçup beni fırlattı. Havada uçtum, yere inişim bir küt sesiyle oldu. Bir de büyük oğlum refleksle dizlerini kıvırıp kendini yere bırakmasaydı uçacaktı da, dedik sonunda "bu iş bize göre değil" diye. Demek baya karla buluşmuşum. Yazdıkça çıktı tekrar kondukları yerden. Kar ile yaşamadım demem. Kar yağarken doyunca seyrettim, ağaçların üzerinde duruşu, evlerin çatılarını kaplaması, hepsi güzeldi. Erimeye başlayıp, çamur olunca çizme giymeden olmazdı. Galiba ilk çizmemi de orada almıştım...

Acilden arkadaşlarımla baharda pikniğe gitmelerimizi, bir arkadaşın saz çalışını, bir arkadaşımla nöbetlerde stresten mi oluşan gülme krizlerimizi, tabii hastaların yanında değil. Bizim de ihtiyacımız olur bazen gülmelere. Beşeriz işte. Arkadaşım şimdi en büyük mertebesine geldi mesleğinin. Artık adına gelmeden önce iki kelime daha söyleniyor. Ne güzel... Tebrik ederim arkadaşımı da.

Gümüşün hanesinden, hizmetimin mecburi kısmı bitince, evlilik durumundan ayrıldım. Ege'nin incisinde başladım bundan sonraki görevime. Acilde değildi görevim. Acili ve gümüşün hanesini özledim.

En çok acilleri sevdim demiştim ya. Neden derseniz eğer şunu söylerim: Matematik dersini çok severdim. Problemleri çözmeyi. Lisede tatillerimde bile aldığım test kitaplarındaki problemleri çözmek benim için hobiydi. Öyle severdim. Acilde sorun bellidir. Bir an önce müdahale etmezseniz sonuç da bellidir. Çözüm de bellidir. Anında çözüme ulaşırsınız, sürüncemede kalınmaz. Neyse o. Çözüme ulaştırılıp sorunu, yerine de teslim ettiğinizde fazla sorumluluk da kalmaz. İşte bunu çok seviyorum. Acillerin stresi çok, bunu tabii ki sevmiyorum. Hatta işim haricinde hastanelere gitmeleri de sevmiyorum. Beşerlerin şaşıp geldiği bu yerde yüzlerinin gülümseyerek çıkması ve çoğu zaman da duayla, bu beni çok mutlu eder. Kuaförde saçınıza fön yaptırdığınızda yüzünüzün gülmesi gibi, güzelleştiğinizin farkına vardığınızdaki gibi. İyileşme olduğu ya da iyileşme yolları bulunduğu (sevk edeceğiniz bölümler) için severim. Koruyucu sağlık aslında en sevdiğim ama çok değer verilmiyor günümüzde, ama bir merkezde hele ki özel bir merkezde çalıştığınızın bilinmesi ayrı bir prestij de katıyor sanki, bizlere bakan gözlere...

Uluslararası Firmanın Yatırım Danışmanı

Uluslararası olan firma ile olan tanışmam, bacalarıyla ünlü şehrin, devlete ait olan iyi eden yerin acilinde çalıştığım dönemlerde oldu. Üyelik sistemi ile çalışıyordu. İster sadece kullanıcı, ister de satış ve üye yapan olabiliyordunuz. Bir tanıdık üye yapmıştı. Arada boş günlerim olduğu için de ilgilenebilme zamanım da olmuştu. Bu firma, bireyi ele alıp, geliştirip, üstüne de yüzde yüz kullanıcı olmasını sağlayıp, her frekanstan girerek satış işini sağlama alan bir ağ sistemini kullanıyordu. Mutlaka toplantılara gitmek de şarttı. Toplantılara katılmadım hiç. Ama toplantılarda kaydedilmiş ses kasetlerinden epeyce dinledim. Kasetleri ve kişisel gelişim kitaplarını da satıyordu ağ sistemi. Kişisel gelişim kitaplarından epey okumuştum o dönemde ve iyi olmuştu bana. Yani kişiliği geliştirip, liderler yaratıp, satış tekniklerini de öğreterek satışlarını ve üyelik zincirlerini sağlama alan bir sistem. Ürünlere ait kocaman katalog da gönderiyorlardı...

O yıllarda sağlıkta da dönüşüm olmaya başlamıştı. Performans sistemi getirilmişti. Çalışanların yaptıkları işlerin katsayılarına göre, bakılan hasta başına ücret alma esasını getirmiş bir sistemdi. İşte o zamanlarda, kasetleri dinleyip dinleyip doğruca acile gidiyor ve "Uluslararası bir firmanın yatırım danışmanıyım." dememizi söyledikleri sloganıyla başlıyor ve "İşte gerçek performans burada." deyip, (şimdi bile tutamıyorum kendimi ve gülüyorum yine) Aslında kendimce tanıtmaya çalışıyordum firmamı ve ürünlerini. Anlayacağınız benim için "performans" sözcüğü oldukça faydalı olmuştu bu bağlamda...

Üç kere üst üste belli bir puan yapmanın sonunda açılan hesaba para yatırmaya başlıyorlardı. O kadar uğraştım baya masraflı da oldu. Tek alıcı kendimdi ve fiyatlar da yüksekti. Bir türlü üçüncüsünü tamamlamayı başaramadım. Pahalı olmasının nedeninin de, ürünlerin konsantre olup, uzun süre kullanıldığı ve böylece daha uygun fiyata geldiği şeklinde açıklamasını yapıyorlardı. Şimdi ne yalan söyleyeyim bu doğruydu da. Ürünleri güzeldi ve uzun süre kullanılıyordu da. Ama yüzde yüz müşteri olmak için tutan fatura baya kabarık oluyordu. Bu nedenle tamamlayamadım ve para da yatmadı hesabıma. Bunu hiç başaramadım. Daha sonraları üyeliğimi, kullanıcı üye olarak değiştirdim; aidatı daha azdı ve de satışta yapamamıştım zaten. Kullanıcı üyelere "mutlu müşteri" diyorlardı.

Mutlu müşteri olmuştum. Mutlu müşteriler mutlaka olmalı sistemde. Eğer mutlu müşteriler olmazsa o zaman üst zincirler kazanamaz. Çünkü üst zincirler, sadece üye yaparak kazanırlar. Takım halinde çalışıp, paralel takımlarla çıkarlar çelişmez ise ve izin verilirse eğer, yükselebilirlerdi. İşin bu kısmını, bu işi yapanlardan ve üye yaparken anlatılanlardan biliyorum. Bire bir yaşamadım tabii ki... Kasetlerde hep bu işin liderleri; "Biz hiçbir şey yapmadan kazanıyoruz." diyorlardı. Ama öyle değildi bence. Yüzde yüz kullanıcı olmak bile bir uğraştı. Her yerde ve her şekilde, konuyu bir şekilde buraya taşıyıp, anlatmak da, insanlarla toplanmak, toplantılar düzenlemek hepsi başlı başına bir uğraş ve zaman alan bir çaba. Büyük otellerde toplantı organizasyonları da... Toplantılara katılanlar, yani bu işi yapanların arasında sayıca çok avukatlar, doktorlar, mühendisler, profesörler varmış. Onları gördüğünüzde ve öykülerini dinlediğinizde devam etme garantisini de yüzde yüz olarak verip, o nedenle de mutlaka toplantılara katılmanız bekleniyor ve bu işten para kazanmayı istiyorsanız da, katılmanız gerekiyordu...

Acil zamanlarına dönersek, performans sisteminin de bu vesileyle kritiğini yaptığım bu dönemde, iki hemşire arkadaşıma şampuan denetmeyi başardım. Şampuan saçlara hacim kazandırıyordu. İki arkadaş denemek için birlikte almışlardı. Denediler ama nasıl da kızgınlar. "Bu şampuan saçlarımızı kocaman yaptı, kabarttı." diye. Tabii ben dürüst satıcı, çalışkan da öğrenci... Geri aldım şampuanı... Eşimanneme verdim. İyi oldu, memnun kaldı o şampuandan... Yıllar sonra eşimle duyduk ki bir toplantı var büyük şehirdekinden değil; mini bir toplantı. Merak ettik gittik. Bir de baktık ki saçlarını kabartmıştı ya hemşiremin, işte o bu toplantıdaydı. Uluslararası bu firmanın yatırım danışmanı olmuştu. Hem de takımının da bir üyesi... Yine aynı yerde çalıştığım ve üniversiteden sınıf arkadaşım da yıllar sonra, bu firmanın gittikçe yayılan dallarından birinin üyesi olmuştu ve bana; "Sen o zaman üyeliği anlatmamıştın, bu iş takımla çalışarak yapılıyor ve kazandırıyor, sen yalnız kalmışsın, bir takımda değilmişsin o zaman." ve "Sen gelirdin anlatırdın ve biz de ne diyor diye gülümserdik o zaman." demişti...

Şimdiden geriye baktığımda diyorum ki: "Zaten çok da istememişim ki, gülümsetmeyi seçmişim o zaman... ☺" Halen bazı ürünlerini kullanırım ama yerine kendi ülkemizde üretileni ve memnun edeni çıkarsa, onu yerine koyarak. Artık yüzde yüz kullanıcı değilim. Zaten bu fıtrata da ters. Hep aynı ürünleri kullanmaktan sıkılıyor insan. Raflardan seçerek almayı da istiyor. İlk zamanlarda firmanın ürünlerinin marketlerde satılması yasaktı. Birebir satış en etkiliydi ve öncelikliydi; öyle düşünülüyordu. Ama şimdilerde bazı alışveriş sitelerinde ürünleri bulunuyor. Gerekirse buralardan sipariş verebiliyorum yani çok nadir müşterisiyim. Üye değilim. Firmanın yatırım ortaklığından, mutlu müşteriye olan öyküm, çok alışveriş yapmadan mutluya dönüştü...

Size bir haber vereceğim: Harca harca bitmez olan bir markette ve daha bir başkasında da gördüm, bor ile üretilen, hem de biz üretmişiz, bir çamaşır yıkama deterjanı var onu kullanıyorum. Fiyatı uygun ve kullan kullan bitmiyor, işte onu tavsiye ederim... Bir de küçük sır: Elde yıkama bulaşık deterjanlarının hepsini sulandırarak kullanıyorum; fiyatları uygun, bir de uzun süre kullanabiliyorum... Yeni öğrendim, arap sabununun kokusuna kakalaklar gelmiyormuş, aldım ama daha denemedim. Temizliğe giriştiğimde deneyeceğim...

Hangi ürünü isterseniz alın fark etmez ama azı karar çoğu zarar kadar alışveriş yapmanız ve bu şekilde de mutlu olmanız dileğiyle... Bana kattıkları ve bu anılara sahip olmamı sağladığı için "uluslararası firmaya" ve uluslararası firmanın şimdi ki yatırım ortağı olan arkadaşlarıma da buradan selam ve sevgilerimle...

Eski Köye Yeni Adet

Dün akşam, 2018 yapımı, Eski Köye Yeni Adet isimli komedi filmini izledik. Filmi araştırdım: Senarist ve yönetmenliğini, Gülistan Acet ve Ferit Karahan yapmış. Çok başarılılar ve birçok ödüller almışlar. Ferit Karahan, ilk uzun metrajlı filmi olan Cennetten Kovulmak filmi ile 50. Altın Portakal Film Festivali'nde en iyi film ödülünü, Kusursuzlar isimli film ile paylaşmış. Muş'lu. Gülistan Acet, 2013 yılında, 50. Antalya Altın Portakal Film Festivali, Ulusal Uzun Metraj Film Yarışması'nda, En İyi Yardımcı Kadın Oyuncu Ödülünü almış, Batman'lı.

Eski Köye Yeni Adet filmi 1990 yılında ve bir köyde geçmektedir. Köye sağlık ekipleri gelir ve üç çocuğu olan kadınlara spiral takarlar ve bunu yaparken de yeterli açıklama yapmazlar. Köyün erkekleri kendi aralarında fikir yürüterek, bunun mikrofon olduğuna ve bu yolla da devletin kendilerini dinlemekte olduğuna inanırlar. Eşlerine daha iyi, nazik davranmaya başlarlar, yanlarında tehlikeli olabilecek politika ile ilgili sözleri konuşmazlar hatta devlete iyi görünmek isteyenler de eşlerinin yanında hazır ola geçip "Vatan sana canım feda!" diyerek bağırırlar... Köydeki düzenleri de bozulur... Ta ki kadınlardan biri hastanelik olup, hastanedeki bir doktorun durumu, kendilerine açıklamasına kadar...

Film, komedi katagorisinde. Bence biraz trajikomikti de. Komedi filmlerini seyrederken, bolca attığım kahkahalarımın bu sefer sayısı biraz azalmıştı. Bir köyün gerçekliğini, komedi olduğundan abartılmış bir şekilde yansıtan ve cehaletlerini ve bunun nedenlerini sergileyen ve düşündüren de bir filmdi. Gerçekten çok beğendim.

Filmde, mesleğim nedeniyle dikkat ettiğim iki doktor tiplemesi vardı. Biri spirali takan doktor; asık suratlı, tükenmiş görünen, fazla konuşmayı sevmeyen, bıkkın, kendine verilen spiral takma görevini, sıra savar şekilde baştan savma yaparak, kadınların sağlığını riske atan ve "aydınlanmış onam" haklarını hiçe sayan. Diğeri ise tam tersi olan; filmin sonunda spiral takılan kadınlardan biri gebeliği nedeniyle (gebeyken takılmış; üç aylık gebe) hastanelik olunca köylüye, takılanın mikrofon olmadığını açıklayan ve köylüyü aydınlatan, sevgiyle yaklaşan doktor tiplemesi...

Meslek yıllarımın bir bölümünde bu uygulamayı yapmıştım. Filmin konusunun geçtiği yıl olan 1990'da, mecburi hizmetimi yapıyordum. Atamızın 1919'da ayak bastığı ile ben de rahim içi araç uygulama kursu nedeniyle giderek, ana ve çocuk sağlığında üç haftalık eğitim sonunda verilen sertifikayı almıştım. O yıl bu sertifikayı, acilde çalıştığım için kullanamamıştım ama daha sonraki yıllarda sağlık ocaklarında çalıştığım dönemlerde kullanmıştım. Sertifika nedeniyle de, aile planlaması sorumluluk alanım olmuştu. Bu nedenle de filmi izlerken bu bölümler dikkatimi daha da çekti.

Filmde anlatılanlar, komedi diye abartılmış olabilir. Ancak bir gerçekliği de yansıttığını düşünüyorum. Bu gerçeklik ise "cehalet".

Bununla ilgili, Ege'nin İncisinin, Dağı Altın olan semtinin sağlık ocağında çalışırken yaşadığım bir anımı anlatmadan geçemeyeceğim. Bölgemiz göç alan bir bölgeydi. Sakinlerinin çoğunluğu, mübadele döneminde gelen göçmenler ve Doğu Anadolu'dan gelen halktan oluşuyordu. Gelen hastalarımız ile karşılıklı olarak memnuniyet içindeydik ve severdik bir birimizi. Yıl 1992. Sağlık ocağımızın binası iki sağlık ocağına aitti ve toplamda on yedi hekim vardı. Aile hekimliği sistemi olmadığı için hekim arkadaşlarımızla, var olan iki adet poliklinik odasında sırayla poliklinik yapardık. Ayrıca, aile planlaması ile ilgilendiğimizden, buna ihtiyaç duyup gelenlere, iki hekim olarak, sırayla aile planlaması poliklinik hizmeti de verirdik. Poliklinik yaptığım günlerden biriydi. Türkçeyi tam anlamayan bir hasta, yanında tercümanı ile gelmişti. Sanırım spiral istemiyordu ve bunun üzerine kendisine, bakanlığın ücretsiz dağıttığı kondomlardan (prezervatif) vermiştim; onun da koruyuculuğu yüksekti ve ben daha anlatmaya başlamadan, "Yemeklerden önce mi sonra mı yutacağım?" diye sordu. Sonra yanıtladım sorusunu. O gün her ikimiz de farkındalık kazanmıştık. O, nasıl kullanılacağını öğrendi, ben de öğretmenin önemini ve nasıl farkındalık kazandırdığını...

"Aile planlaması, ailenin istedikleri zaman ve sayıda çocuk sahibi olmalarıdır. Bu hizmet, ailedeki kişi sayısına sınırlandırma anlamı taşımaz. Çocuk yapmada aileler tamamen özgür olup, kendi iradeleri ile istedikleri, bakabilecekleri sayıda çocuk sahibi olabilirler." O zamanlar işimiz bu tanımlamayı bize başvuranlara öğretmek ve bu konuda çalışmalar yapmaktı. Bizden hizmet alan nüfusumuz şanslıydı ama bu filmdeki köylüler o kadar şanslı değildi... Köylerinde sağlık evi yoktu; spiraller, derme çatma kurulan bir odada takılmıştı ve de bir görev aceleyle yerine getirilmişti... Köydü, uzaktaydı ama yakındı. Bizimdi, tıpkı şarkıdaki gibiydi... Köylüydü, cahildi ama saftı ve temizdi...

Senaristlerinin, yönetmenlerinin ve oyuncularının, yaptıkları işin haklarını verdikleri güzel bir film olmuş. Hepsinin emeğine sağlık...

WhatsApp Grupları

WhatsApp gruplarımız var şimdilerde ve bazı sosyal medya hesaplarını da geçti üstelik. Güzel bir uygulama...

Facebook'u aktif kullandığım dönemlerde pek kullanmayı sevmezdim. Çok konuşan gruplardan, akşama kadar öten bir telefonla dolaşmamak için ayrılırdım. Ama şimdi facebook kullanmıyorum. Bu nedenle WhatsApp, sevdiklerinizle bağlantıda kalmak için iyi bir seçenek. Artık sessize almayı öğrendiğimden telefonum da ötmüyor. Ayrıldığım gruplarım beni yine ekleyebilirler.

WhatsAppta şu an birkaç grubum var. Biri ailem grubu. Uzaktaki oğullarımızla iletişim içinde olmamızı sağlıyor ve yuvadan uzakta olsalar da uzağı yakınlaştırıyor, özlemleri bir nebze azaltıyor. Bir diğer grup ise yazılarımda çokça bahsettiğim ve yazmaya başlamamın ilk noktası olan çocukluk ana vatanımın grubu. Yazılarımı takip ederek beni motive eden Türkçe öğretmenimin, bana edebiyatı sevdirmede, yazım kurallarını öğretmede hatta tiyatroyu da sevdirmede oldukça emeği vardır. Gruptaki diğer arkadaş ve öğretmenlerimin de bende ayrı ayrı yeri vardır. Hepsini sever ve değer veririm. Her zaman görüşemesek de bir WhattsApp mesajı kadar yakınlar. Bunu bilmek ve hissetmek de güzel. Bir diğeri ise yaşadığım yerdeki arkadaşlarımla olan paylaşım grubumuz. Özellikle tiyatro, konser etkinliklerinden haberdar olmamızı sağlar. Bir diğeri acil servisteki arkadaşlarımla olan grubumuz, araya yıllar girdikten sonra yeniden buluşmamızı da sağladı ve aynı yerden devam edebildiğimizi görmemize de vesile oldu. Yeni eklendiğim bir WhatsApp grubum da var. Bacalarıyla ünlü şehrimin sağlık ocağında çalışırken içine dâhil olmuştum gerçekte bu gruba. Gruplarımın bazıları çok, bazıları az konuşur, bazen buralar bana ilham olur ve yeni bir yazıyı klavyeye alırım. Sağlık ocağı grubu bu yazıma vesile oldu.

Dün eski anılarımızdan, kaybettiğimiz çalışanlarımızdan, aşı çalışmalarından bahsederken ve bununla ilgili paylaşılan yazıları okurken geldi aklıma. Yazıma grupta başladım, üstelik iki, üç cümleyle. İçimden geldi ve yazdım ben de. Aşılama, koruyucu hekimliğin konularındandır. Sağlık ocağı yıllarında bu konuda da çalıştık ekipçe. Köyler aşı yapmaya, bazen poliklinik yapmaya giderdik. Bununla ilgili anılarımı yazdım oraya ve dedim ki:

"Aşı için, poliklinik için gittiğimiz.... köyüne, eşantiyon ilaçları da götürürdük. Su sıkıntısı olan bu köyün eli de bol değildi. Kimin bahçesiydi bilmem, topladığımız pırasaların tadı hâlâ damağımda... Suyu olan köylerin çiçekleri de boldu ve insanları da daha medeni. Böyle bir köy adını unuttum ama konuk ettikleri düğün yemeğini de unutmadım..." Yıllar öncesini yeniden yaşamış gibi oldum grubun sayesinde...

Daha önce lise grubum da vardı ama oradan çıkmıştım. Çalışıyordum ve bu nedenle takip edemiyordum. Konunun ortasında dâhil olmak da olmuyordu çünkü neden bahsediyorlar bilmiyordum ve bu durum beni üzüyordu, sıkıyordu. Üniversitede iki ayrı sınıfım olmuştu. Bizim grubumuz araftaydı. Üniversiteden iletişim halinde kalabildiğim arkadaşlarımla da tek tek haberleşiyoruz yine WhatsAppta.

Yaşamımıza giren tüm herkesle WhatsAppta grup kurulsa ne kadar olurdu ki sayısı? Olsaydı eğer her birini takip etmeye kalkınca nasıl olurdu? Sanırım gün de yetmezdi. Onun için de galiba WhatsAppın da azı karar çoğu zarar mı olur acaba? Ya da olsun gruplar ama konuşmalara ortadan löp diye dalıverince nasıl olurdu ki? O zaman hepsine katılmak mümkün olmazdı ya da konuşmalara katılmadan, olabildiğince takip edilirdi herhalde...

Konuşmalara hiç katılmayanlar oluyor, olsun. Kendi kendinize konuşuyormuş hissini veren gruplar var, olsun. Yeter ki sağlıkları yerinde olsun, böyle bakmak gerekli. Neden mi dedim? Geçenlerde bu gruplardan birinde bir arkadaşımızın kalp krizi geçirdiğini öğrendiğimizde, grupta bulunanların çoğu "Geçmiş olsun.", "Seni seviyoruz." cümlelerini eksik etmedi. Hiç konuşmayanlar (diyorum ama aslında yazı buradaki) da bir iki cümleyle üzüntülerini dile getirerek, arkadaşımızın yanında olduklarını ifade ettiler. Olumlu hissettirdiler. Bu gerçekten güzel. Her zaman her sevdiğimizin yanına gitmemizin imkânı yok. Ama bu şekilde yazdığınız bir cümleyle varlığınızı hissettirmeniz güzel ve WhatsApp buna imkân sağlıyor... Yine bir grupta bir arkadaşımızın, geçirdiği enfeksiyon nedeniyle septik şoka girdiğini öğrendik. O yazdıklarımızı henüz okuyamadı, yoğun bakımda... Üzgünüz... Onunla da renkli anılarımız olmuştu... Buradan ona acil şifalar dileriz... Tabii WhatsApp iletişimde kalmamızı sağlarken olumlu haberlerin yanında böyle üzücü olanlarını da bize iletiyor...

Bugünlerde okunma sayılarım biraz düştü. Belki okul tatili nedeniyle çocuklarımızla vakit geçirdiğimiz için yazılarıma ara vermemden olmuş olabilir. Bir de yazılarımı, WhatsAppta paylaşmayı da azalttığımdan olabilir. Sayfam beni anlatıyor; anılarımı, hayata bakışımı, işimi, aşımı... Benim penceremden bakışımı, motive edişimi, isteğimi, öğretmeyi isteyişimi, kendimi ifade edişimi, incilerimi... Bu herkesin ilgisini çekecek bir şey değil. Herkesi motive edecek öğretecek diye bir zorunluluk da yok. Merak eden, ilgili yazıları arayanlar bulabilirler ve okuyabilirler... Bu nedenle dayattığım bir şey de olamaz... Yani paylaştığımda bunu düşünmeyin olur mu? WhatsApp benim için yazılarımı gruplarla veya tek tek paylaşmamı da sağlıyor, bazen bana ilham oluyor ve bana bu şekillerde de katkı sunuyor...

Buradan yazılarımı daha çok beni tanıyan arkadaşlarımın okuduğu sonucuna varabilir miyiz? Umarım yazılarım amacıma ulaşıyordur, verdiğim emek buna değiyordur. Eğer amacına ulaşıyorsa daha çok okunmasını isterim ve bu beni mutlu eder...

Yani sonuç olarak sosyal medyayı kullanmak güzel... Sevenlerimizin, sevdiklerimizin, arayıp, arayanlarımızın çok olması ve "Seni seviyorum" demenin de sadece zor zamanlarda olmaması dileğiyle.... Sizleri seviyorum...

Müjde! Arkadaşımız iyileşti ve yoğun bakımdan çıktı! (03.02.2019)

Yeniden hoş geldin arkadaşım. Seni seviyoruzzz... 😍

Babamın Şiirleri

Yaşar Uzun, 1942 yılında, Muğla'nın şirin Yatağan kasabasında doğmuştur. Halen, Ankara Yenişehir Sağlık Kolejinin son sınıf öğrencisidir. Küçük yaşta, yenicilerin tesirinde kalarak, serbest nazımda şiir denemeleri yapmaya başlamış ve şimdiye kadar hep bu tarzda şiirler vermiştir. Ölçüsüz ve kafiyesiz olarak yazdığı bütün şiirlerinde lirizm havası vardır. Şairin hayata küsmüş ruhu, adeta mısralarında isyan edip dile geliyor. İleride kendisinden çok şey beklenebilir.

Fakir Keyfi

Ben mes'ut olabilirim artık,

Sevebilirim tüm insanları.

Kimsenin işine karışmadan,

Gürültüden öte bir âlemde,

Kaygılardan azade,

Şöyle gönlümce yaşayabilirim.

Ve ben rahatça uyuyabilirim.

1942 /1991 (21 Mart)… Sonsuza dek….
Özlem ve saygılarımla…

Şiirleri bu adresten dinleyebilirsiniz:
(https://www.penceremdeninciler.com/2019/02/26/babamin-siirleri/)

Doktor Başkan Adayı

Bugün martın ikisi. Belediye başkanlığı seçimleri ay sonunda. Tüm partiler durmadan canla başla çalışıyor. Adaylarını belirlediler. Sonunda kazananlar olacak, kaybedenler de. Hepsinin birincil amacı bulunduğu bölgelere hizmet etmek. Daha sonrasında ülke yönetimi için ne kadar ileriye gidilebiliyorsa bunun için çalışmak…

Bakın şimdi sizi bir veli toplantısına götüreceğim. Önce doğan oğlumun, lisede okurken yapılan bir veli toplantısına. Sınıfta tüm veliler oturuyor ve sırayla tüm öğretmenler içeri girip bizlerle konuşuyorlardı. Hiç unutmuyorum, o gün bana bir farkındalık da kazandırmıştı… Sıra tarih öğretmenine gelmişti.

Dedi ki: Çocuklarınızın meslek seçimi çok önemli. Bizim zamanımızda başarılı çocukları matematik fen bölümlerine yönlendirdiler. Ülkeyi yönetmelerini istediklerini ise sözel bölümlere yönlendirdiler. Bu çocuklar hukuk, siyasal, tarih gibi bölümleri seçtiler. Yönetim kadrolarına geçtiler. Başarılı olan çocuklarımız mühendislik, tıp gibi meslekler edindiler ve diğerleri tarafından yönetildiler. Yüksek puanlar alarak tıbbı seçenlere, adeta siz hastalarınıza bakın, yönetmek bizim işimiz dediler.

Hiç bu şekilde düşünmemiştim... Bizim zamanımızda sözel bölümleri notları daha düşük olan arkadaşlarımız seçerdi. Sayısal daha havalı gelirdi sanki. Öğretmendi ve haklı da olabilirdi söylediklerinde. Belki de böyle yönlendirilmiş olabilirdik. Meslek seçimi de gerçekten çok önemli. Meslek seçerken birçok faktör önemli. Çocuğun yetenekleri neler? Neler ilgi alanına giriyor? Kişiliği nasıl? Nelerden hoşlanır? Yönetme becerisi var mı? Liderlik vasıfları var mı? Nasıl bir yaşamı yaşamak ister ve daha bunun gibi birçok soruyu yanıtlamak, bilmek gerekir. Şimdiki gençler bizlere göre daha bilinçli, vizyonları geniş. Kendilerinin farkındalar ve meslek seçimi daha rahat yapılabiliyor. Onlar bilişimin çocukları. Ancak ebeveynlerin bilmesi gerekense meslek seçiminde çocuklarına yardımcı olurken, kendi değerlerini, bu işe karıştırmamaları gerektiğidir. Yaşamımız mesleğimizdir. Mesleğimizi seversek mutlu oluruz. İşyeri hekimliği yaparken, değişik meslek gruplarıyla çalıştım ve bunun ne kadar önemli olduğunu gördüm.

Meslek seçimimde ailemin etkisi oldu diyemem. Onlar hukuk ve tıbbı yakıştırmışlardı bana. Annem tıbbı, babam hukuku. Çalışkan öğrenci ilk başa tıbbı sonra hukuku yazdı. İlk tercihim tıp olduğu için tıbba girdim. Okulumu sevdim. Mesleğimi sevdim. Annem ile babamın etkisi olmadı çünkü zaten benim de başka bir tercihim yoktu. Lisede çoğu arkadaşım benim gibi yapmıştı. Tıp, mühendislik, hukuk sonra öğretmenlikler en sonunda işletme, iktisat gibi bölümleri yazmışlardı tercihleri yaparken. Mühendisliği yazmış mıydım hatırlamıyorum ama bende sanırım kendimi tıp ve hukuka yakıştırmıştım. İkisi de zor bölümlerdi. Boş dersimiz olmazdı. Bizim sınıflarımız 400'er kişilik kocaman amfilerde yapılırdı. Amfilerde güneş ışığı yoktu. En zoru ilk üç yıldı. Daha sonraki yıllarda stajlar da başlayınca, daha küçük gruplara ayrılırdık ve o zaman birbirimizi tanıma fırsatını da daha iyi bulurduk...

Yazarken bazen böyle oluyor. Seçimler derken meslek seçimine, üniversiteye kadar geldim. Üniversiteden bahsetmemin bir nedeni var. Sınıf arkadaşımız, Ege'nin incisinin kendilerini 35,5'lu olarak ifade eden ilçesinin belediye başkan aday adayı olmuş. Buna sevindim. Günümüzde okuduğu okula bakılmaksızın siyasetle ilgilenen herkes, yönetim işine talip olabiliyor. Sanırım tarih öğretmeni genelleştirilmiş bir örnek vermiş olsa gerek; bilemem. Her siyasal ya da hukuk okuyan siyasetçi olamayabilir. Değişik mesleklerden de bu işi iyi yapabilenler olabilir. Yönetim ekip işidir. Belediyelerde danışmanlar, teknik çalışanlar, mühendisler vardır. Arkadaşımız doktor. Bu ekibin başı olarak da bir doktorun, hele ki bunca yıllık yaşam okulu birikimi ve tıp gibi en zor başarılabilir bir mesleğin mensubu olarak bu işi de başarmaması için hiçbir neden olmamalı diye düşünüyorum. İyi bir ekip içinde ve iyi bir iletişimle de insana açılamayacak bir kapı da yoktur üstelik. Bu benim düşüncem tabii. Şehirlerin, belediyelerin sağlıklı olması gerekli. Böyle bakınca bu ekipte mutlaka sağlığın temsilcisinin de bulunması, toplum sağlığı ve sağlıklı kentleşme adına da önemlidir. Bugün sınıf arkadaşlarına destek olmak için seksen üçlü grubun yürüyeceğini öğrendim; 35,5'ta. Katılamadım ama buradan destek olmak istedim. Seksen üçlüler daha önce güzel projelere de imzalar attılar ve hepsi de çok başarılılar... Arkadaşıma buradan selamlarımı göndererek kendisine başarılar dilerim. Tüm seksen üçlü arkadaşlarıma da saygı ve sevgilerimle...

Merkür Ters (Retro)

Beni tanıyanlar bu sözümü bilirler. Yüzlerinde de çoktan bir gülümseme oluşmuştur ☺ Astrologlar "merkür retro" diyorlar. Bu daha havalı. Bende şimdilerde retro sözcüğünü kullanıyorum. Merkür tabii ki ters gitmeye başlamıyor. Bunun astrolojide bir açıklaması var. Merkür yörüngesinde ilerlerken, üç ayda bir dünyaya göre yavaş ilerlemeye başlıyor. Dünyadan bakılınca da geriliyor gibi görünüyor. Oluş değişmiyor. Sadece, bu astrolojik dönemi vurgulamak için, ifadede değişiklik oluyor.

Astroloji de benim hobilerimden biri oldu. Uzun yıllar oldu yaşamıma alalı. Sadece kendim değil, işyerimdeki arkadaşlarım da, takip ettiğim sitenin aylık burç yorumlarını merakla beklerlerdi; ortak aktivitemiz haline gelmişti. Astrolojide doğum saati, yükselen burç için önemli. Doğum saatimi bilmediğim için, yükselen burcumu da bilemiyordum. Takip ettiğim astrolog (Susan Miller) yazılarında, "Eğer doğum saatinizi ve yükseleninizi bilmiyorsanız, tüm burçları okuyun ve size en uygun olanını bulun" diyordu. Uzun yıllar keyif de aldığım için tüm burçları okudum ve terazi burcunda karar kılmıştım. Hatta aynı zamanda hekim de olan bir astrolog da çalışma yaptı. Yaşamımdaki on önemli olayın tarihlerini haritama yerleştirip doğum zamanıma ulaşılıyordu. Buna rektifikasyon yöntemi deniliyordu. Bu çalışma sonunda da aynı sonuç çıktı. Sonuç olarak, kendimi burçsal olarak ifade edersem; yükseleni terazi olan bir yengeç burcu bayanıyım ve ay burcum da başak ☺ Yıllardır takip ettiğim için Merkür retrosunun başladığını hissedebiliyorum... 5 Mart'ta retro başladı ve üç hafta sürecek. Onar günlük de gölge günleri devam edecek ve eski hızına kavuşacak...

Hobim olan astroloji için, tıbbın babası olarak kabul edilen Hipokrat'ın "Astroloji bilmeyen hekimin kendine hekim demeye hakkı yoktur." sözünü demiş olması, bir hekim olarak içimi ferahlatır. Günümüzde astroloji, astrologlar ve yorumları popüler olmaya başladı. Bazı üniversitelerde astroloji bölümleri açılmaya da başladı. Bu yazıyı yazarken, en son öğrendiğim de; "Medikal Astroloji" alanında yapılan bir çalışmanın, Çapa Tıp Fakültesinde, Astroloji ders müfredatına resmi olarak kabul edildiğiydi.

Günümüz astrolojisi birçok tartışmaya da konu olmaktadır. Bilimsel mi, değil mi bu konuyu çok irdelemek istemiyorum. Bu benim hobilerimden biri sonuçta... Yeri gelmişken bir anımı anlatacağım. Astrolojiye merak salan bir tanıdığım, okuduğum sitenin adresini alıp, kendi burcunu okuduktan sonra, piyango bileti almış. Okuduğu yorumda size piyangodan para çıkabilir yazıyormuş. Güldüm. Şimdi de aklıma gelince halen gülerim buna. İşte benim okuduklarımla, yorumlarla olan ilişkim bu şekilde. Fal mı onu da bilemem ama şunu derim: Fala inanma ama falsız da kalma... Yani bana da para çıkabilir diyen yorumlar için, hiçbir zaman gidip piyango bileti almadım... Olabilme potansiyeline inanırım ama geleceği de kimsenin bilemeyeceğini bilirim ve akışa müdahale etmem, edemem de zaten. Sıkıntılı bir durumda "merkür ters" demek beni rahatlatır sadece... Yanıt veremedim ya da nedenini anlayamadığım durumlarda can simitliği yapar bana... Bir de sohbetlerimize hoşluk katar. İlgi alanlarına girenlerle iletişimi başlatmaya da yarar..." Kapılarımı hiçbir zaman kapalı tutmam, onca aklı başında insan uğraşıyor ve vardır bir bildikleri derim her zaman..."

Feng Shui

Feng Shui, "rüzgar" ve "su" anlamına gelir. *Feng shui*, doğada var olan yaşam enerjisini, yaşanılan mekânlarda harekete geçirme yöntemlerini gösteren eski bir Çin öğretisidir. Yaşamla uyum ve denge sanatıdır.

Kitabın arka kapak yazısı:

Neden bazı mekânlar size sıcak ve huzurlu gelir de, bazıları tam tersine sizi rahatsız eder? Evinizi ya da işyerinizi değiştirdikten sonra aile, sağlık, iş ya da mali durumunuzda görülen olumlu ya da olumsuz gelişmeleri nasıl açıklayabilirsiniz? Bir feng shui üstadı buna hiç duraksamadan şöyle karşılık verecektir: "Yerkürede ve kozmosta iş başında olan güçler bir yerde uyum içinde, diğerinde kaos içinde olabilir."

Feng Shui çevremizle uyum içinde yaşayabilmek için o çevreyi belli prensipler doğrultusunda düzenleme sanatıdır. Feng Shui prensiplerini evinizde, işyerinizde -ya da yeni bir ev yaparken- uygulayarak yaşamınızı olumlu yönde değiştirebilirsiniz.

Binlerce yıldır Uzakdoğu'da uygulanan bu sistem son yıllarda Batı'da büyük bir rağbet görmüştür. Feng shui sanatını uygulayan birçok insan bu uygulamalar sonucunda aile, sağlık, sevgi ve iş yaşamlarında büyük gelişmeler kaydettiklerini, yaşamlarına daha fazla mutluluk ve bolluk getirdiklerini açıklamışlardır. Günümüzde artık Batılı mimarların ve dekoratörlerin bir çoğu işlerini tasarlarken Feng shui prensiplerini göz önünde bulundurmakta, birçok ev ve işyeri, büyük oteller, hükümet, banka ve holding binaları feng shui uzmanlarının önerileri doğrultusunda inşa edilip döşenmektedir.

Bu kitap, feng shui konusunda mevcut birçok kaynak incelendikten, birçok feng shui uzmanıyla görüşüldükten ve bu konuda birçok uygulama yapılıp olumlu sonuçları alındıktan sonra, sizlere en doğru, yararlı, sade ve pratik bir feng shui sistemi sunabilmek amacıyla yazılmıştır. Siz de kendi zevkinizi ve sezgilerinizi feng shui kurallarıyla birleştirerek yaşamınızı her konuda zenginleştirebilirsiniz.

Acil serviste çalıştığım yıllarda tanışmıştım feng shui ile. O zamanlar bir ara spiritüel (Latince ruh anlamına gelen spirutus) içerikli **kitaplar okuyordum.** Kitaplardan birinin arkasında Feng Shui kitabını görmüştüm. Eş zamanlı olarak, bir mimar arkadaşımın ofisinde de görünce bu kitaba ulaştım. Sadece kitabı okumakla kalmayıp, araştırarak öğrendiğim Ege'nin incisinin, sancağı al olan ilçesindeki bir adrese de ulaşarak aldığım eğitim sonucu , "Fheng Shui Uzmanı" sertifikamı da aldım. (Klasik Feng Shui üzerine merkezi Malezya'da bulunan Mastery Academy of Chinese Metaphysics'ten Master Joey Yap. 'Çok havalı değil mi?')

Bu eğitim iki gün sürmüştü. Feng Shui ile ilgili notlar ve başka kitaplar da okudum. Eğitmenim bu işi yaparsam birlikte çalışabileceğimizi de söyledi. Uygulamaları ilk başta iyice öğrenene kadar kendim de yapmam gerekmiyordu ama ben sadece merak etmiş ve öğrenmek istemiştim. Aldığım meslek harici her eğitim sonunda olduğu gibi, öğrendiklerimi kendimde ve evimde uyguladım. Bazen de eğlence olsun diye bazı arkadaş, eş, dosta. Bu da sayısı üçü geçmez sanırım. Acilde çalışırken, farklı hobiler edinmek, uğraşmak bana iyi geliyordu ve yorgunluğumu da alıyordu. Böylece mesleğim daha dayanılır oluyordu. İşiniz hastalarla, yaralananlarla, vs. uğraşmak olunca, nefes almayı istiyorsunuz. Hiçbir öğretinin, ünvanın, mesleğimin önüne geçmesini istemedim ve hobi olarak kalmasını istedim. Zaten iki günlük eğitimle de böyle bir sorumluluğu almayı da istemezdim. Feng Shui de bir sanat dalı. Yaşamla uyum ve dengeleme sanatı... Feng Shuinin atölyesine uğramak da keyifliydi. Dekorasyonu, renkleri, evi, mekânları düzenlemeyi çok severim. Mimar ya da iç mimar olsaydım, "uzman" sözcüğü, sadece sertifikada kalmaz, benimle de hayat bulurdu... Feng Shui ile geçirdiğim zamanlarımın mutlaka faydası olmuştur bana. Ama en güzeli de, sohbetlerimize de hoşluk sağlaması oldu. Arkadaşlarımın, feng shui dediklerinde, gülümseyerek beni hatırlamalarını da sağlamış oldu yıllar sonrasında da...

14 Mart Tıp Bayramı

HEKİMLİK ANDI

(Dünya Tabipleri Birliği Cenevre Bildirgesi, 2006)

Hekimlik mesleğinin bir üyesi olarak kabul edildiğim şu anda;

Yaşamımı insanlığın hizmetine adayacağıma,

Mesleğimi bana öğretenlere, hak ettikleri saygıyı ve minnettarlığı göstereceğime,

Mesleğimi vicdanımla ve onurumla uygulayacağıma,

Önceliği her zaman hastamın sağlığına vereceğime,

Hastamın bana açtığı sırları, yaşamını yitirdikten sonra bile gizli tutacağıma,

Tıp mesleğinin yüce geleneklerini ve saygınlığını, bütün gücümle koruyacağıma,

Meslektaşlarımı kardeşlerim sayacağıma,

Yaş, hastalık ya da engellilik, inanç, etnik köken, cinsiyet, milliyet, politik düşünce, ırk, cinsel yönelim, toplumsal konum ya da başka herhangi bir özelliğin, görevimle hastam arasına girmesine izin vermeyeceğime,

İnsan yaşamına en üst düzeyde saygı göstereceğime,
Bana gözdağı veriliyor olsa bile, tıbbi bilgimi, insan haklarını
ve birey özgürlüklerini çiğnemek için kullanmayacağıma,
Kararlılıkla, özgürce ve onurum üstüne,
Ant içerim.

14 Mart Tıp Bayramı Kutlu Olsun.

Akraba mı? Akbaba mı?

Bazen de ne yazık ki böyle... Akraba sözcüğünün anlamı insanda pozitif duyguları çağrıştırmalı değil mi? Yaşamın içinde negatifler de var ama bazen iyi ki diyorsunuz. İyi ki varlar... Sanki pozitifin değerini arttırmak için özel olarak tasarlanmışlar... Avuntu mu? Değer bilinsin diye ne gerek var ki canın sıkılmasına?

Akraba sözcüğü, Türk Dil Kurumu'na göre, üç anlama gelmektedir:

1. Kan bağıyla birbirlerine bağlı olan kimseler.

2. Oluşma yönünden aynı kaynağa dayanan şeyler.

3. Biri, diğerinin doğurduğu sonuç ve olgular. "Zulüm zorbalıkla akrabadır."

"Akrabanın akrabaya ettiğini akrep etmez." diyen atasözümüz vardır. Oysa "Dostsuz ve akrabasız insanlar, ordusuz bir padişah gibi mesut olamazlar." (Firdevsi) diyenler de vardır. Mesele akrabalık da değil; sevgidir. "Gerçek yakınlık akrabalık bağıyla değil, sevgi bağıyla olur" ve "Dostluk elde edilmiş akrabalıktır." Diyen Hz. Ali, asıl önemli olanın sevgi ile bağlanmak olduğuna vurgu yapmıştır. Sevgi yoksa her şey boştur... Bunun anlamı, kan bağı da olsa, sevgi olmadıktan sonra hiçbir önemi yok demektir. Sevgi emek vermektir. Anlayış ve hoşgörü demektir. Sevgi varsa, küsmek ve darılmak için bahane aranmaz, sevmek ve sevilmek için çareler aranır (Mevlânâ). Sevgi bağı kurulamıyorsa bir türlü, devam ettirmeye çalışmak, deveye hendek atlattırmaktan zordur. Olmuyorsa da zorlamak gereksizdir. Acaba ne der? Ayıp olur mu? Şüphe varsa hep, boş verin derim... Diyaloğunuz oluşsa da anlamsızdır... Girersin, çıkarsın, gidersin, gelirsin, dönersin işte o kadar... Senin için de geçerlidir aynısı unutma...

Kalpler kalplere karşıdır ama illa ki sevgi oluşmuşsa karşılıklı, zaten gitmesen de gelmesen de oradadır ve onu bilirsin, hissedersin... Sevmeyenin kalbi kir tutmuştur. Kalpleri kir tutanları bilirim; söz taşıyan, ara bozmaya çalışan, ayıp araştıran. Belli ederler kendilerini... Görülmediğini, duyulmadığını sanırlar... Fırsat vermeyin, görmezden gelin, baktınız olmuyor; bulunmaz hint kumaşı değil ki... Olsa bile o entariyi giymeyiverirsiniz... Temizlik güzeldir. Kalbi kirli olana seçtiğim söz;

"Elindeki mutluluğu, başkalarının mutluluğunu kıskanarak büyütemezsin. Önündeki tabağı görmeyip, başkalarının lokmalarını takip edenler, daima aç kalır." (Anonim)

Akrabaya diyeceğimse;

Aç kalma. "Dostsuz ve akrabasız insanlar, ordusuz bir padişah gibi mesut olamazlar." (Firdevsi) Sakın bunu unutma! Ve hep mutlu ol.

Başlığa gelirsek; "akraba" ile "akbaba" sözcüklerini ayıran sadece bir harf. Bir harf anlamı ne kadar değiştiriyor değil mi? Akbabanın mecazi anlamını da dönüştüren; sadece sevgi. Bunun için de; *"Küsmek ve darılmak için bahaneler aramak yerine, sevmek ve sevilmek için çareler arayın."* diyen Mevlânâ'nın sözüne kulak ver. Beni ise merak etme. Tıpkı Yunus Emre'nin dediği gibi, "Yaratılanı severim yaratandan ötürü." Sevgiyle kal olur mu?

Çatlama Cesareti Gösteren Tohumlara

Fi, Çi, Pi. Bu üçlemeyi bilirsiniz. Kitaplar kendilerinden bahsettireli epey oldu. Dizisi de çekildi; izlemedim. Günümüz yazarlarından Azra Kohen'in kitabı. Epeydir bu tarzda kitap okumamıştım. Fi ve Pi'yi, bir tanıdığımın kitaplığında görünce aldım ve okumaya başladım. Çi'yi okuması için verdiği bir arkadaşı kaybetmişti. Onu da alıp, okuduktan sonra kendisine hediye ettim. Okumuştu ama üçleme Çi'siz kalmasın istedim. Kitapların dili çok sade ve akıcıydı. Birinciyi okuyunca ikinciyi, ikinciyi okuyunca üçüncüyü merak ederek kısa bir sürede hepsini okudum. Anlatılanlar günümüzde geçtiği için, belki okuyanlara çok cazip gelmeyebilir ama yaşama, yaşama bakışa çok güzel saptamalar yapıyordu. Üçlemeyle ilgili bir yorum videosu dinledim. Kitaplar, okuyanı daha fazla öğrenmeye sevk ediyor diyordu. Asıl amaç da bu olmalı değil mi? Bu konuda araştırırken rastladım Alvin Toffler'in sözüne:

"21. yüzyıl cahilleri okuma yazma bilmeyenler değil, öğrenmeyen, öğrendiği yanlışlardan vazgeçmeyen ve yeniden öğrenmeyenler olacak." O zaman bu kitaplar amaca hizmet ediyor demekti...

Fi'de:

"Bu kitabın sadece inanılmaz tarafları gerçektir" , "Çatlama cesareti gösteren tohumlara" diyerek sesleniyordu. Çi 'ye giden yolculukta, sadece bir duraktı.

Çi'de:

"Sadece farkındalığa giden, değiştiren, mutlaka geliştiren, bir yoldur bu ama sunduğu seks, macera, intikam, ihtiras sizi aldatmasın, zordur. Hayatı değil, sistemi yaşadığımızı fark edenler, harekete geçmek için işaret bekleyenler, umursamayanlara karşı umursayanlar, hissedemeyenlere karşı hissedenler adına ve kendi tekâmülünde kaybolmuşlar için yazılmış, dengeye adanmıştır... Hiçbir şeyin göründüğü gibi olmadığını, hayatın özünün şekilde değil, anlamda yani içerikte, deneyimde olduğunu anlatma çabamdır. Bu çabada cennetlerimizin birleşmesi ve birlikte anlamlarla var olabilmemiz dileğiyle..."

Pi'de:

"Bu hikâye burada bitecek ve sen başlayacaksın." Fi ve Çi tuzaktı, asıl anlatmak istediklerim burada... Şimdi yine gel benimle, birlikte yürümeye devam edelim.

Savaşların savaşılarak kazanılamayacağını, asıl zaferin ancak doğrudan ayrılmayınca kazanıldığını Özge anlatsın sana. Yaptığımız her şeyin evrende dönüp dolaşıp bize nasıl geri geldiğini Can'dan dinle. Analiz edebildiğimiz kadar güçlü, sadeliğimiz kadar güzel, gerçekliğimizdeki samimiyet kadar eşsiz olduğumuzu Bilge'de gör. Kendi değerini başkalarının gözünden biçenlerin acısını Duru'yla anla. Ve Deniz'in düşüncelerinde tanış geleceğin insanıyla...

Gel benimle. Yolumuz uzun değil. Nihayet sana gidiyoruz, bana... BİZ'e.

Sorgulanmamış, analiz edilmemiş bir yaşam hiç yaşanmamıştır." diyordu...

Üçlemede, evrensel yaşam enerjisi (Çi) ve Fibonacci büyüsü (Fi) ile Pi sayısından (Pi) bahsediliyordu. Yaşamın içinde

olan hallerinden ve bizleri nasıl etkilediğinden de...
Kitaplar, matematiğin anlamı üzerine düşünmeme ilham oldu... Yine internette sörf ve Galileo'ya varış... (https://yuvayayolculuk.com/yaratilisin-dili-matematik-ve-kutsal-geometri.html)

"Galileo şöyle der; "Evren her an gözlemlerimize açıktır; ama onun dilini ve bu dilin yazıldığı harfleri öğrenmeden ve kavramadan anlaşılamaz. Evren matematik diliyle yazılmıştır. Harfleri, üçgenler, daireler ve diğer geometrik biçimlerdir. Bunlar olmadan tek sözcüğü bile anlaşılamaz; bunlarsız ancak karanlık bir labirentte dolanılır." Galileo'nun da belirttiği gibi matematik hayatımızda her anlamda bir harita görevi görmektedir. O olmadan en basit anlamda bile hayatımızı idame ettirmemiz çok zordur. Adeta Tanrı'nın evreni yazdığı dildir. O yüzden insanoğlu bu dili daha iyi anlamak ve öğrenmek için tarih boyu çaba göstermiştir. Bu dile önem veren ve daha iyi anlamak için çalışan medeniyetler gerek geçmiş zamanlarda gerek günümüzde birçok alanda daha ileri gitmişlerdir."

Matematik önemli. Fibonacci, Pi sayısı önemli. Evrenin dili önemli. Çi, yani evrensel yaşam enerjisi de önemli. Üçlemede Fi'nin Duru ile nasıl şekil bulmakta, otistik olan Doğru ile nasıl yaşam amacı haline gelmekte olduğunu görmekteyiz. İnsanın kendiyle ve çevreyle olan uyum ve dengesinin önemini de...

Bir dairenin çevresinin çapına bölümü ile elde edilen irrasyonel matematik sabiti olan Pi'deki uyum gibi; dairenin çapı ne kadar büyük olursa, çevresinin de o denli büyük olacağındaki uyumluluk gibi... Kendi kendimizle ve yaşamla ne kadar uyum ve denge içinde olursak da o kadar evrensel yaşam enerjisi ile dolduğumuz gibi... Bunları görebilmek ve fark edebilmek de *önemli...*

Öğrenmenin önemine vararak, bilgi tohumlarını çatlatıp filizlenen, yeşeren tohumlara... Yazarın da dediği gibi; "Çatlama cesareti gösteren tohumlara" olsun bu yazım da...

Ayrıca, Ulaş'a da kitaplarını benimle paylaştığı için teşekkür ederim...

Büyülü Gerçeklik

Büyülü gerçeklik, Kadın dünyasını dile getiren kadın yazarlar, tüm bunlar, "Atölye çalışması" nın konusuydu hatırlarsanız. Yazarımız Iraz'a, kadın yazarları sormuştu. Bu konuda örnekler de vermişti. Acı Çikolata ve Laura Esquivel. Araya başka kitaplar girince, bu kitabı yeni okuyabildim. Laura Esquivel, kadın dünyasının büyülü gerçekliğini, "Acı Çikolata" adlı kitabında başarılı bir şekilde dile getirmiş.

"Laura Esquivel, bu olanaksız aşkı, yemek ve kocakarı ilaçları tanımlarıyla dile getiriyor ve sarsıcı, büyüleyici bir dille bu aşkın ezgisini yaratmayı başarıyor. Yarım kilo soğan, iki baş sarmısak, bir tutam fesleğen, bu romanın her satırından fışkıran yakıcı aşkın simgesine dönüşüyor. Yazarın ironik, neşeli, yumuşak bir dili var. Yaşam sevgisi ve ruhsal aşk, bu dilin içinde büyülü gerçekliğe kavuşuyor. Pek az kadın yazar, kadın dünyasını bu düzeyde dile getirebilmiştir. Kısa sürede on beş dile çevrilen ve yazarın senaryosuyla sinemaya da aktarılan, filmi de ülkemizde büyük ilgiyle karşılanan Acı Çikolata, başta Meksika ve ABD olmak üzere her ülkede satış rekorları kırdı. Bir kez okumakla yetinemeyeceğiniz bir roman."

Atölye çalışmasında, kendi gerçekliklerimizden yola çıkıp, minik öykü ve masallar oluşturmuştuk. Bu en kolay olanı demiştim...

10 Ekim 2018'den bu yana, kendi atölye çalışmama, burada devam ettim. Katıldığım sanat atölyelerinden edindiklerimle, kendi büyülü gerçekliklerimi (yazılarımı) oluşturdum. Mutfakta yaptıklarım ve resimlerim çeşni kattı... Bunu yaparken bana eşlik edip takip ettiniz. Atölyedeki çırağın okurları oldunuz ve beni onurlandırdınız. Bunun için sizlere teşekkür ederim. İlköğrenim yıllarımdan sonra, "Yazmak eylemi" nin, yeniden güzelliğine vardım. Yazmak, gerçekten iyi hissettiriyor... Sizlere de tavsiye ederim. Yazamam demeyin. Bilemezsiniz... Belki içinizden bir yazar çıkar...

Burada, sizler için bir bölüm ayırdım. Okurlardan mektuplar. Endişe etmenize gerek yok çünkü burası sadece atölye... Herkes burada yazmayı deneyimleyebilir. Yazmak sağlığa iyi gelir. Bir hekim olarak, hepinizin sağlığına da küçük bir katkım olabilir böylece... Dileğim; mektuplarınızdan da bir kitap oluşması... Hadi o zaman, sizler de büyülü gerçekliklerinizi oluşturun. Adı mektup ama masalda olur, öykü de, makale de. Nasıl isterseniz öyle. Yazarken bana hitap etmeniz de gerekmez... Sizleri daha fazla oyalamayayım. Artık yazma sırası sizin...

Acı Çikolata kitabı, atölye çalışmasına öğrenci olarak katılan Türkçe öğretmenimizin kitaplığından. Bunun için, kendisine teşekkür ederim. Her daim öğrenci kalabilen öğretmenlere saygıyla.

Yazı Sayfanız:

Bir anı, okuduğunuz bir kitap, izlediğiniz sinema filmi ya da istediğiniz bir konu hakkında olabilir. demet@penceremdeninciler.com adresine gönderirseniz; "Penceremden İnciler" de yayınlanacaktır. Okurlardan, yeterince gönderim alınırsa; derlenip, kitap olacaktır. Hadi o zaman, şimdi yazma zamanı.

Büyüklere Masallarım

(Kurguladığım İncilerim)

Lili'nin Dileği

Bir varmış bir yokmuş, evvel zaman içinde Lili diye biri varmış. Lili'nin karnı büyümeye başlamış. Öğrenmiş ki bebeği olacakmış. Karnı daha tam büyümeden bebeği gelivermiş. Çünkü çok aceleci ve meraklıymış. Ama büyükleri annesini biraz daha merak etsin istemişler ve alıp onu büyümesine yardım edecek sıcak bir yere götürmüşler. Lili'nin minik bebeği bir süre sonra büyümüş ve ona dönmüş. Onlar ermiş muradına derken bu mutlulukları uzun sürmemiş. Lili'nin çok sevdiği işine de dönmesi gerekiyormuş. Aslında daha zamanı varmış.

Lili'nin işyerinde bir cadı varmış. Bu cadı bir amcaymış. Demiş ki:"Eğer işe başlamazsan seni başka bir yere göndereceğiz." Lili, buna çok üzülmüş. Lili'nin yaşadığı ülkede bir padişah varmış. Lili gidip ona derdini anlatmak istemiş. Ama öğrenmiş ki cadıyı padişah çok severmiş. Ona hep ''Dile benden ne dilersen" dermiş. Cadı da "Padişahım çok yaşa!" dermiş. Bir gün bütün cadılar toplanmışlar. Lili de onları saklandığı yerden seyretmiş. Cadılardan birinin bebeği olduğu için ona ne hediye edelim diye konuşuyorlarmış. Biri demiş ki: "Ona bebeğiyle birlikte uzun bir zaman verelim, onu büyütsün, o arada onun işlerini biz yerine getirelim, karnını da doyuralım, sonra da işinin sonuna geldiği zamanlara bu süreyi ekleyelim." Hepsi bunu kabul etmişler, padişaha bildirmişler, padişah da cadıları sevdiğinden kabul etmiş ve cadılar bebekleriyle mutlu zamanlar geçirmişler. Cadılar mutlu oldukları için de Lili'yi anlamışlar ve onu hep sevmişler…

Penceredeki Kuşlar

Zamanın birinde bir anne oğul yaşarmış. Anne titiz, mükemmeliyetçi, bir o kadar da şefkatli, yüreği sevgi doluymuş. Oğulsa tertemiz yürekli, sevgi dolu, içinde hep saf, masum çocuğu taşırmış. Çocuk bu ya içinden geldiği gibi dobraca söylermiş, kızarmış da bazen. Anne buna çok üzülürmüş, etrafındaki herkes ne düşünür diye ve kızarmış kabalık yaptı diye oğula. Bir de kedileri varmış. Anne kedi attığı için acımış getirmiş onu evlerine oğul. Anne ile oğul çok sevmişler kediyi, renk katmış hayatlarına. Ama bir sorun varmış. Oğul kuşları da severmiş. Kedi de severmiş sevmesine kuşları ama farklı şekilde. Mutfak pencereleri güneşe bakarmış, güneş şenlendirirmiş burayı ve dermiş ki; "Bir de kuşlar konsa." Güneş oğula tercüman olurmuş, ama anne titizmiş ya pencerenin önünü kuşlar kirletir diye izin vermezmiş. Balkona çiçeklerini de rahat koyamaz olmuş annesi. Kedi kumlarını karıştırırmış saksıların, yapraklarını da kopartırmış, gözü gibi baktığı çiçeklerini annenin. Kedi öyle girmiş ki hayatlarına, artık öncelikleri o olmuş, annesi evin her tarafına kusarken bile kızmıyormuş kediye.

Bir gün eve bir falcı gelmiş. Falcıyı severlermiş, "Fala inanma ama falsız da kalma." derlermiş falcıya. Bu falcı eşyalardan fal bakıyormuş. Mutfağın içinde torbaların olduğu çekmeceyi açmış, içini boşaltmış. Şok olmuş. Çünkü hep torbaların üzerinde "şok, şok, şok" yazıyormuş. Bazı torbalarda simit kırıkları varmış, ağzı bağlanmış şekilde duruyormuş. Falcı sormuş anneye bunlar kimin diye. Anne de oğlumun koydukları demiş. Falcı başlamış anlatmaya: "Oğlun herhalde kuşları beslemek istemiş, ama bunu ertelemiş, bağlamış torbaların ağzını bir gün yaparım diye." Anne de: "Ben kuşlar pisletir pencereyi diye izin vermemiştim." Demiş ve üzülmüş. Falcıyla birlikte bütün bağlı torbaları açmışlar, simit kırıntılarını bir kaba koymuşlar, oğlu için aldığı bir fincana da su koyup, pencerenin içine koymuşlar. Oğul bunu görünce çok sevinmiş. Annesine gerçeği söylemiş. Annesinin üzülmesini istemezmiş ondan ısrar etmemiş. Falcının dedikleri doğru çıkmış. Anne ile oğul bir de kedi şimdi bekliyorlarmış kuşları konsun da görelim, sevelim diye. Ama kedi üzülüyormuş yetişemeyecekmiş kuşlara; pencere yerden yüksek diye...

Koca Dev

Bir varmış bir yokmuş, evvel zaman içinde şirin mi şirin, küçük bir köy varmış. Bu köyde yaşayanlar yardımsever ve sevimlilermiş. Hepsinin tarlası, tarlalarında ürünleri varmış. Kendileri üretir ve yerlermiş ürünlerini. Böyle mutlu mesut yaşarlarken kralları oraya kocaman bir dev getirmiş. Bu dev size yardım edecek demiş. Bir parmağıyla düğmeye dokununca ışıklar yanacak ve her yer ışıl ışıl olacak demiş. Bazı geceler, korkarlarmış şirin köylüler. Bu nedenle devi kabul etmişler. Şirin köylüler önceleri çok sevmiş bu koca devi. Koca dev tarlalarını alıyor ve onlara karşılığında altın veriyormuş. Bu altınlarla çok zengin olmuşlar. Dev, yemeğini sağlamak için tüneller kazıp, taşımak için raylar yapıyormuş tarlalara. Durmadan yemek yiyormuş, yemeğini yedikçe gaz çıkarıyor ve tüm köyün üzerine üflüyormuş. Şirin köylüler bundan rahatsız olmaya başlamışlar. Bu durum mahsüllerini de kirletiyormuş, karınları ağrımaya ve öksürmeye de başlamışlar. Devi göndermek istemişler ama dev gitmeyi hiç istememiş, kral da istememiş. Çünkü dev bu köyü kocaman yapmış ve krala ganimetler kazandırmış. Şirin köylüler de kocaman olmuş, göbekleri genişlemiş. O zamandan beri devi göndermek için uğraşıyorlarmış.

Kralın sarayına gitmişler, nöbetler tutmuşlar kral onları görsün de ikna olsun diye ama kral onları görmemiş. Dev onlardan daha büyük olduğu için yuvarlamak da işe yaramamış. Üstelik dev sürekli büyümeye devam etmiş. Koca bir canavar olmuş. En sonunda bakmışlar dev gitmeyecek, onunla oturup bir anlaşma yapmışlar.

- Sen gitme tamam, demişler. Seni rahatsız etmeyeceğiz ama bunun karşılığında senden bir isteğimiz olacak.

Dev:

Söyleyin bakalım.

Şirin köylüler:

Sana bir süzgeç yapalım, burada olduğun sürece onu ağzına, burnuna tak demişler.

Dev insafa gelip bu isteklerini kabul etmiş. Kocaman süzgeci takmaya başlamış. Ama bir sorun varmış. Dev ara sıra hapşurup bu süzgeci düşürüyormuş. Şirin köylüler de dev hapşurunca ona çok yaşa deyip hemen süzgeci takıyorlarmış... Bu şekilde yıllar geçmiş beraberce yaşayıp gitmişler... Sonra mı ne olmuş? Masal bu ya, devin yerin altındaki yiyeceği bitince zayıflayıp, erimeye başlamış. Buna üzülen kral da onu almış yiyecek bulacağı bir yere götürmüş... Şirin köylüler de muratlarına ermiş. Bundan sonra hiç karınları ağrıyıp öksürmemişler. Uzun yıllar mutlu ve sağlıklı yaşamaya devam etmişler.

Koca Dev'in videosunu adresten seyredebilirsiniz:

https://www.penceremdeninciler.com/2018/11/22/koca-dev-2/

Bostan Korkuluğu

(Bostan Korkusuzluğu)

Evvel zaman içinde, kalbur saman içinde, turunçlar dalında, muhtar köyünde iken mutlu diyeceğim ama hiç mutlu değilmiş. Muhtar köyünü sevmezmiş. Çünkü köylüler onu hiç dinlemezlermiş. Kralın sarayı bu köye çok yakınmış. Gelir geçerken mutlaka köye uğrar köylülerin başından hiç ayrılmazmış. Köylüler bu yüzden muhtara hiç aldırmaz kral ne derse onu yaparlarmış.

Muhtar düşünmüş düşünmüş ne yapmalı da dikkatlerini çekmeli diye. Bir gün köydeki bostan tarlaları için korkuluk yaptırmaya karar vermiş. Çeşit çeşit korkuluklar yaptırmış. Öyle ki bazısı öyle sevimliymiş ki kargaları daha çok çekmiş. Hiç gitmemişler tarladan. Karga bu ya hiç unutmaz, muhtarın da bu iyiliğini unutmamış. Ne yaparım diye düşünmüş. Bulmuş. Gitmiş kralın kafasına pislemiş. Halk arasında kuş kafaya pisleyince uğur getirir diye bilinirmiş. Bunu kral da bilirmiş. Karga kafasına pisleyince sevinmiş. O da, kargaları besleyip sevindirmek istemiş. Muhtarın yaptırdığı korkulukları duyunca bütün köylere sipariş vermiş. Muhtarın bostan korkuluğu meşhur olmuş. Herkes alınca muhtar çok zengin olmuş. Kral beklemiş beklemiş uğur ne diye. Uğur gelmemiş. Üstelik köylüler de başlamışlar şikâyete kargalar tarlalarından gitmiyor diye. Karga, kral gelince ona ne yapabileceğini kestiremediğinden, üstelik krala zarar vermeyi de hiç istemediğinden, muhtara, gak demiş, guk demiş, çık şu dala bak, kral bu dala gelmesin hiç demiş.

Karga ile kral hiç karşılaşmamışlar. Böyle yıllar geçmiş. Kralın namı yayılmış. Korkuluğu muhtar yaptırmış halk bunu da biliyormuş ama herkesin almasına vesile olduğundan, kralla yan yana anıla anıla kralın adı "Bostan Korkuluğu" olmuş.

Muhtarla karga ermiş muratlarına, köylü de kralı dinlediğine pişman olmuş. Muhtara biz ettik sen etme demişler. Muhtar da onları affetmiş.

Peri Tozu

Bir varmış bir yokmuş, evvel zaman içinde, kalbur saman içinde bir ülke varmış. Bu ülkede insanlar çok mutluymuş. Bu insanlar anlarını mutlu yaşar; geçmişlerine bakıp üzülmez, geleceklerine bakıp endişelenmezlermiş. Sabahları horoz, kuş sesleriyle güne başlayıp, gece de güzel ninniler eşliğinde mışıl mışıl uyurlarmış. Masalları hep mutlu sonla bitermiş. Komşu ülkede yaşayan insanlar onlara şaşkınlıkla bakarlarmış. Kendileri neden böyle değil diye merak ederlermiş. Ülkenin gençlerinden biri bu sırrı çözmek istemiş ve komşu ülkenin Bilgin dedesine gitmiş ve ona sormuş:

Genç (Umut):

-Bilgin dede neden sizin ülkenizde herkes mutlu?

Bilgin dede:

-Peri tozu sayesinde.

Umut:

-Peki o tozdan bize de verir misiniz?

Bilgin dede:

-Evlat bu öyle bir toz ki ona ulaşmak için haketmek gerekiyor.

Umut:

-Peki bu nasıl olacak?

Bilgin dede:

-Bu kesedekileri al, bahçene dik. Onları sula ve gözün gibi bak. Bunun için sabırlı olman gerek demiş.

Umut keseyi almış, ülkesine dönmüş. Toprağı kazmış; havalandırmış, tohumları dikmiş, sulamış. Derken diktiği tohumlar yeşermeye sonra da ürün vermeye başlamış. Komşuları gelip şaşkınlıkla izlemişler. Ürünleri hep birlikte toplamışlar. Tatları öyle güzelmiş ki hepsini birlikte yemişler. Umut tekrar Bilgin dedeye gitmiş.

Umut:

-Dede söylediklerinin hepsini yaptım ama peri tozu hala yok.

Bilgin dede:

-Sabırlı olmalısın. Meyvelerden elde ettiğin tohumları sakla. Zamanı gelince yeniden dik ve bir sene sonra bana tekrar gel demiş.

Umut dedenin dediklerini yapmış. Tohumlar çoğalmış. Ürünler bire on, yüz, bin derken bütün köy, ilçe, şehir ve sonunda ülkeleri yeşermeye başlamış. Kuşlar, horozlar da ötmeye başlamış. Sabahları mutlu uyanıp, yatana kadar çalışıp, güzel ürünler üretmeye başlamışlar. Ürünler o kadar bolmuş ki herkesin karnı doymaya ve fazlasını da komşu şehirlere vermeye başlamışlar. Çiçekler renk renk, kuşlar cıvıl cıvılmış. Horozlar, tavuklar, kuzular, keçiler, inekler hepsi artık mutluymuş. İnekleri daha çok süt vermiş, tavuklar daha çok yumurta vermiş. Mutlu oldukça da gübrelerini vermişler. Öyle ki ürünler gübreleri aldıkça meyveleri daha da lezzetlenmiş. Tüm yiyecekler kendilerine yettiği gibi, paraları da kendilerine kalmaya başlamış. Umut bir sene dolunca, tekrar Bilgin dedeye gitmiş.

Umut:

-Bütün dediklerini yaptım dede peri tozu nerede?

Bilgin dede gülmüş ve "Mutlu musunuz?" diye sormuş.
Umut:

-Evet dedeciğim çok mutluyuz, demiş.

Dede yine gülmüş ve:

-Evlat peri tozunu bulmaya çalışırken çok çalıştın. Ödevlerini yerine getirdin. Bunun sonucunda emeklerinin karşılığını aldın.

Umut:

-Dede peri tozu yok muydu yani?

Bilgin dede:

-Evlat peri tozu vardı. Sen onu buldun. Peri tozu senin onu arayan düşüncelerindeydi. Peri tozu davranışlarındaydı. Mutluluk da dışarıda değil, senin içindeydi. Ben sana buna ulaşman için sadece bir araç verdim. Bir kese tohum. Peri tozu onun içindeydi. Onu eken, çoğaltan sendin, demiş.

Umut güzel dersi alarak teşekkür etmiş ve ülkesine dönmüş. Peri tozunun peşinden giderek adı gibi umut olmuş ve bu umudun nasıl dağıtıldığını göstermiş herkese...

Artık onların da masalları mutlu sonla bitiyor. Umut mutlu, ülkesi de mutlu mu mutlu...

Sizler de peri tozuna inanmamazlık etmeyin olur mu?

***

Not: Dün İsmail Küçükkaya ile sabah Fox haberde,Tunceli'nin Ovacık İlçesi Belediye Başkanı Fatih Mehmet Maçoğlu'nun söyleşisini, akşam da 'Diş Perisi' (http://www.beyazperde.com/filmler/film-134501/) filmini izledikten sonra bu masal oluştu.

Şina, Nina, Naya

Zamanın birinde sevimli mi sevimli üç kafadar varmış. Şina, Nina ve Naya. Hepsi de dört gözle yaz tatilini beklerlermiş. Tatilde buluşur ve hep birlikte mutlu zamanlar geçirirlermiş. Yaz tatiliyle kendilerinin bir ilgisi yokmuş. Aileleri ancak o zaman gelebilirlermiş. Şina en küçükleri, Nina onun büyüğü, Naya da en büyükleriymiş.

Şina arabaya binmekten korkarmış. Tatili sever ama gidene kadar da bu yüzden rahat olmazmış. Küçük olduğundan terliklerle oynamayı severmiş. Eline bir terlik geçmeye görsün, parçalarına ayırıverirmiş. Nina ise keyfine pek düşkünmüş. Evin en güzel yerine, en yumuşak mindere oturmayı pek severmiş. Naya ise pencereden gelen geçeni seyretmeyi severmiş. Kalabalığın içinde olmayı sevmezmiş. Tatillerde de en büyükleri ve yaşlı olduğu için de balkondaki yerinde yatıp, diğerlerini seyretmeyi tercih edermiş. Kötü bir huyu varmış. Şina ve Nina'yı ısırırmış. Buluştukları tatil yerindeki evleri bahçeliymiş. Bu yüzdenden de çok severlermiş. Bahçede özgürce koşabilirler ve oyun oynayabilirlermiş. Şina, Nina ve Naya yine bahçede buluşmuşlar. Şina ile Nina bahçede koşuyor, Naya da balkondaki minderinden onları seyrediyormuş. az önce kendilerine verilen mamalardan yemişler ve sıra oyuna gelmiş.

Şina:
-Şu terlikler ne güzel.
Nina:
-Evet ama gel burada daha güzeli var, demiş. Tam güzelim terlikleri oynamaya başlayacaklarken:
Toprağı eken dede::
-Hayır!
Şina:

-Öf yine bu komut bıktım.
Nina:
-Hadi gel boşver toprağı kazalım. Hem o zaman kızmazlar demiş. Şina ile Nina, sebze ekili toprağı kazmaya başlamışlar.
Toprağı eken dede:
-Hayır burası olmaz!
Şina ile Nina:
-Puf, demişler. Pes etmek üzereyken bir bakmışlar bahçe kapısı açıkmış. Hemen koşarak dışarı çıkmışlar.
Naya:
-Ben hiçbir zaman böyle yapmam, demiş homurdanarak ve gerinip iyice minderine gömülmüş.
Şina ile Nina doğru deniz kenarına gitmişler. Orada yüzenler, güneşlenenler varmış. Bazıları bu sevimlileri sevmiş. Bazıları onlara söylenmiş, "Bunların sahibi kim? Burada ne işleri var" diye. Çünkü Şina ile Nina buldukları her yere birer damla çişlerini bırakıyorlarmış. Bu özgürlükleri uzun sürmemiş. Sahipleri koşarak gelmiş ve onları götürmüş. Şina ile Nina en sonunda yorulmuşlar ve uslu olmaya karar vermişler. Hem ne gerek varmış dışarı çıkmaya. Karınları acıkınca yemekleri de önlerine geliyormuş. Üstelik yemekleri güvenliymiş de. Kaçtıkları zamanlarda konuştukları arkadaşlarından çok duymuşlar; bazı kötü adamlar, zehirli yemekler veriyorlarmış. Özgür olmak pahasına ne kadar çok arkadaşları, bu şekilde götürülmüş. Evleri, bahçeleri güvenliymiş. Naya ise hiçbir zaman dışarıyı merak etmemiş ve gitmeyi istememiş. Gerçi sahibi onu her zaman dışarı çıkarırmış... Naya, Şina ve Nina'nın geri dönmesine çok sevinmiş ve onları bir daha hiç ısırmayacağına söz vermiş.

Bir Kadın Masalı

Suna:

İrem:

-Teşekkür ederim. Senin de kutlu olsun. Sahi senin burcun neydi Suna?

Suna:

-Kova canım. 12 Şubat.

İrem:

-Harika. Geçmiş doğum günün de kutlu olsun o zaman.

Suna:

-Teşekkür ederim. Ben pek anlamam burçlardan. Kova burcu uyumlu mudur?

İrem:

-Evet. İlkokuldaki ilk arkadaşım Selin, oyunlardaki arkadaşım Aylin, sen, hepiniz kova burcuymuşsunuz...

Suna:

-Herkese ve her şeye uymayı severim canımın içi.

İrem:

-İnsancıl olduğundan. Kova aynı zamanda özgürlüğüne de düşkündür.

Suna:

-Sen her şeyinle güzelsin.

İrem:

-Teşekkür ederim. Elimden geldiğince. Güzellikleri de seviyorum...

Suna:

-Aynen. Yalnız ben hiç özgür olmadım.

İrem:

-Çocukluğunu biliyorum. Annen çalışmaya gidince, evinizi nasıl çekip çevirdiğini ve küçücük omuzlarına kocaman yükün verilişini... Özgür olmak demek, istediğin her şeyi yapabilmek değil; istemediğin şeyleri yapmak zorunda kalmamaktır. Haklısın. Çocukluğunu yaşayamadın... Kova kısıtlanırsa, mecbur edilirse sıkıntı o zaman başlar...

Suna:

-Evet.

İrem:

-Ve büyüklerin yaşamını merak ettin, belki de kendini çocuk sanarak ama bunu yaşamayarak... Anladın mı?

Suna:

-Evet. Eşim de çok kıskançtı.

İrem:

-Bu da çok zor olmalı senin için.

Suna:

-Haklısın canım keşke senin gibi biri yanımda olsa.

İrem:

-Yaşamda sınavlarımız var ve konularımız farklı, farklı

Suna:

-Ama benim şansım iyi değil.

İrem:

-Böyle düşünme. Bu benim sınavım diye düşün. Neden bunu yaşadım diye düşün. Sen değiş ki dünyan değişsin...

Suna:

-Artık önceki gibi değil zaten. Azaldı.

İrem:

-Olgunlaşma, değişim, dönüşüm deniyor buna. Demek ki bu sınavı geçtiniz ve sıra başka sınavlarda. Konular değişti. Sabretmek gerek. Sonunda ödülü iyi oluyor...

Suna:

-Sadece bu değil ki. Uzun yazıp, okuyamıyorum. Gözlerim iyi görmüyor. Dizlerim yoruldu. Ameliyat oldum kaç kere. Kayınvalidem felç geçirdi. Yıllarca ona baktım. Annemin sağlığı bozuldu; eskisi gibi hareket edemiyor. Şimdi bende kalıyor. Biraz kardeşim alacak. Ona da bana da değişiklik olacak. Nefes aldıracak...

İrem:

-Bunlar yaşamın türlü türlü oyunları işte Suna. Türlü türlü sınanıyoruz. Neden ben deme hiç bir zaman olur mu? Şanssızım da deme, asla.

Suna:

-Yine de şükrediyorum; bugünümüze.

İrem:

-Kayınvaliden var ki ona bakabilmişsin. Annen var ki, ne mutlu şimdi yanında. Sen hiç çocuk olamadın ama şartlarınız öyleydi o zamanlar. Herkese farklı dersler veriliyor.

Suna:

-İyi ki varsın canım.

İrem:

-Sağol. İyi ki sende varsın. Dersler ve sonunda sınavlar hep olacak unutma. Kiminin annesi kendinin olacak ama ona külkedisi gibi davranacak; masallarda bu rol üvey annelerin olsa da... Kiminin mutlu ailesi olacak ama evliliği öyle olmayacak. Kiminin annesi babası olmayacak ama masalları kıskandıracak prensi, kralı olacak. Kimi seni kıskanacak ve üzecek, kimi de seni kraliçeler gibi yaşatacak. Kimileri de oyunu dozunda, güzel oynadığı için dengede olacak...

Yaşamına girenlerin ve çıkanların olacak. Sevenlerin, sevmeyenlerin de. Yerine göre iyi ama bazen de kötüyü oynayacaksın. Kiminin sınavı, kiminin de ders konusu olacaksın. Seninle ilgili olmayan bir olayın, yerin baş artisti olacaksın bazen de; onların alacağı ders için aslında figüran olan...

Suna:

-Ne güzel dedin. Seninle konuşmak ne iyi geldi. Kadınlar günün kutlu olsun yeniden.

İrem:

-Bu sohbet sanki özellikle bugün için olmuş gibi oldu değil mi? Senin de günün kutlu olsun. Sadece senin değil, her adımlarında dünyayı güzelleştiren tüm kadınların günü kutlu olsun... Seni seviyorum arkadaşım ve hep sevgilerle kal olur mu?

Yırtık Bayraklar

Bir zamanlar, denizden gelen canavarlardan, şehirlerini koruyan cüceler varmış. Cücelerin de başında koca bir dev varmış. Dev âlim bir devmiş. Âlimmiş âlim olmasına ama arif değilmiş. Canavar geldiğinde, cücelerin haberi olsun diye bayrak asılı olurmuş. Bayraklar dalgalandıkça, direğin tepesinde bulunan lamba yanar, ortalığı aydınlatırmış. Canavar gelmeye cesaret edemezmiş. Devin onu ışık yanınca göreceğini bilirmiş. Ama bir sorun varmış. Rüzgâr çok olunca, bayraklar sürekli yırtılır ve yenisini asmak gerekirmiş. Yırtık bayrak asıldığında, lamba yanmazmış. Bir gün cücelerden biri yırtılan bayrağı değiştirmek için indirince olanlar olmuş. Âlim dev, arif olmadığından, "Neden bu kadar sık değiştiriyorsunuz?" diye kızıp bağırmaya başlamış. O kızdıkça deniz kabarıyormuş. Denizde tuhaflık olduğunu fark eden canavar hemen harekete geçmek istemiş. Bunun için geceyi beklemiş. Bayrak olmayınca lambanın yanmayacağını biliyormuş. Gece olunca canavar koşarak gelmiş. Tam şehire atlayacakken, şehrin ışıkları yanıvermiş. Bunu gören dev, canavarı haklamış. Masal bu ya, dev cücelere "Bayrak neden yırtık?"diye kızarken, cüceler çareler aramış ve yırtık bayraklardan kocaman bir bayrak yapıp, asmışlar. Lamba tekrar yanmış ve böylece şehirlerini kurtarmışlar. Bunu gören dev de akıllanmış. Arif olmuş. Yırtıldıkça da değiştirilmesi için, çokça alıp, cücelere hediye etmiş. Bir daha da cücelere hiç kızmamış. Cüceler de artık arif olan devi affetmişler...

***

Telefonda , "Bayraklar niye yırtık? Neden bu kadar sarf oluyor?" diyerek kızan, bayrağın neden yırtıldığını bir türlü anlayamayan, o zamana kadar da yüzünü görmediğim ve sorularıyla çıldırtan başamire ithafen...

Şeker Kavgasının Masalı

Bir gün, pancar şekeri ve mısır şekeri kavga etmeye başlarlar.

Pancar şekeri:

-İnsanlar beni daha çok seviyor.

Mısır şekeri:

-Hayır, beni daha çok seviyor.

Pancar şekeri:

-Beni işlediklerinde kolay kristalize olurum. Beyaz olur o zaman rengim. Adıma da sakkaroz derler. Kristalleşmemem için, asitle (örneğin limon suyu) karıştırılıp ısıtılmam gerekir. O zaman, glikoz ve fruktoza ayrışırım. Böylece tatlılarda ve reçellerde kullanılırım.

Mısır şekeri:

-Benim içimdeki glikoz ve fruktoz ayrı ayrıdır. Benim kristalize olmam zordur. Onun için beni daha çok seviyorlar.

Pancar şekeri:

-Hayır, beni daha çok seviyorlar. Senin içindeki fruktoz ve glikoz ayrı olduğundan, sindirimlerine gerek yok. Bu nedenle de fruktoz hızla kana karışır. Doğru karaciğere gider. Trigliserid ve kolesterol üretimini tetikler. Karaciğeri yağlandırırsın. Hızla absorbe edilen (emilen) glukoz ise insulinde ani artışlara sebep olur. İnsülin vücudun en önemli yağ depolama hormonudur. Sen bu iki sebepten ötürü, iştahı artırır, kilo aldırır, şeker hastalığına, kalp rahatsızlıklarına, kansere, bunamaya ve pek çok diğer rahatsızlıklara sebep olursun.

Mısır şekeri:

-Sen nemini çok çabuk kaybedip, kristalleştiğin için, gıdaların yapısı çabuk değişir ve bozulur. Oysa benim öyle mi? Benim şekerim nemini kolay kaybetmez. Su aktivitesini *düşürürüm*, mikrobiyolojik bozulmayı geciktiririm. Kullanılan hazır kek, çikolatalı fındık kreması gibi *ürün*ler yumuşaklıklarını ve akışkanlıklarını korurum ve raf *ömür*lerini uzatırım.

Pancar şekeri:

-Daha çok kar payı oluşturursun yani. Kabul. Ama senin genetiğini değiştiriyorlar. GDO diyorlar buna. Bu sağlıklı değil ki? Bu yüzden beni daha çok seviyorlar.

Mısır şekeri:

-Gıdada kullanılan mısırlar GDO'lu değil. Analizlerim yapılıyor. Yerli üretim mısırlarda ise bu sıkıntı yok. (Ankara Ün. Gıda Güvenliği Enstitüsü Prof. Dr. Nevzat Artık / Prof. Dr. Aziz Ekşi)

Pancar şekeri:

-Peki, her zaman böyle olacak mı? Kişiler değişince, kötü

kullanım olur mu? Olmaz mı?

Mısır şekeri:

-İçimdeki fruktoz daha fazla. Daha tatlı, daha ucuz ve taşınmam da daha kolay. Raf ömrünü de uzatıyorum. Benimle yarışamazsın...

Pancar şekeri:

-Peki, Avrupa'da niye yasakladılar seni o zaman? Kullanımda en fazla artış ABD'de 1990'lı yıllarda olduğunda, aynı dönemde bu artışa paralel olarak obezite oranı üç mislinden fazla diyabet oranı ise yedi mislinden fazla artmadı mı?

Mısır şekeri:

-Mısır endüstrisi benim için iyidir diyor. Beni karalamıyor ama...

Pancar şekeri:

-Bağımsız tıp ve beslenme uzmanları aynı şeyi söylemiyorlar...

Mısır şekeri:

-Senin için de pek masum değil diyorlar ama...

***

İkiniz de biraz ara verin artık. Bakın bir örnek vereceğim size:

"Gençlerin müptelası olduğu gazlı ve şekerli içecekler maalesef reklamlarda sunuluyor, aileler 1-2 yaşındaki çocukların doğum gününe şekerli içecekleri masaya koyuyor büyük bir başarı gibi. İşte hastalıkların temeli oradan atılıyor. 2-3 yaşındaki çocuğun doğum gününe şekerli, gazlı içecek gitmez, koymayın.

O zamandan itibaren çocukların ve bebeklerin karaciğerleri bozulmaya başlıyor. Şeker bağımlılığı, morfin, eroin bağımlılığından çok daha tehlikelidir. Neden? Çünkü 2 yaşından itibaren bağımlılık başlıyor. 2 yaşından itibaren anneler, babalar, dedeler çocuklara temelini attırıyorlar. Sonunda bu içtiğiniz şekerler yağ oluyor, karaciğerler yağlanıyor. Karaciğerdeki yağlar en tehlikeli yağlardır." (Prof. Dr. Canan Karatay)

Pancar şekeri, mısır şekerinin kavgası bitmez. Böyle devam eder gider. Masalın sonunu nasıl bitirmek istersiniz bu sizlere kalmış. İnternette yapılan sörfte bazen kesin bir sonuca varamıyorsunuz. Hangi fikre inanırsanız, onunla ilgili yapılmış bilimsel çalışmalar bulabilirsiniz. Bir gün inandığımız doğrular, yıllar sonra değişebilir de. Bilimsel çalışmalar, kendini yenileyerek devam etmekte çünkü.

Bizlerin, şeker fabrikaları ile manevi bağlarımız var. Cumhuriyet kurulduktan sonra açılmış olması nedeniyle. Birçok kişiye iş istihdamı sağlamış, hayvancılık, makina, vb. gibi endüstrilerin canlanmasını da sağlamıştır…

Dünyanın medeni insanlarının, ekonomik kazançlar için, gıdalar üzerinden oyun oynamayacaklarını düşünmeyi tercih ediyorum. Bu en mantıklı olanı…

Her şeyin azı karar, çoğu zarar diyerek bu masalımı, "Aşırı dozda alındığında tüm şekerler sağlık için zararlıdır." sözünü beğenerek, bitiriyorum…

Deli Bal

Yini ve Yogi, iyi anlaşan, tatlı mı tatlı, sevimli mi sevimli, iki ayıcıkmış. Kış boyunca uykuya yatar, yaz boyunca arı kovanlarının peşinden koşarak, karınlarını doyurur ve mutlu mesut geçinirlermiş. Yini ve Yogi, yazın gelişini kutlamak için, bir parti yapmayı istemişler...

Kocaayak Bobo, Yini'nin annesini yıllar önce kaybetmiş. Tüm sevgisini Yini'ye vermiş. Yini'nin evlenmesini bir türlü kabullenememiş. Bu nedenle, kendini, deli bala vermiş. Deli baldan yedikçe yiyor ve ortalıkta leyla olmuş halde dolanıyormuş. Yini bu duruma, çok üzülüyormuş.

Yini ve Yogi, verecekleri parti için tüm hazırlıkları yapmışlar. Partiyi, Kocaayak Bobo'nun da doğum gününde yapmaya karar vermişler. Bobo'ya sürpriz yapacaklarmış. Bu nedenle hazırlıkları ondan habersiz yapmışlar ve son güne kadar haber vermemişler. Tüm dostlarını da çağırmışlar...

Kutlama günü gelmiş. Tüm dostları gelmeye başlamış. Sadece Bobo yokmuş. Yini ve Yogi, Bobo'yu almak için, yaşadığı ine gitmişler. Bobo yokmuş. Meğer o sırada, o da Yini ile Yogi'nin inine doğru gidiyormuş. Boboyu bulamayınca, kendi inlerine geri dönmüşler. Bir bakmışlar ki, Bobo oradaymış. Elindeki deli bal testisinden, yedikçe yiyormuş. Yini ile Yogi, Bobo'ya engel olamamışlar. Gerçi, Bobo sarhoş olunca etrafına zarar vermezmiş. Yini'ye sarılıp onu sevmek istermiş ve sürekli ağlarmış. Yini, böyle bir günde ve tüm dostlarının yanında, Bobo'nun bu durumda olmasına çok üzülmüş.

Dostlarına:

-Bugünkü durumu için, kusura bakmayın ne olur. Bobo bir türlü kendini toparlayamadı, demiş. Bunu duyan Bobo ağlayarak:

-Ama ben buradayım ve dediklerini duyuyorum, demiş.

Yini ve Yogi de çok üzülmüşler. Tüm bunları izleyen dostları, Yini ile Yogi'ye:

-Kusura bakılacak bir durum yok ki. Anlaşılır bir durum bu. Ama zararı kendine veriyor. Keşke deli balı bu kadar yemese. Özlem duymuş gidene. Ama Bobo, her özlem duyulduğunda, yenilmez ki böyle. Anlarız, kusura bakmayız ama ne olur bu kadar yeme ve zarar verme kendine...

Kıssadan Hisse:

Sevdikleriniz yanınızdan ne şekilde gitmişlerse, bırakın, bırakmayı bilin; eşlerinizi, çocuklarınızı, anne ve babalarınızı... Bırakın rahat etsinler. Sarılın, affedin, haklarınızı da helal edin yaşarlarken ve siz de rahatlayın. Rahatlasın kalbiniz, ciğerleriniz, dalağınız, mideniz, sol yanınız ve sağ yanınız...

Anneler ve babalar, bırakın çocuklarınızı, kanatlarını kırmayın; uçmaları lazım. Hep yanınızda olurlarsa, hasta olabilirler. Anneler ve babalar birbirinizi sevin. Sevgilinizin yerini, çocuklarınıza vermeyin. Dozunda sevin onları. Uçmalarına destek olun. Eğer uçmalarına yardım ederseniz, ziyaretinize de gelebilirler ve ara ara, sizin yanınıza da konabilirler o zaman...

Sonsöz:

Deli balın fazlası zarar. Sevginin de. Az ya da fazlası değil; kararında olmalı ve tüm sevgiler için de uyarlanmalı...

Masal Sayfanız:

Kurguladığınız masal ve öykülerden oluşacaktır. demet@penceremdeninciler.com adrese gönderirseniz; "Penceremden İnciler" de yayınlanacaktır. Okurlardan, yeterince gönderim alınırsa; derlenip, kitap olacaktır. Hadi o zaman, şimdi yazma zamanı.

Koruyucu Sağlık

(Bu bölümde işimi ve ilgili incilerimi paylaşacağım. Daha çok da işyeri hekimliği anı ve çalışma incilerimi)

"Dünyanın en iyi hekimleri Dr. Perhiz, Dr. Sessizlik ve Dr. Neşedir."

İngiliz Atasözü

Sayfamla uğraşmak, hobim, belki de işim oldu. İş olması için toplumuzda genel kanı; yapılan işten para kazanılmasıdır. Yani, karşılığında para olması, "çalışıyor" denmesi için ölçüttür. Buradan para kazanılır mı bilemem ama benim için, içinde bulunduğum bu dönemde hem bir iş hem de sevdiğim bir uğraş oldu.

Sayfamla uğraşmak, öncelikli olarak kendi sağlığımı korumaktadır. Özellikle de sayfamın genel teması ile uyumlu olarak ruh sağlığımı korumaktadır. Bugüne kadar gittiğim atölyeler, mutfağım, izlediğim tiyatro, sinemalar, okuduğum kitaplar benim için aynı amaca hizmet etti. Bir koruyucu hekim olarak bunu sizlere, görsel (yazılarımla, resimli anlatımlarımla, videolarımla), işitsel (yazıları seslendirerek ve yine videolarımla) ve kinetik (mutfakta beslenmeye dikkati çekerek, seyahatlerimi de paylaşarak, fotoğraflardan albümler hazırlayıp, fotoğrafları konuşturarak, fotoğraflardan videolar hazırlayarak) olarak da gösterebilmeyi istedim.

Aslında burada kendi çapımda ve elimden geldiğince asıl mesleğimi yapmaya çabalıyorum anlayacağınız. Yani koruyucu hekimliği. Sayfada menüleri, kategorileri ayırdım ama sağlıktan sanatı, seyahati ayıramayız. Hepsi birbiriyle iç içedir. Sanat ve seyahat bizi sağlığa, sağlıklı olmaya götürür. Burada da tüm menülerin bizleri "koruyucu hekimlik" e çıkardığı gibi. Yani gerçekliğim, burada da oluştu.

Ege Üniversitesi Tıp Fakültesi'nden, 1990 yılında mezun oldum. Mecburi hizmetimi Gümüşhane Devlet Hastanesinde yaptım.

Sonrasında ise meslek hayatımın yarısı acil hizmetlerinde (acil servisler ve 112), diğer yarısı da koruyucu sağlık hizmetlerinde (sağlık ocakları, işyeri hekimliği) geçti. 2013 yılında devlet hizmetinden emekli oldum. 2013 yılından bu yana da özel sektörde hekim olmayı da deneyimledim. (Osgb'de ve bireysel işyeri hekimliği, özel hastane acil servislerinde acil hekimi, bir özel hastanenin bünyesinde turizm ve muayenehane hekimliği, denizcilik liselerinde gemi adamlarına ilk yardım eğitimciliği). Her iki türünü de sevdim. Acili de koruyucu hekimliği de. İlk yardım eğitmenliği de güzeldi. Eğitimi, hekimliğin, özellikle de koruyucu hekimliğin zaten bünyesinde olduğu için hep sevdim. Hasta ve hasta yakınları ile karşılaştığım her fırsatta mutlaka iki cümle de olsa eğitim hep oldu. İşyeri hekimliğinde ise asıl amacı için eğitim, başlı başına hizmet oldu çalışanlara... Eğitim, koruyucu hekimliğin olmazsa olmazıdır.

Sonuç olarak, ne kadar öğrenirsek, bunun için okursak, seyahat edersek, hobilerimizle uğraşırsak, ne kadar doğru beslenirsek (bedeni de ruhu da) o ölçüde sağlıklı olur ve de sağlıklı kalırız. (Ben böyle yapıyorum. Siz de yapabilirsiniz. Yapabiliyorsanız da zaten ne güzel.) Sayfam dilerim buna hizmet eder. İlk başlarda sayfa linkini gönderdiğim bazı arkadaşlarımdan aldığım duyumlar ve geri bildirimlerden, hekim olan birinden böyle bir sayfa beklemedikleri yönündeydi. Bu nedenle de çok sonra sayfanın benim olduğunu anladıklarını fark ettim ben de.

Hakkımda (https://www.penceremdeninciler.com/hakkimda/) bölümünde bahsettiğim gibi "tababeti-şuabatı san'atı " nı icra etmeye çalışıyorum. Tababet gerçekten de bir sanattır. Tababetin, sanat olduğunu bilen ve fark eden bir hekimim. İşimiz insan. İşimizi sevmek için öncelikle "insan"ı sevmek gereklidir. İnsanı sevmezseniz bu mesleği bir gün bile yapamazsınız. İşimiz insansa eğer, insanı anlamaya çalışmanın "sanat" gibi bir yolu var. Sanatla ilgilenmem ve sanatı sevmem de belki bu yüzden. Bu ilgim, insan kitabını okumak ve okumaya çalışmakta bana yol gösterici oldu. Yani hekim olan benim de, sanat yapmaya çalışmam çok doğal ve belki de işimi iyi yapabilmem için gerekli. Tababet-i şuabatı sanatını seven, hakkıyla icra eden, konusu insan olan bir meslekte insanı insana anlatan biz hekimlerin de sanatçı olduğumuzu düşünmekteyim.

Tıbbın babası olarak bilinen Hipokrat'ın bir sözü ile bitirmek isterim bu yazımı:

"Nerede tıp sanatı seviliyorsa, orada insanlık sevgisi de vardır."

Yaşam Boyu Öğrenmek

Ustabaşı: İşçilerin kültür seviyeleri çok önemli. Çoğu bir eğitim alıyorlar. İşçiler çalışırken her zaman yanlarında olmak mümkün değil. Bu eğitimi almış insanların kurallara uymaları gerekiyor. Bir şey yaşadım. Arkadaş teknenin dibinde çalışırken, özellikle "Baretinizi takın arkadaşlar." diye uyardım. Baretleri taktılar. On dakika geçmeden, kafasına bir demir düştü. "Bize hiç bir şey olmaz" deyip baretini çıkarmış. Bayıldığını gördüm. Ambulans istediler. Cehalet. Bir şeyler olması gerekiyor, ondan sonra anlıyorlar. Bizim ülkede insan çalıştırmak zordur..."

Çalışan: Sabah beş dakika geç kaldık mesela; günaydın arkadaşlar diyeceğine ustamız, hakaret ediyor. Kaç yaşında insanlarız, bunu kaldıramıyoruz.

İşyeri Hekimi: Ustanız yıllardır burada çalışıyor. Belki artık şurasına geldi ve acaba bunda sizin de etkiniz yok mu?

Çalışan gülümsüyor, kabul ediyor, özeleştiri yapıyor.

Ustabaşı: Şöyle bir şey var: Bir gün önceden başlayan iş devam ediyor. Benim illa saat sekiz buçukta iş başı mı yapmam gerekiyor? (yanıt ileride) Bunlar ben gelmeden iş başı yapmıyor. Çalışmıyorlar, affedersin dürtmeden çalışmıyorlar. Bunlar böyledir; düzeltemeyiz.

İşyeri Hekimi: Usta başınız sizlere günaydın dese, çocuklarım dese değişir mi?

Çalışan: Yüzde doksan değişir.

Ustabaşı: Hiç alakası yok. Ben diyorum. Günaydın derim, selamün aleyküm derim her zaman. Fakat şöyle bir şey var: Ben dokuzda geldiğimde halen atölyede oturuyorlarsa, iş başı yapmamışlarsa fırçayı hak ediyorlar. Benim işim adam çalıştırmaktır. Onun için buradan maaş alıyorum. Dürüst insan gibi çalışacaklar. Ondan sonra gelsinler benden hesap sorsunlar. Bu iş böyledir. Çalışacaklar. Adam gibi çalışacaklar. Art niyet olmayacak. Adam yolda şirkete zarar verecek herhangi bir şey gördüğü zaman ona müdahale etmiyor. Tehlike arz edecek herhangi bir şeye müdahale etmiyorlar. Bana ne diyor. Dünyanın her yerinde, çok insanlarla çalıştım. Bizim insanımızın yapısı "Bana bir şey olmaz"cıdır.

İşyeri Hekimi: İklimin etkisi mi?

Ustabaşı: İklimin etkisi yok. Burada çalışamıyorsa Erzurum'da çalışsın. Ben Arabistan'da da, Afrika'da da çalıştım. Sıcak var evet. Denizine girebilir, suyumuz var. Nesil değişecek ondan sonra. Nesil değişene kadar bu ülke bunun sıkıntısını çekecek. İşverenlerde eleman bulma sıkıntısı da var. Bu nedenle elindekini kaçırmak istemiyorsun, bazı şeylere ister istemez göz yumuyorsun. İnsanları çalıştırmak zorundayız. Yeni nesil gelene kadar on sene, yirmi sene, otuz sene böyle devam edecek...

İşyeri Hekimi: Bizim işimizde iş veren desteği çok önemli. İş veren desteği konusunda ne düşünüyorsunuz?

Ustabaşı: İşveren desteği araç gereçle olur, maaşla olur. Maaş konusu önemli. Eğer işveren belli bir maaşın dışına çıkmak istemiyorsa o işyerinde çalışmayacaksın. Herkes kendisi için yaşar. Bir iş kazası olduğunda, ben vicdan azabı yaşarım ama o işçi ölür. Vicdan azabını nereye kadar çekerim ben de. Fakat herkes kendisi için yaşıyor; dikkat etmesi gerekiyor...

İşyeri Hekimi: Ücret memnuniyeti etkiler mi?

Ustabaşı: Etkilemez.

İşyeri Hekimi: Bu işyerinde iki tane çalışan memnuniyet anketi yaptım. İlkinde çalışanlar, anketin görüş ve öneriler kısmına zam istediklerini belirttiler. Memnuniyet oranı %72 çıktı. İkincisini zam yapıldıktan sonra yaptım. Memnuniyet %74 çıktı. Aralarında çok fark olmadı.

Ustabaşı: Cehalet etkiler. "Ben ölürsem öleyim.", "Bana bir şey olmaz." demeyecek. Kendini ve ailesini düşünecek. Bu zihniyet kalkmalı önce. Bundan yirmi, otuz yıl önce burası turizm bölgesi olduğu için hiç kimse çalışmak istemiyordu. Biz de gittik bahçıvan getirdik, köyden gelmiş bir tarımcı eleman getirdik. Onları elimizden geldiğince eğitmeye çalıştık. Kaynak yapmayı, iş makinelerini kullanmayı öğrettik. Onlara belgeler aldırdık. İş güvenliği eğitimleri daha yeni başladı...

İşyeri Hekimi: Evet. Burada yıllanmış çalışanlar var. Üstelik hepsi de iyi insanlar. Kurallara uymada direniyorlarsa, yasa diyor ki; birinci uyarı, ikinci ve üçüncü uyarı sonra uymuyorsa işten çıkar... Mevcut durumda bu o kadar kolay mıdır?

Ustabaşı: Evet iyi insanlar hepsi ama iyi olmak başka, cahil olmak başka. Zihniyet değişmeli. Kurallara uymayı öğrenmeliler. Kendilerine saygıyı öğrenmeliler. İşten çıkarmaya gelince ise bu zor. Hepsinin aileleri var. Bu sadece işyerinin değil memleketin de sorunu aynı zamanda. Otuz yıl önce ilkokuldan mezun olmuş birini eğitmek zor. Çalışanı elimizde tutup, bir kelime daha öğretmeye çalışmak önemli. Meslek lisesi mezununu eğitmek daha kolay...

İşyeri Hekimi: Böyle işyerlerinde de çalıştım. Değişen bir şey yok. Mezun olunan okulda pek bir şey değiştirmiyor. Sanırım cezalar ve denetimler önemli...

Ustabaşı: Ben Avrupa'da da çalıştım; onlara ayak uyduruyordum. Avrupa'yı örnek gösterirler. Avrupa bizden çok iyi değil. Uygulanan cezalar ağır orada. Bu nedenle kurallara uyuyorlar. En büyük ceza işten çıkarmak. Bizim çalışanlar bunun farkında değiller. Bakıyor işverenin toleransı bol, nasıl olsa işten çıkartmaz. Kurumsal olmayan aile şirketlerinde bu daha çok.

İşyeri Hekimi: İnsan yapısı her yerde aynı. Yani insan aynı insan. Neden kurumsal olmayan aile şirketlerinde böyle?

Ustabaşı: Acımaktan. Küçük bölge herkes birbirini tanıyor. Ayırma, kayırma, onun tanıdığı, bunun yakını... Gerçekten bunu düzeltmek çok zor. İnşallah hayırlısı olur. İşveren işyerinde olmasa daha değişik davranırdım. Daha katı. Olması gereken gibi.

İşyeri Hekimi: Bu sefer mobbing diye dava ederler ama.

Ustabaşı: Eğer doğruyu yapıyorsam sorun yoktur.

İşyeri Hekimi: 2013'den bu yana yine de yol alındı.

Ustabaşı: Kesinlikle. Burada daha önceki yıllarda iş kazaları oldu. O zamanlar insanlar bilinçsizdi. Şimdi mümkün olduğunca biraz daha eğitildiler.

İşyeri Hekimi: Paraşüt tipi emniyet kemerleri, merdivenlere çıkarken kullanılan kancalar, baretler, rahat edecekleri iş ayakkabıları, iş ekipmanlarını aldığınızı biliyorum ama pek gözükmüyor.

Ustabaşı: Bunların iyisini almayı seviyorum ama çalışanlar buna riayet etmediklerinde motivasyonum bozuluyor. Geçenlerde ağır iş yapan imalathanede Suriyeli bir çalışanın ayağına sac düştü. Ayağında iş ayakkabısı yoktu. Neden ayakkabı vermiyorsun diye sorduğumda giymiyorlar dedi arkadaşım. Bu işyeri ağır işyeriydi ve risk fazlaydı. Bizim işyerinde risk ise çok çok az ama yine de var. Ayakkabıları giydiriyorum. (Yanıt burada) Arkadaşıma, her sabah işbaşı yapmadan önce, kesinlikle denetlemesi gerektiğini, ondan sonra işe başlatması gerektiğini söyledim. Binalarda, inşaatlarda asansörlerden, vinçlerden düşen insanları da görüyoruz. Bu gördüklerimiz kadarı. Binayı kazıyor, temel atıyor. Yan binada insanlar var. Devriliyor. Bunların ne kadar önüne geçebiliriz, zaman gösterecek. Tek şey eğitimdir.

İşyeri Hekimi: İşveren desteği de önemlidir. Genel olarak tüm işyerlerinde çalışanlar, eğitimlere işverenlerin de katılması gerekir diyorlar. Bunların uygulanabilmesi için, işverenin de öğrenmesi ve bize destek olması gerekli diyorlar. Haklılar da...

Ustabaşı: Bir de bir kural konulduysa, işveren onu bozmayacak. İşveren eğitimde hiyerarşisi bozulur diye düşünmeyecek. Gerekirse bir kenarda sessizce oturup dinleyecek. Çalışan ise her şeyi devlete bırakmayacak. İnternet var. Eğitimler orada da var. Çırağın ustayı geçmesi lazım. Ustanın öğrettiğiyle kalmayacak. Kendini geliştirecek, okuyacak. Ama çalışan yok. İnterneti bunun için kullanmıyor çıraklar. Kim ne yapmış, ne yemiş, nereye gitmiş bunun peşinde zamanlarını heba ediyorlar...

Işyeri Hekimi: Eğitim şart deyip gülüyorlar.

Ustabaşı: Gemilerde de çalıştım...

Işyeri Hekimi: İşitmeniz o nedenle azaldı.

Ustabaşı: Rusya'da eksi elli derecede, jeneratörün üzerine yatılırsa herkesin azalır.

Işyeri Hekimi: Aslında buna meslek hastalığı tanısı konur. Ama meslek hastalığı telaffuz edildiğinde korkuluyor. Oysa geçmiş yıllara ait bir tanı ve konsun. Çalıştığım bir tersanede bu konuda sıkıntı çekmiştim onun için diyorum. Yasadan önce oluşmuş olan işitme azalmalarını tespit edip tanı konsun diye meslek hastalıkları hastanesine sevk etmiştim kesin tanının konması için. Bilmedikleri için bu durum onları korkutmuştu. Bundan sonra yapılacak çalışmalara, alınacak önlemlere ışık tutulması açısından istatistikler önemlidir ve bu çalışmaların hepsi bunun içindir. Öğrenme süreci uzun ve sabırlı olmayı gerektiriyor. Bazen yalnız kalsanız da, üstünüze gelinse de direnmeniz gerekiyor. Sonuçları buna değiyor çünkü. Motivasyon önemli ve gerekli. Eğitim şart. Yaşam boyu öğrenme bunun adı.

(Ustabaşına ve çalışana teşekkür ederim.)

Ve böylece devam eder gider... Daha önceleri çok söz söyledim, yazdım, çizdim bu konuda. Uzun bir süreç olsa da, eğitimler işe yarıyor, mutlaka değişimler oluyor, yapılan işler bir sonuca doğru gidiyor bunu da gözlemledim ve halen de gözlemlemeye devam ediyorum. İş sağlığı ve güvenliği ile ilgili elimden gelen yapabileceğim her şeyi yaptığıma inanıyorum. Çalışmalarım, tespit öneri defterlerine yazdıklarım, dimağlarda kalan söylediklerim konuşmaya devam eder sanırım... İş sağlığı ve güvenliği ile ilgili olarak, tabi ki yeri gelince ve gerekince ayrı olmak üzere; başka söz söylemeyeceğim...

"Müziği yapan notaların arasındaki eslerdir." Tıpkı bu sözdeki gibi. Şimdi "es" zamanı...

Dilerim ki bu sözler de, esler de gerçekten işe yarar ve amacına ulaşır... Sevgiyle...

Öğrenme Şekli Neden Önemli?

Amaçlar:

Birincil amaç, çalışanların öğrenme şekillerini tespit ederek eğitimin şeklini belirlemek ve çalışanların eğitimlerden maksimum yararlanmalarını sağlamaktır.

İkincil amaç, çalışan memnuniyetini ölçmek ve çıkacak sonuçlara göre psikososyal risk etmenlerini değerlendirmek. Üçüncül amaç, işverene rehberlik etmek. (6331 sayılı isg kanunu işyeri hekimi ve dsp'nin görevleri madde 9)

Hedefler:

- Anket dosyası oluşturmak.
- İşyerindeki psikososyal etmenleri ile ilgili veri kaynağı oluşturmak.
- Anketleri tekrarlamak ve karşılaştırmak.
- Davranış değişikliği oluşturmak.

- Eğitim materyali olarak kullanmak.
- DÖF'leri görünür hale getirmek. (Düzenleyici, önleyici faaliyet)
- Tüm ekibin risk analizlerine katkısını sağlamak ve görünür hale getirmek.
- Mesleki risk etmenlerinden olan psikososyal risk etmenlerini tespit etmek ve azaltmak.

Kullanılan testler, anketler:

- Neil Fleming Mills C öğrenme şeklini belirleme testi. (Görsel öğrenme: okuyarak ve görsel şekilde sınıflanmış)
- Talimatlara uyma dikkat testi.
  Minnesota iş tatmini ölçeği.
- Yapılan çalışmada; işyerindeki baskın öğrenme şeklinin (%56) işitsel öğrenme olduğu tespit edildi. Eğitim, buna uygun olacak şekilde, tüm çalışanlar ve işverenin katılımıyla slayt sunum kullanılarak, anlatım, gösteri, soru yanıt şeklinde aktif olarak yapıldı.

Öğrenme Şekilleri:

- Görsel öğrenme
- İşitsel öğrenme
- Kinetik öğrenme

Öğrenme:

Öğrenme, beş duyuyla olur. Bu işyerinde %56 oranında işitsel baskın, %22 oranında okuyarak, %11 görerek, %11 kinetik baskın öğreniyordu. %50'den fazlası işitsel baskın öğrenmekte olduğu tespit edildi.

Kinetik ve işitsel öğrenenler, sahada pratik uygulama, grupla tartışarak, konuşmacıları dinleyerek öğrenirler. Okuyarak öğrenenlere ders notları ve kitaplar gereklidir. Sunumların çıktıları verilmelidir.

Görsel öğrenenlere grafikler, resimler, şemalar yardımcı olur. Eğitimlerde öğrenilenler unutulur. Bu nedenle tekrar önemlidir. İnsanlar okuduklarının %10'unu, duyduklarını %20 'sini, hem görüp hem duyduklarının %50'sini, görüp, duyup, dokunup, söylediklerinin %90'ını hatırlar. Yine de tekrar eğitimler yapılır.

Dikkat Testinden Çıkarılan Sonuçlar:

Eğitimlerimizde ve işlerimizi yaparken asıl amacımız;
Hızlı olmak değil öğrenmektir.
Bakmak değil, görmektir.
Dengeli beslenme ve düzenli uyku önemlidir.

Öğrenme ve Dikkat:

Dikkat becerilerinin geliştirilmesinde, çalışanın öğrenme şeklinin de etkisi olmaktadır.

İş kaza ve meslek hastalıklarının oluşmaması için, öğrenme şekli ve geliştirilen dikkat önemlidir. İşyerindeki uyarı levhalarına işitsel öğrenenler dikkat etmeyebilirler. Bunun için işyerinde anonslu uyarı sistemleri oluşturulabilir.

Okuyarak öğrenenler, uzun uyarı yazılarını ya da cihaz ve makinaların kullanma talimatlarını okurken, görerek öğrenenler, resim, grafik, şema, afiş, lambalar gibi ışıklı uyarılara dikkat edebilirler.

Kinetik öğrenenler ise iş başı, makina başı eğitimlerine ve bizzat yaparak ve uygulayarak, dokunup, hissederek öğrenmeye ihtiyaç duyarlar. Bu nedenle eğitimin şeklinin ve kullanılan eğitim materyalinin, kullanılan alıştırma ve testlerin, tüm öğrenme şekillerine hitap etmesi önemlidir. Öğrenme, çalışanlara davranış değişikliği kazandırır.

Amacımızın iş kaza ve meslek hastalığı oluşmamasını sağlamak olması nedeniyle de isg eğitimleri çok önemlidir.

Öğrenme Şekli ve Davranış Modelleri:

Öğrenme şekillerini bildiğimizde, davranış modelleri de ortaya çıkar. Görsel öğrenen biri çok konuşmayı fazla sevmez; kısa, net ve özet sever, düzenli olur. İşitsel öğrenen biri ayrıntılı konuşmayı sever, iyi öğretmen olur, dağınıktır. Bir görsel, bir işitselin bir arada anlaşmaları ve çalışmaları için bu durumun da farkında olmaları gereklidir. Her farklı modelin birbirine katkısı olur, beraber çalışırlarsa üstelik iş verimi daha fazla olur, biri diğerine göz diğeri ötekine kulak olur. Öğrenim şekli bilindiğinde, iletişimsizlik nedeniyle olan sorunlar çözülür. Çalışanların, sadece işyerindeki değil tüm yaşamlarında oluşan sorunların temeline ışık tutar.

Minnesota İş Tatmini Ölçeği:

Ankete katılan çalışanların meslek, cinsiyet, yaş ortalamalarına göre dağılımı, ankette soruların her birine verilen puan ortalaması, çalışanların memnuniyet oranları grafiklerle tespit edildi.

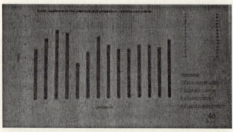

Memnuniyet Oranı 30-40 Arasında.
Sonuç: Memnun
Bu işyerinde memnuniyet oranlarını düşüren en önemli etkenler: Düşük ücret (%26), terfi olanağının olmaması (%34) ve amirin emrindeki kişileri idare tarzıdır (%49).
Sonuç:
Bu işyerinde, çalışanların aldıkları ücret dışında, işlerinden memnun olma oranı iyi olarak tespit edildi. Memnuniyet oranının yüksek olmasına, çalışanların genelinin baskın olan öğrenme şekillerinin aynı olması etkendir. Buradan yola çıkarak, öğrenme şekillerinin, davranış modellerini de açıklamakta olduğu sonucuna ulaşılabilir.

Bu işyerindeki işveren, görsel baskın öğrenmektedir. İşyeri baskın öğrenme şekli işitseldir. (%56) İşyerindeki çalışanların çoğunun öğrenme şekli işitseldir.

İşitsel öğrenenler; konuşmayı sever, dağınıktır. Dağınıklık onların yaratıcılığını aktifler (hele de çalışanların teknik personel olduğunu düşünürsek). Bu engellenirse kendini işine verememe oranı artabilir. Konuşmamak da işi monoton hale getirebilir. İşveren, çalışanı iş başında konuşurken görünce, işi savsakladığını düşünebilir ve uyarıp, çalışanın motivasyonunu kırabilir. Çalışan işvereni fazla titiz olarak değerlendirebilir. Tüm bunlar, üçüncü sıradaki oranı (amirin emrindeki kişileri idare tarzıdır %49) açıklamaktadır. Geneli işverenden memnun olsa da, az oranda kişinin işvereni anlamaması iş verimini düşürebilir, çalışanların arasında etkilenme de olabilir. Çalışanların, işverenlerinin öğrenme şeklini öğrenmesi, bu konudaki farkındalıklarının artması bu oranı yükseltecektir. Böylece çalışanlara yapılan eğitimler, çalışanlarda ve işverende davranış değişikliği oluşturarak, çalışan, işveren ve işyerinin iş verimine katkı sağlayacaktır.

Uzun vadede de ilk iki sıradaki oranların da yükselmesine neden olabilir. Ücretlendirme, ülkemizin ekonomik politikasıyla ilgili olsa da, tüm sektörlerdeki iletişim sorunları aşıldıkça, buna da katkı sağlayabilir indirekt olarak.

İnanmazsanız Ölçün

2013 yılının ağustos ayında, yirmi üçüncü yılımda devlet hizmetinden emekli oldum. Kendi işimi kurmayı istedim. İki iş güvenliği uzmanı ile birlikte, üç ortak, işimizi kurduk. Hani yeri gelince ayrı olmak üzere, bir daha bahsetmeyecektim ya işte o. İş sağlığı ve güvenliği işi. Kısaltılmışı: OSGB.

OSGB'de iken işyerlerimden birinde, kurumsal bir işletmeydi. Kurum çok didikleyen, az giden uz giden, öneri ve tespitlerle tez gitmeye çalışan, çalışırken de kafasında deli sorular olan bir kurumdu. Kurumsal bir aile şirketiydi. Kılı kırk yarardı. İşte o günlerden birinde, çok sevdiğim insan kaynakları sorumlusu, yazmış olduğum bir tespit ya da öneri nedeniyle, buna yetkin olup olmadığımı sorgulama amacıyla, elçiye zeval olmaz denen türünden, sözleşme yaparak alındığım ve belgem kendilerinde olduğu halde, benden belgelerimi istedi. Dediğine göre kurum istetmişti. "Neden ki? Belgelerim zaten var, madem öyle tamam." dedim, uzatmadım ve sertifikaların arasından birini alıp götürdüm ve verdim:

Akşehir Nasreddin Hoca ve Turizm Derneği, ünlü mizah ustası Nasreddin Hoca'nın kendi fıkrasından esinlenerek, Nasreddin Hoca'nın türbesini ziyaret eden yerli ve yabancı turistlere, "Dünyanın ortasına ayak bastı" sertifikası vermektedir. Ziyaret ettiğimde ben de bir fotoğraf verip almıştım bu sertifikadan. Espriyi de sevdiğimden, işyerimdeki odamın duvarına da diplomamın yanına asmıştım. Ülke mozaiğimizde çok önemli yeri olan Nasreddin Hoca'mızı da fıkrasıyla burada anmış ve yâd etmiş olayım:

Nasreddin Hoca'ya sormuşlar, "Dünyanın ortası neresi?" diye. Hoca, eşeğinin ön ayağının bastığı yeri göstererek, "İşte burası" demiş. "Ya Hocam olur mu?" diyenlere ise "İnanmazsanız ölçün." demiş.

Belgelerim istendiğinde, uzun uzun anlatmaktansa bu sertifikamı götürdüm. İnsan kaynakları sorumlusu, belgeyi alınca gülümsedi ve başka bir şey demedi. Nasreddin Hoca'nın da yardımıyla, esprili bir şekilde yanıt vermiş oldum...

Yoook Artık

Psikososyal Risk Etmenleri

Psikososyal tehliker, kronik strese yol açar. Kronik stres ise; fiziksel, davranışsal ve akıl sağlığı sorunlarına yol açar.

Psikososyal risk etmenleri, meslek hastalıkları oluşturan etmenlerden sadece biridir. Bunlar:

Çalışma ortamı, çalışma süresi, ücret, yönetimsel ya da çalışanlarla ilgili faktörler, sendikalaşma, kreş, gündüz bakımevi, gebe ve emziren çalışanlar, geç çalışanlar, iş güvencesi, stres, ayrımcılık, baskı ve taciz (mobbing), vardiyalı çalışma, sistem çatışmaları, belirsizlik, kariyer engeli, yetersiz kaynaklar, fizik mekân ve çevre koşulları, geri bildirimin bulunmaması, işin değersiz olması, vasıfların kullanılamaması, öğrenme fırsatı olmaması, iş yükü, rol belirsizliği, rol çatışması, karar serbestisinin azalmasıdır.

İş ortamından memnun olmamak, projeler üzerinde fazla yoğunlaşmak, daha hızlı iş bitirmeye çalışmak vb. basit sıkıntılarımız, bizde stres oluşmasına neden olabilir. Çalışma hayatımızda yaşadığımız olumsuzluklara karşı oluşturduğumuz stres kaçınılmazdır.

Denetim yetersizliği veya kaybı, karar serbesitesinin azalması, rol belirsizliği veya çatışması, tükenmişlik, depresyon, stres, sıkıntı ve isteksizliğe neden olur.

TÜKENMİŞLİK

Enerji kaybı, motivasyon eksikliği, diğer çalışanlara karşı negatif tutum, aktif olarak geri çekilme, tükenmişliğin ana belirtileridir. Sınırlı sayıdaki klinik çalışmalarda ise, iş stresi ile depresyon, anksiyete bozuklukları, somatoform bozukluklar... (Belirsiz: Hastalığı izah edecek bedensel neden yok. Ağrı, bulantı, baş dönmesi, vb.) arasında güçlü ilişkiler ortaya çıkmaktadır.

DEPRESYON

- İşini kaybetme ya da kaybetme tehdidi
- İş tanımlarının değişmesi
- Sürekli yeni teknoloji girişi
- Becerilerinin güncelliğinin yitirilmesi
- Yetersizlik duygusu

MOBBİNG

İşyerinde zorbalık ve duygusal taciz ya da uluslararası kabul görmüş adıyla mobbing (bullying), bir kişinin ya da bir grubun hedef seçilmiş kişiye karşı uyguladıkları ısrarlı, sistematik, aşağılayıcı, hakir görücü, yıldırıcı, haksız söz ve davranışlardır.

İş stresinin oluşturduğu hastalıklar:

- Kalp hastalıkları

- Sinir ve kas hastalıkları
- Psikolojik rahatsızlıklar
- İş kazaları
- İntihar
- Kanser
- Ülser
- Bağışıklık sisteminin zayıflamasıdır.

İşyerindeki stresin maliyeti 1 trilyon dolar. Bu durum unutulmamalıdır.

Kişisel Stres Yönetimi:

Gevşeme, egzersiz, perhiz (diyet), davranış değişikliği ile olur. Stres ile başa çıkmanın en etkin yolu stresi kaynağında yok etmektir.

İşyeri stres yönetimi:

Denetim, katılım, özerklik (hiyerarşiyi reddeden, gönüllü katılım üzerine kurulu, açık olmayı seçen bir düşünce ve dayanışma birliği). Esnek çalışma programları (şirkette film gösterimleri, sosyal organizasyonlar, esnek çalışma saatleri, evden çalışma, vb.)

Yoook artık.
Teşekkür ederim.

Aile Şirketi Örneği

Çalışanlara yapılan öğrenme şekli belirleme ölçeğine göre, ortalama %63 oranında baskın görsel öğrenmekteler.

İşyerinde tespitler:

1. Toplantı yapma ihtiyacı duyulmamaktadır.
2. İletişimini mail yoluyla sağlamaktadır.
3. Geri bildirim yoktur.
4. Şirket içinde ve dışında dedikodu hâkim olmaktadır.
5. Aile şirketidir ve toplantı geleneği yoktur.

Sonuç:

6. İletişim kanallarının açık olmaması, geri bildirimin olmaması, çalışanların iş verimini olumsuz etkileyebilir.
7. İşe devamsızlıklar olabilir.
8. İşten ayrılmalar olabilir.
9. Çalışanlarda değersizlik duygusu yaşanabilir.
10. Strese bağlı birçok kronik hastalık oluşabilir.

Önerim:

Toplanma alışkanlığının oluşturulması. İş verimine katkısı olacaktır. Bu eğitimler için de geçerlidir. Slayt, grafik, şema gibi görsel materyaller ile eğitime zaman ayrılmalıdır.

Genel Değerlendirme

1. Ücretler düzenli bir şekilde, aksatmadan ödenir.
2. İşten çıkardıkları olursa tazminatları ödenir.
3. Her çalışana mutlaka sigorta yapılır.

4. Her çalışanın işe giriş muayeneleri işe başlamadan evvel yaptırılır.
5. Her çalışanın eğitimi, yüz yüze yaptırılır.
6. Öğle ve akşam yemekleri ücretsiz olarak verilir.
7. Servis hizmeti verilir.
8. Birçok insana iş verir.
9. Turizme hizmet ederler.
10. İletişimde mail yolunu kullanırlar.
11. Ancak aile şirketi oldukları için, belirli aralıklarla genel kurul toplantısı yaparlar.

Önerilerim:

1. Her bir şirketin tek tek sayıları ellinin altında olduğu için yasal olarak zorunlu olmamakla birlikte, tüm hepsi aile şirketine farklı oranlarda bağlı olduğu için isg kurulu yapılmalıdır.

2. Birleşik bir derslik olması (isg eğitimleri için) ve toplanılarak da eğitime ihtiyacı olanlar için bunun sağlanmalıdır.

3. Uygun bir muayene yeri. (Fısıltı testi yapılabilmesi için sessiz ve göz, kulak muayenesi yapılabilmesi için 6 metre olacak şekilde).

4. Lojmanların daha kalınabilir, yaşanabilir olması. (Nemli, havasız yerler tüberküloz basilinin üremesi için uygun ortamlardır.)

5. Teknik personelin mutlaka tüm tetkiklerini yaptırarak muayeneye gelmesi sağlanmalıdır.

6. Kronik hastalar tetkik ve raporlarını, muayeneye gelirken getirmelidir.
7. Gece tesisi bekleme işi sadece bir çalışana yaptırılmamalı, çalışanın sirkadiyen ritmi bozulmamalıdır.
8. Meslek hastalığı ve işle ilgili hastalık tanımlarından, yüksekte, gece çalışamaz şeklindeki raporlamalardan rahatsız olunmamalıdır.
9. Maillere yanıt verirlerse iyi olur, geri bildirim önemlidir.

Sonuç:

Psikososyal risk etmenleri dosyası oluşturup, yapılan anket ve testleri dosyalanmalıdır. Çalışan memnuniyeti, müşteri memnuniyetini de beraberinde getirir. Ülkemiz turizminde buna özellikle ihtiyacımız vardır. Çalışan memnun olduğunda iş verimi de artar ve olumlu dönüşü de öncelikle işverenedir. Bu tür anket çalışmalarının, belirli aralıklarla insan kaynaklarınca da yapılmasının faydalı olacağına inanıyorum. Ayrıca "Takım Çalışması " önemlidir.

Çalışmalarımı yapmama vesile oldukları için, tüm aile şirketine sevgiyle...

Takım Çalışması

Çok Tehlikeli İşyerinde Yapılan Çalışma:

Çalışanlar muayene edildi. İşitme azalması olan çalışanlar, meslek hastalıkları hastanesine sevk edildi. (Geçmişte oluşmuş, yasa çıkmadan önce. İstatistik kayıtlar açısından ve kesin tanı konması için sevk edildi.)

Ön tanı: Fizik etmene (gürültü) bağlı işitme kaybı. Kronik hastalıklar tespit edildi. (asthma bronşiale, diyabetes mellitüs, kardiyovasküler hastalıklar, vs.).

Ön Tanı: İşle ilgili hastalık. Özürlü ve gaziler tespit edildi. Yüksekte çalışması riskli olan çalışanlar tespit edildi. (Kardiyovasküler hastalığı olanlar, diyabet, vertigo, yüksekten korkanlar, psikiatrik hastalığı olanlar) İş kazası dönüş muayenesi yapıldı. Tozlu gazlı bölümlerde çalışanların kontrol akciğer grafileri çekildi.

Ön tanı: İşle ilgili hastalık. Tozlu gazlı ortamlarda çalışmamaları gereklidir. (Gerekenlere uygun iş değiştirme raporu düzenlendi.) EKG de bozukluk çıkanlar kardioloji uzmanına yönlendirildi. Tetanoz aşılama programı başlatıldı. (Toplam beş doz olan aşının ilk üç dozu yapıldı.) On altışar saatlik İSG eğitimleri yapıldı. Ayrıca yüksekte çalışma ve kapalı alanda çalışma konulu sekizer saatlik eğitim verildi. İşyerinde düzenli olarak gerek iş güvenliği, gerekse iş sağlığı yönünden gereken rutin ortam gözetimleri yapılarak gereken önlemler bildirildi. Liftler gibi kaldırma araçları, basınçlı kaplar, enerji, topraklama hatlarının periyodik test ve kontrolleri yaptırıldı. Tüm riskler tespit edilip, değerlendirildi. İşyeri ve çalışanların risk analizi teslim edildi.

Tanımlar:

Meslek Hastalığı Nedir?

Meslek hastalıkları, işyeri ortamında bulunan faktörlerin etkisi ile meydana gelen hastalıkların ortak adıdır.

İş ile ilgili hastalık nedir?

İş ile ilgili hastalıklarda hastalığın ana sebebi yapılan iş ve işyeri değildir. Hastalığın doğal gidişatı işyerindeki etmenler tarafından hızlandırılan hastalıklardır. İşle ilgili hastalıklarda temel etken işyeri dışındadır. İşe girmeden önce var olan veya çalışırken ortaya çıkan herhangi bir sistemik hastalık yapılan iş nedeniyle daha ağır seyredebilmektedir. Çalışanın uygun işe yerleştirilmemesi ya da sistemik hastalığın ilerlemesine neden olan etkenlerin çalışma ortamında ortadan kaldırılmaması nedeniyle mevcut hastalığın şiddetlenmesi söz konusudur.

Bu işyerinde "Takım Çalışması esas olmuştur. İSG çalışmasına da güzel bir örnek. Burada çalışmak beni zaman zaman yorsa da geneline baktığımızda çok mutlu etti. Sevdiğim ve çalışmaktan gerçekten keyif aldığım bir işyeriydi. İşyeri hekimliğini tam anlamıyla ve olabildiğince uygulayabilmiştim. Tüm ilgili mesleklerin bir ekip halinde çalışması güzeldi. Bir takımın içinde olduğumu hissetmem beni ayrıca mutlu etmişti. İlkinde kurucu ortak olduğum OSGB'miz varken, ikincisinde devrettiğim OSGB'mizin, ihale usulü yine bu işyerini alması sonucu, çalışanı olarak, üçüncüsünde ise farklı bir OSGB ile burada çalıştım. İkinci ve üçüncü gelişlerim, değişik nedenlerle uzun süreli olamadı ama her seferinde önceki çalışmalarımı devam ettirebilmek açısından faydalı oldu. Burada çalıştığım dönemde üç kez müfettişle (isg) karşılaştım. Biri doktordu belki de doktor olan tek müfettişti. Her seferinde çalışmalarımı desteklediler ve "Lütfen böyle devam edin doktor hanım ve süreçleri başlatın." dediler. İkinci ve üçüncü gelişlerimde kısa kaldım. Müfettişlerin de dediği gibi, belki radikal kararları başlatma ve buna öncülük ederek işleyişin sürmesini sağlayıp meslektaşlarıma destek olmayı seçmiş olduğum içindir. Kamusal bir işyeri olduğu için yazılar, kayıtlar özellikle önemliydi. Çok söyledim ve çok yazdım burada bulunduğum zamanlarda; kalışlarımın kısa olabileceği içinmiş demek ki. Şimdi bir daha gittim diyelim oraya, artık çok söylemem, çok yazmam, bitti diyeceklerim.

Bana çok şey kattıkları için, buradan her iki OSGB'ye (ortak iş sağlığı ve güvenliği birimi) ve takım ruhunu yaşatan arkadaşlarıma sevgiyle...

Örnek Çalışma

Çok tehlikeli bir başka işyerindeki çalışma:

Bu işyerinde, işveren, sendika çalışan temsilcisi, beş çalışan hepimiz birlikte çalıştık. Bu en sevdiğim takım çalışması oldu. Yaptığınız işin bir sonuca ulaşıp mutlu sona bağlanması gerçekten çok güzeldi.

Yolculuğumuz, işverenin (aslında işveren vekili) eğitimlerimize katılmayı, bizlerle toplanmayı bizzat kendisinin istemesiyle başladı. Meslek hastalığı nedir? Yasadan ve kendinden önce oluşmuş meslek hastalığının cezai bir durum getirmediğini, meslek hastalığı tanısı koyulmasının, istatistik faydaları olacağı aksine bununla ilgili yapılacak olan koruyucu çalışmalarda yön gösterici olacağı gibi bilgileri paylaştım işverenin de içinde bulunduğu ekiple. Beş çalışanın süregelen ve mevcut kadrosundaki işlerini yapmaya engel olan rahatsızlıkları vardı. İşveren ''Gerekirse kadro kapatılsın ve biz sonuna kadar gidelim ve önümüzü görelim" istedi. Çalışanların ayrıntılı anamnezlerini alarak periyodik muayenelerini yaptım ve hepsini meslek hastalıkları hastanesine sevk ettim. Hep birlikte bu süreci takip etmeye başladık. İşverenin hazırlattığı işyeri sevk yazısıyla çalışanlar ilk muayenelerini gidip oldular. Hastane altı ay sonra kontrole çağırdı tüm çalışanları. Bu arada beni bünyesinde bulunduğum Osgb, sözleşmemi benimle ilgili olmayan bir durum nedeniyle feshetti; yeni başlamıştım. İşyerimden ayrıldım. Ancak işbirliğimiz bozulmadı. Çalışan temsilcisi ile sürekli irtibatta kaldık ve süreci hep birlikte takip ettik. Süreç uzun sürdü.

Bu arada çalışanlar zorlanmayacak işlerde çalıştırıldı, kendileri de dikkat ettiler. Süreç yeni sonuçlandı ve yüzümüzü güldüren sonuçlar aldık. Beş çalışana meslek hastalığı tanısı kondu. Galiba maaş bağlanacak. Bu süreci takip ediyoruz şimdi. Mutlu olduk ama keşke hiç hasta olmasalardı. O zamanlar eğitim yoktu, bilinçleri yoktu. İsg yasası ile alışkanlıkları, davranışları olumluya dönüştü. Eskiden olan oluşmuş hastalıkları, şimdiki işverene ciro edilmedi. Üstelik işveren doğru davranıp, çalışanların rahatlamasıyla da rahat nefes almış oldu. Şimdi çalışanların kadroları, birimleri değiştirildi. Çalışanlar mutlu, işveren mutlu, iş de mutlu oldu tabii ki. İşyerindeki sözleşmem bitebilir ama en az on beş yıl bilirkişiliğim devam edecek. Devam etmeseydi de takip ederdim yine. Maaş almadım ama o kadar çok dualarını aldım ki, hiçbir maaş bunu karşılayamaz. Darısı diğer işyerlerinde sevk ettiğim çalışanların başına… Meslek hastalıkları hastanesine ihtiyaç duyulmayan günlerin gelmesi dileğiyle, tüm eski işyerlerime, çalışanlara ve işverenlere saygılarımla…

Teşekkürüm Burada

"Örnek Çalışma" yazısına yapılan yoruma yanıt olarak:

Osgb'lerde, görev yapan işyeri hekimlerinin, sizin gibi objektif olup, işyerindeki iş barışı için tarafsız olup, ne işverene ne de çalışandan taraf olmayıp, çalışanı tezgâhının başında, sahada gözlemleyip, Sgk'dan gelen tetkiklerle ve tecrübenizle, geldiğimiz sonuçlardan dolayı TEŞEKKÜR ederiz. Başarılarınızın devamını dilerim...

***

Asıl benimle ekip olduğunuz için, doğruyu gördüğünüz ve yanında olduğunuz için teşekkür ederim. Burada artık iş sağlığı ve güvenliğinden söz etmeyeceğim demiştim; isg'nin, iş yerlerindeki mevcut durumundan dolayı. Bu halen geçerli çünkü şu anda artık en çok sevdiğim; işyeri hekimliğini aktif olarak yapmıyorum. Mevcut olanları da bıraktım. Belki de "es"ler sürekli olacak... Ama yaşamımla özdeşleşti ve onu anılarımdan silmem mümkün değil. Örnekleri paylaşmak benim mesleki ve insani sorumluluğum diye düşünüyorum. Paylaşmalı ki bu konuda yapılan çalışmalara destek olmalı, benim gibi yapanlar yalnızım dememeli... Bu iş başladığı yıllarda neler yaşanmış öğrenilmeli...

Birlikte ekip olarak işimiz daha bitmedi; maaş sürecini takip edeceğiz, moral, motivasyonları nasıl onu da takip edeceğiz. İşveren vekiline de selam ve saygılarımı iletin lütfen. O da akıllı işveren nasıl olur bunu gösterdi bizlere. 2014/2015 yılında, kurduğumuz Osgb'miz olarak, en iyi işveren ödülünü yine oradaki birimlerden birinde ve çok sevdiğimiz bir işveren vekiline vermiştik. 2018 /2019 yılının en iyi ekibi ödülü de sizin. Yazım da, size armağanım olsun. Sizlerle kurulan bağlarım bu sayfayla da devam edeceğine inanıyorum. Takip ettiğiniz ve edeceğiniz için de ayrıca teşekkür ederim. 2014/2015 yılının işveren vekiline de buradan selam ve saygıyla... Dilerim o da okuyordur...

Osbg 'miz yaşasaydı, rengi yeşil (etik olan) olurdu. En azından yeşil olması için gayret ederdik. Kurduk, büyütmeye başladık sonra da buyurunuz alınız, borçsuz, temiz dedik ve devrettik... O da bizim Mea Culpa'mız (suçumuz)... Faturasız iş yapmıyorduk, nakit girdisi vardı. Kira, elektrik, o zaman az olan elemanların maaş giderleri gibi masraflarımızı, vergimizi ödüyorduk ama ay sonunda ceplerimize giren olmuyordu ya da çok az oluyordu. Bir nevi danışmanlık işiydi yaptığımız iş. Tahsilatları zamanında alamıyorduk. Kimi biriktirip ödüyordu, kimi ödemeyi unutuyordu, başlı başına bir işti. Sanayi kuruluşu çok yoktu, oteller çoktu ama onlar da özel hastanelerle anlaşıyor bize bir faydası olmuyordu. Mantar gibi Osgb patladığı için rekabet vardı, ücretler standart değildi. Önce ücret önemliydi; sizin yaptığınız iş değil...

Tüm bunlara da bizim dayanacak gücümüz olamadı, biraz daha sabretmek gerekirken üç ortak havluları attık. Belki de tam zamanında olmuştur bu. Halen ödemelerle cebelleşiyor olabilirdik de; genelde gördüğümüz bu şekilde. Kendi işim olsun çok istemiştim; hiçbir işin sadece kendi işim olamayacağını öğrendim. İşverenimiz bu sefer müşteri denendi. Şimdi komik geldi; "müşteri". Günümüzün nosyonu; hasta müşteri, öğrenci müşteri... Kim bilir bunu toplumca istemişizdir belki... Bir şeye, hizmete para vermeden sahip olunursa, ona verilen değer de az oluyor; örneklerini hep gördük ve görüyoruz da toplumda farklı farklı sektörlerde de... Bir yazıda okumuştum "para" da bir enerji ve sevmek gerek diye. Doğru sevmek gerek ama bu sevginin dozu da ortalama olmalı. Azı karar değil; yaşamımıza yetecek kadarı karar olmalı, çoğu zarar değil; bulunca şaşırmamalı...

Bir teşekkür edecektim sadece beni nerelere götürdünüz? Sonunda, işyeri hekimliği yaptığım işyerlerinden ayrıldım ama çok şey de kazandım. En önemlisi güzel insanları. Kaybettiğim insanlar oldu demek istemiyorum; onlar da öğrenmem için benimleydiler, yollarımız ayrıldı sadece. Onlara da teşekkür ederim; köşe başlarında durup, bana yön gösterdikleri için... Hepinize selam, sevgi ve saygılarımla...

Sağlık ve Güvenliğin Şiiri

Doğada yürümeli, dinlemeli sesini,

Ağaçların, kuşların, dağın, denizin,

Düşünmeli, bu koşuşturma niye,

İşi yetiştireyim diye.

Bir torba çimento patlamasın diye,

Verdiğin uğraşın,

Döner eline, dizine, beline,

İş bitmeli, iş çabuk bitmeli.

Belki olur ödülün, bir maaş ikramiye.

Öğretmenimin tansiyonu tavan yapmış,

Teog, lys, sınav sınav eylersin.

Koştur, koşturt, başarı, yarış,

Sistem meselesi neylersin.

Marangozum baret takmış,

Aman kafasına bir şey düşmesin.

Maskeyi, kulaklığı neylersin.

İşverenim kur sistemi, rahat eylersin.

Sezon geldi, başlayacak oteller,

İnşaat, tadilat, bir kat daha kat,

Servisci, aşçı, işçi,

Düşünme derin, bedava yerin, kal serin.

Sağlık dediğin nedir ki?

Öyle de böyle de gitmeyecek miyiz?

Karışma fazla işime,

Bize bir şey olmaz, git işine.

İşçi, işveren hiç aynaya bakmıyor,

Hep şikâyet ediyor.

Doktor geldi ne çare,

Derdine derman; 'sen' olacaksın.

***

2015 yılında ve çok yorulduğum bir zamanda yazmıştım..

Öğretmen, işverendi ve tansiyonu çok yüksekti, ilacını kullanmıyor ve kontrollerine gitmiyordu.

Marangoz atölyesinin içinde baret takıyordu, gerekli olan maskeyi, gözlüğü takmıyordu.

Otel lojmanları, çalışanların kalması için uygun değildi.

İnşaat çalışanları ise hiç söz dinlemiyordu. Yasa yeniydi, ne nedir kimse bilmiyor ve bazen komik görüntüler de oluyordu. Hem işi, hem işyeri hekimi, iş güvenliği uzmanı ne yapar? Görevi nedir? İşveren bu işin neresinde? Çalışan neresinde? Çalışan temsilcisi, destek elemanı kim? Acil eylem planı, yangın tatbikatı, periyodik makine ve çalışan muayeneleri nedir? Yasa ne der? Eğitim neden gerekli? Risk analizi ne? Risk değerlendirmesi ne? Tespit öneri defteri nereye onaylatılır, ne içindir? Formların fotokopisi lazım. İşe giriş muayenesi nedir? Periyodik muayene nedir? Anlatmaya çabalamak ve yapılması gerekli olanların yapılma telaşı, işverenlerin risk analizini hemen istemeleri telaşı. Cezalar neler? Aman kimse ceza almasın. Dosyalama, poşet dosya, aman müfettiş gelirse neler ister, nelere bakar? Kurul toplantısı olacak mı? Tetkik yapılacak mı? Tetkik arabası gelecek mi? Hangi tetkik yapılacak? Sözleşme, kâtip isg, nasıl girilir? Sigorta yapıldı mı? Aman sigorta yapılmadan işe giriş muayene ve eğitimi olsun. Müfettiş gelirse Ilo ile Who nedir diye soracak çalışana...

Fatura ödeme olacak. Vergi, muhasebe, kira, masraflar, maaşlar, araba lazım. Benzinli mi, mazotlu mu olacak? Kiralayacak mıyız, alacak mıyız? Bir de işyeri hekimi ve iş güvenliği uzmanı iki ayrı meslek ve de görev tanımları havada asılı. Sen ile sen, ben ile ben, sen ben derken bu şiir oluştu.

Yeni bir oluşumun içinde olmak en zoru... Hem işi tanıtmak gerekiyor, hem kendimizi işverene ve çalışana, hem de birbirimize ekipçe...

Muayene için uygun yeri olmayan birçok işyerinde muayene etmeye çabalamak, yıllarca okul sırası görmemiş çalışanlara, sınıf nizamında ders vermeye çalışmak, işvereni buna iknaya çalışmak, yoğun iş koşturmacası ve iş yetiştirmecesi arasında bunu istemek de zordu, yaptığımız işin kâğıt üzerinde kalmasını ise hiç istemiyorduk üstelik. İletişiminizin çok iyi olması gerekiyordu. Onca insana okul olmaya çalışmak, üstelik de mesleği öğretmen olanlara da. Özel bir okuldu çalıştığımız. Öğretmenlerin, öğrencileri sınavlara yetiştirme telaşları olduğu için, eğitimlerimize toplanmalarını sağlamak zordu. Okulda eğitim işini rahat yaparız diye düşünmüştüm ama en zoru olmuştu. Ne yazık ki...

Öneri ve Tespit Defterim

İşveren örneği, çoğu işyerine benzer niteliktedir...

Genel olarak işverenler, ülke gerçekliğini de yansıtmaktadır...

Yaptığım anketler sonucunda;

-Aldığım ücret ihtiyaçlarımı karşılar miktarlardadır. ("Hayır" yanıtı çoğunlukta)

-İşveren, işle ilgili alınan kararlarda görüşüme başvurur. ("Hayır" yanıtı çoğunlukta)

-Ödül mekanizmalarını çalıştırır. ("Hayır" yanıtı çoğunlukta)

-İşe girdiğimde uyum eğitimi aldım. ("Hayır" yanıtı çoğunlukta)

Şeklinde çıkan sonuçlar; çoğu işyerinde aynıdır.

Çalışanların, genellikle eğitim düzeylerinin düşük olması ve özel sektörde sendikalaşma olmaması, bu sonuçları doğurmaktadır. Düşük ücret ise ülkemizin sorunudur. İşverenin de ücretler, vergiler ile ilgili sıkıntısı vardır. Bu nedenle, az çalışanla çok iş yapma ve düşük ücret, çözümü olmayan sorun olmaya devam etmektedir. Dilerim uzun sürmez... Çalışan memnuniyeti önemlidir. Sağlıklı iş, sağlıklı çalışanla olur. İşverenin masrafları kısmaya çalışmak amacıyla, çalışandan tasarruf etmeye çalışması, kazancına ve işine zarar olarak dönmektedir... Karşılıklı iyi niyet ve saygı ise, hem çalışan hem de işverene, olumlu olarak geri dönmektedir...

Tüm sorunlar eğitim ile aşılacaktır. Bu uzun bir süreçtir. Ülkemizde çoğu çalışan ve işverenlerin eğitim düzeyleri yükseldikçe, farkındalıkları, öz saygıları artıkça olumsuz olan yanıtlar olumluya doğru evrilecektir.

Bir işyeri hekimi olarak, benim genel memnuniyet oranım %57.6'dır. Bu oranın artması için önerim; isg ekip olarak yapılmalıdır. Yapılan iş, işveren ve çalışanca önemsenmelidir. Toplanma geleneği oluşturulması isg için, işyeri için, işveren için önemlidir. Tüm çalışmaların sonucu, özellikle işverenin lehine döneceğinden, önemlidir. Sonuçta iş sağlığı ve güvenliği olacak. İş sağlığı ve güvenliği olunca, işveren de, çalışan da sağlıklı olacak. İş verimi artacak. İş verimi artınca ülke ekonomisine katkı olacak ve tekrar hepimize dönecektir. Yasa koyucuların, bu konudaki, denetim mekanizmalarını çalıştırması da önemlidir. Bizim ülkemizde cezalar, ödülden daha çok yaptırım sağlamaktadır. Bu açıdan da başlangıç için denetimler, özellikle önemlidir...

İşyerinde iletişimin sağlıklı olması, ekonomik başarıyı da getirecektir. İletişimin sağlıklı olması da eğitim ve öğretimin tüm şekillerinin sürece dâhil edilmesiyle olacaktır. Sadece isg eğitimleri değil, kişisel gelişim, psikodrama gibi bireyi ele alan tüm eğitimler de sürece katılmalıdır. İşyerlerinde, minik sanat toplulukları oluşturulmalı, sosyal organizasyonlar yapılmalı, çalışanın ve işverenin de kendini yalnız hissetmemesi sağlanmalıdır...

İşyeri hekimi olarak çalıştığım birçok işyerinde, yapılması gerekenler yapılmadığı için insanların giderek hasta olmalarını seyretmek; beni hiç mutlu etmedi. İşveren ve çalışanların öncelikle kendilerine olan sevgisizliklerini ve bunun sonucunda oluşmuş olan özlerine ve birbirlerine olan saygı yoksunluklarını gözlemlemek de hoşuma gitmedi. Hep şikâyet eden, şükretmeyenleri de çoktu. Art niyetli olup hep karşısındakileri suçlayanları da çoktu. Bunları da gözlemlemek de, beni hiç mi hiç mutlu etmedi...

Tüm bunların bir tek çözümü var. O da eğitim; hem işveren hem de çalışana, toplanma geleneği oluşturulması ve çalışanların da gelişmelerden haberdar edilerek, alınan kararlara katılımlarının sağlanmasıdır...

Çözüm bu kadar basitken neden zor seçilir ki? Yine her zamanki gibi sevgi ve saygılarımla...

Eğitim Neden?

Çocukken bazen babam köy gezilerine beni de götürürdü. Köy kahvelerinde, sağlık evlerinde eğitim yaparlardı. Okullarda da eğitim yaparlardı. Hatırlarım kocaman makaralara sarılı filmlerin duvara yansıtıldığındaki görüntülerini. Küçük sarı renkli kutuların içinden filmleri çıkarıp ışığa tutulduğunda da resim, şema, yazılar görünürdü. Anne sütü ve yararları, temiz içme suyu, tuvaletler, sularla bulaşan hastalıklar, vb. konular olurdu. Yine röntgen filmlerinin silindikten sonra üzerine asetatlı kalemle yazılarak oluşturulan sunumları da hatırlarım. Hazırlamak uğraş gerektiriyordu. Hazırlanırken izlemek benim için keyifliydi. Babam sağlık kolejinden sonra Gevher Nesibe'de okumuş ve sağlık işinin eğitimcisi olmuştu. Meslek seçimimde babamın etkisi oldu diyemem. Babam hukuku kazanmamı istemişti. Bizim zamanımızda çalışkan öğrenciyseniz ilk sıralara tıbbı sonra da diğerlerini yazardınız. Ben de öyle yaptım ve sonuç tıp oldu. Üniversite yıllarımda ise babam çocuk doktoru olmamı istemişti. Ben çocuk doktoru olamadım ama doktor oldum ve çocuk kaldım. (Bu sözüm bana hep Sunay Akın'ı hatırlatır). Üniversiteyi bitirmemize yakın yıllarda tus (Tıpta uzmanlık sınavı) getirildi. Bir kez girdim. Çalışmamıştım. Daha sonra sınava hiç girmedim. Meslek yaşamıma pratisyen hekim olarak devam etmek istedim. "Ne doktorusun?" diye sorduklarında "İnsan doktoruyum" demeyi hep istedim. Pratisyen ne demek anlatmak zordu... Bir de yarım kalmışlık hissi vardı hep... Meslek yaşamımda koruyucu hekimliği sevdim. Koruyucu hekimliğin olmazsa olmazı olan eğitimi de. İşte bunda babamın etkisi oldu sanırım.

Mesleğimi sağlık ocağında yaptığım yıllarda, eğitimlerde kullanılması için, videokasetler vardı. Çalıştığım bir sağlık ocağında poliklinik yapmadığım günlerde halkla program yapıp aile planlaması kasetlerini izlettiriyordum. Ama daha sonraları hasta yoğunluğu nedeniyle bunu yapamadım. Sağlık ocaklarının birincil işi, eğitim olduğu halde, hasta bakıp, ilaç yazmak öne geçmişti. Hatta ilaç repete etme işi birincil işimiz olmuştu. Kasetler de, çoğu açılmadan depolara terk edilmişti. Eğitim de artık bire bir olacak şekilde fırsat eğitimine dönüşmüştü...

Meslek yaşamımda sadece sağlık ocaklarında çalışmadım. Acil hekimliği, adli hekimlik, işyeri hekimliği de yaptım. Aile hekimi olamadım. Kurada çıkan yer çok uzak olduğu için gidemedim. Tüm bu hekimlik dalları, aslında uzmanlık gerektiren bölümlerdir. Ancak yeterince uzman olmadığı için, pratisyen hekimlere sertifikasyon eğitimleri aldırılarak bu boşluk doldurulmaya çalışılmıştır. Bu nedenle şanslı olduğumuzu düşünmekteyim. Bizler bir nevi pratikten yetiştirilmiş olduk. Yine bu eğitimlerden olan aile hekimliği uyum eğitimini de aldık. Bu eğitim için aramızdan eğitimciler seçildi. Bu arkadaşlarımız eğitim alıp bizlere eğitim vermek üzere eğitimci oldular. Eğitimler gerçekten güzel geçti. Aktif eğitim yöntemleri kullanıldı. Yaparak, yaşayarak, eğlenerek öğrendik. Her eğitim sonrasında anket formları doldurup, eğitimciler ve yaptıkları eğitim hakkında fikirlerimiz alındı. Eğitim sürecine dâhil edildik. Teneffüs aralarında da hiç sıkılmadık; hep birlikte oyunlar oynadık. Emeklerine sağlık.

Sonunda eğitimci arkadaşlarımıza ödül olarak ve emekleri karşılığında puanlar verildi. Bu puanlar seçtikleri aile hekimliği bölgeleri için ön sıralara geçmelerinde faydalı oldu. Eğitimler bitince kurallar çekildi ve herkes yerine yerleşmiş oldu...

Burada bir keşke kullanacağım. Keşke eğitimci seçiminde de herkese eşit imkân sunulmuş olsaydı... Anket formları burada da kullanılsaydı... Bildiğim bir şey var; eğitimlerin amacı olumlu davranış değişikliği kazandırmaktır. Bu amaca ulaşmak için gidilen yolların da ulaşılmak istenen amaçla aynı olması gerekir. Böylece eğitim daha etkin hale gelerek amacını da gerçekleştirmiş olacaktır....

Sevgi ve saygılarımla...

Uranüs Yüzünden mi?

13 Ağustos 2013'te, tam 23 yılım dolduğunda emekli dilekçemi vermiştim. Aslında daha erkendi. Emekli olmayı düşünmezdim. 112'de çalışıyordum. Bizim istasyon paramedikli sisteme geçecekti. Doktorlar buradan alınacaktı. Aile hekimi olmamıştım. Buradan ya acil servislere ya da komuta kontrol merkezine dağıtılacaktık. Devlet acilleri yoğundu. Yıllarca bu yoğun sistemde çalışmıştım. Ne demek biliyordum. Komuta kontrol merkezinde de nöbet sistemi vardı. Artık nöbet tutmak istemiyordum. İşyeri hekimliğini çok seviyordum. Reçete yazmaya gerek yoktu. Hastalık olmasın diye uğraşmak, bana daha cazip geliyordu. Örneğin; günde sekiz saat bilgisayarla çalışanı düşünün. Sandalyesine düzgün oturduğunda beli ağrımayacak, yirmi dakikada bir, başka bir yere baktığında ve gözlerini kırpmayı unutmadığında gözleri kurumayacak, zehirli gazlarla çalışanlar maske taktığında bu gazları solumayacak ya da, işveren aspirasyon sistemi kurduğunda ortamda bu gazlar hiç olmayacak. Tüm bunlar, bana daha cazip gelmişti. Emekli olmayı ve tanıdığım olan iki iş güvenliği uzmanı ile osgb (ortak iş sağlığı ve güvenliği birimi) kurmayı tercih ettim. Özel sektör maceram bu şekilde başlamış oldu. Ne kadar cesaretliymişim. İki buçuk yıl kendi osgb'mizi çalıştırdık. İki fatura yüzünden askıya alındık. Sözleşme aşamasında iken, bulduğum bir boşlukta çalışanların muayenesini yapmıştım. Hizmetten memnun kalan işveren de bir değil iki fatura vererek memnuniyetini belirtmişti. Nasıl olsa sözleşme işlemleri tamamlanacaktı. Ancak bir şey atlanmıştı. Yaşadığımız yerde olan bu işletmenin sigorta sicil numarası komşu olmayan bir ildeymiş. Osgb'ler komşu illere hizmet veriyor ama komşu olmayan bir ilde işlem yapamıyor. Osgb'lere sık sık müfettiş geliyordu. Gelen müfettiş görevi gereği, yaptığımız işlemde kasıt olmadığını anlamasına rağmen

faturaları işleme koydu. Askıya alındık. Askıya alınmak demek tüm işlerin durması demekti. Bir ayı geçerse de bağlı bulunan işletmelerin ayrılması demekti. Yani kapanmakla eşdeğerdi. Hukuki süreci başlattık. Bir ay sonra yürütmeyi durdurma kararı çıktı. Tekrar faaliyete geçtik. Bir ay süresince tüm işletmeler bizi bekledi. Askı hali bitince tekrar onlarla çalışmaya devam ettik. Rakip denen Osgb'ler bu sürede boş durmadılar. İşyerlerimiz ile görüştüler. Almaya çalıştılar. İşin bu kısmı çok acıydı. Bir Osgb'nin hakkını yemeyelim. Geçmiş olsuna geldi ve kibarca elimizdeki işlerimizi istedi. Daha sonradan mahkemeyi de kazandık. Bu sorun böylece bitmiş oldu. Ekonomik olarak etkilendik tabii. Bir sorun daha vardı. Yeni işyeri alamıyorduk. Mevcut olanlarla vergimizi, elektrik, su, telefon, internet, kira gibi giderlerimizi ödeyebiliyorduk. Ödemede geciken olunca, kibarlığımızdan isteyemeyince mecburen kredi çekmek durumunda kalıyorduk. Bulunduğumuz yerde sanayiden olan fabrikalar yoktu. Turizm geliri olan bir belediyeydi. Büyükşehirdeki Osgb'ler gelip iş alıyorlardı. Standart ücretlere kimse uymadığından düşük ücret veren işi alıyordu. Özel hastaneler, çoğu oteli alıyordu. Bünyesinde olan hekimler ile. Yırtıcı olmak gerekiyordu galiba günümüz koşullarında. Ticaret konusunda acemi üç ortaktık. Ben hekim olduğum için ücret kısmında olmuyordum. Zaten de alışmamıştım; zor geliyordu... Bu şekilde devam edebilirdik. Alışan işyeri bırakmıyordu, yavaş da olsa yenilerini de ekleyebilirdik. Çok büyümeyi düşünmüyorduk. İşimizi düzgün yapmayı istiyorduk. Derken ortaklardan biri havlu atınca, devretme maceramız başladı. Daha fazla devam edemeyeceğini söyleyince, komşu olmayan bir ilde, osgb'si olan bir tanıdığımız ile görüşmelere başladık. Kızılay ilkyardım eğitiminde tanıştığım, sürecimizi de takip etmiş olan bir hekim abimizdi. Devrettik... Bir süre daha, çalışan olarak devam ettik. Sistemin içinde bizler olunca ve böyle devam ederse ya da ayrı ayrı bizler olmadan ne kadar iş kaybeder tüm bunları hesaplayarak zamanla bizleri sistemin dışında bırakarak devam etti... Ticareti o da bilememişti. Bir ara duyduk ki osgb kapatılmış. Şimdi tekrar devam ediyormuş... Umarım osgb devam eder. Devrettiğimize, ara ara üzülüyoruz. Ama sanırım şanslıyız. Çünkü duyduğumuza göre çoğu osgb, ödeme zorluğu içindeymiş. Ticaret, gerçekten zor. Bu sektörün ticarete bırakılması da zor... Büyük sermayeleri olan şirketler bile dayanamıyor günümüzde. Halen ne kadar cesaretliymişiz diye düşünürüm.

Daha sonra yoluma özel bir hastanede devam ettim. Önce bir ay acil servis hekimliği, daha sonrasında turizm hekimliği yaparak... Hastane bünyesinde muayenehane hekimliği de yaptım. İşimi devrettikten sonra adıma açılmış bir muayenehane bana iyi de geldi. Merkeze uzak bir beldeydi. Hasta nakil ambulansı bulundurmak için açılmıştı. 112 gelene kadar müdahale edebilmek, iyi hizmetti. O yaz turizm pek hareketli değildi. Açılış işlemleri daha bitmeden kapatılma kararı alındı. Çok hasta olmasa da, üzerinde adımın yazdığı ambulans ve yine camında adımın yazdığı muayenehane de baya havalıydı. Muayenehanem olmadı da demem. Sıkıntılar olsa da, hep pozitif yanlarını görmeye ihtiyaç duyan halimle yazı atlattıktan sonra, devrettiğim osgb ile tekrar işyeri hekimliğine dönerek turizm hekimliğinden ayrıldım. Çok sevdiğim bir kurumun hekimliğini yapmak içindi. Ancak çok uzun süreli olamadı ne yazık ki... Bu sefer de başka bir özel hastanede boş hekim kadrosu olduğu için oraya başladım. Sevmiştim. Devlet hastanesi havasında olan, hasta memnuniyeti ve çalışan memnuniyeti de olan bir özel hastaneydi. Küçük bir aile gibiydi. Hatta burada çalıştığım sürede küçük oğlumla ikimiz burun ameliyatımızı da olmuştuk. Hastanemiz geçen mayıs ayında kapandı. Bir başka özel hastane ile ortaklığı vardı ve yapılanmaya gitmişlerdi... İşte bu sürede, yazmaya başladım. 1Nisan'da, turizm hekimliği yaptığım hastanenin acilinde yeniden çalışmaya başlayacağım. Bu sefer sadece acil serviste...

Astroloji merakım da var. Şimdi merkür retro. Eskiden kaçırılan bir fırsat da bu dönemde tekrar karşımıza çıkabiliyormuş. Bir de durmadan iş değiştirdiğim dönemde de (yedi yıl) burcumda sürprizler gezegeni uranüs varmış. Uranüs, garip davranışlarıyla, tuhaf huylarıyla, ani ve beklenmedik çıkışlarıyla geldiği yeri fırtına etkisiyle başka bir şeye dönüştürürmüş. Neyse ki uranüs de burç değiştirmiş artık. Ben de derslerimi aldım. Dilerim bu sefer artık kalıcı olur... Sağlığın özelleşmiş halini sevmedim; hasta müşteri, ama günümüzde tercih edilen bir hizmet sektörü oldu artık. Hasta olarak da özeli tercih etmeye başladık. Üstelik özel hastanelerden gelirini sağlayan birçok çalışan da var. Zaten özel hastaneler de tam özel değil. SSK ile anlaşması var çoğunun. Acilleri de seviyorum; çözüm hemen. Kenara çekilmek içinse, çok erken. Üstelik ülkemizde hekime de ihtiyaç varken. Çocuklarımızı okutacağız, işimiz çok... Bu süreçte nedeni Uranüs müydü bilemem ama gerçekten çok yoruldum. Hatta bir daha hiç çalışmamayı bile düşündüm. Dolap beygirine döndüm derler ya, aynen öyle. Hastaneye görüşme için çağrıldığım gün ise kendimi transfer edilen futbolcu gibi hissettim. Ama artık dolanmayı istemiyorum çünkü gerçekten yoruldum. Mademki çalışacağım, artık sabit bir yer olsun istiyorum... Sizlerden bir ricam var: Sağlığınıza, kendinize iyi bakın olur mu? Hasta olmamak için elinizden geleni yapın. Merak etmeyin hasta olmayın diye çalışacağım ama ihtiyacınız olduğunda da hastane acilinde güler yüzümle, sevgimle sizi bekliyor olacağım, devlette de çalışsam, özelde de çalışsam, 14 Mart'ta tazelediğim tıp yeminine bağlı kalarak ... Bizlere muhtaç olmayın ama bizsiz de kalmayın e mi?

Yüksekte Çalışma

Sen, inşaatta çalışan, bir bakar mısın bana? Kemer takmadan yüksekte çalışma! Hele de kalp damar hastalığın, yüksek tansiyonun, düzene girmeyen şeker hastalığın, yüksekten korkun, baş dönmen, psikolojik rahatsızlığın varsa, geçirilmiş kafa travman varsa, gözlerin iyi görmüyor, kulakların da iyi duymuyorsa hiç yüksekte çalışma! "Başka ne iş yaparım? Ekmeksiz kalırım?" dediğini de duyar gibiyim. Haklısın da... Düşersen hastaneye getirirler seni. Kalbinin ritmine bakarlar. Gördükleri sadece düz bir çizgidir sonunda... Şimdi bunları dinlemek istemiyorsun. Diyorsun ki bana, "Harç karıyorum abla, bırakırsam donar, yabana gider." Gitsin be kuzum... Senden kıymetli değil ya... Ülkemizde altı dakikada bir iş kazası oluyor bunu biliyor musun? Ben sana anlatmaya çalışırken kaç kişi düştü ve yaşamaya dair hiçbir ümidi de kalmadı... Dondun kaldın ne oldu? Çimentoyu bırakıp, dinlemeye karar verdin mi sonunda? Hah işte böyle... Önce bir güzel sorgulamalıyım, öğrenmeliyim; neyiniz var, neyiniz yok, dökülmeli şöyle... Muayene etmeliyim sonra. Eğitimi de muayene ile birlikte yaparım. Birlikte geçirdiğimiz zaman mesaiden sayılıyor yasal olarak... Merak etmeyin...

Önce kimlik bilgileri, eğitim, medeni durum, çocuk sayısı... Daha önce çalıştığınız yerler önemli. Aşılarınız tam mı? Tetanoz aşısı sizin için önemli. Eksik varsa yapılacak. Ailenizde hastalık var mı? Doğuştan olan hastalıklarınız, allerjileriniz, geçirdiğiniz hastalıklar, olduğunuz ameliyatlar, hastanede yattınız mı? İş kazası geçirdiniz mi? Meslek hastalığı şüphesiyle tetkik yaptırdınız mı? Sigara ve alkol durumu. Bunları dolduracağız forma... Sonra tansiyon, nabız ölçümü, kilo, vücut kitle indeksi...

Şimdi denge testi yapmam gerek. Tek tek değil. Geçin hep birlikte. Şimdi kaldırın her iki kolunuzu ve önce bir ayağınızı dizden kıvırın ve durun. Sen neden duramadın? Uykusuz mu kaldın yoksa karnın aç mı söyle? Şimdi de diğer dizinizi kaldırın. Evet çok güzel. Sırada halay var. Gülüyor musunuz? Yoksa şaşırdınız mı? Bu iş ekip işi değil mi? Ekip olarak nasıl hareket ettiğinize bakmalıyım. Hadi başlayın şimdi. Bir, iki, üç, salla ayağını, bir sağa, bir sola, sonra tekrar... Koordinasyon güzel. Dikkatiniz de iyi. Birlikte gayet güzel hareket ediyorsunuz. Kollarınızı bırakın. Ellerinizi öne uzatın. Bir elinizi diğerinin üzerinde çevirip açın. Evet, hep birlikte... Güzel... Sonra da diğer elinizi aynı şekilde yapın. Biraz hızlı. Çok güzel. Bir elinizin işaret parmağı ile burnunuza dokunun. Evet. Hızlı olacak. Diğer elinizle de. Tamam oldu. Dilinizi çıkarın. Ağzınızı sıkın. Gözlerinizi sıkın. Tamam. Şimdi her iki elinizi kulaklarınızın üzerine koyun. Parmaklarınızı açarak öne arkaya hareket ettirin. Ellerinizi hareket ettirirken, dilinizi tekrar çıkarın... Şaka şaka... Bu da benim size şakam. Evet gülmeniz bittiyse şimdi fısıltı testi yapacağım. Bakalım kulaklar ne durumda. 6 metre mesafe olacak. Metre ile ölçelim. Yeri belirledik. Tamam... Sırayla o noktada durun. Arkanız dönük olacak şekilde. Ben fısıldayarak, size sorular soracağım. Önce bir kulak kapatılacak, sonra diğer kulak. Adın ne? Nerelisin? Memleket? Annenin adı? Harikasınız...

Sizler sıvacıydınız değil mi? Gürültüyle işiniz pek yok. Buna sevindim. Gözlere bakalım. 6 metre... Önce bir göz... Sonra diğer göz... Yakın gözlüğün mü var? İşinizde sıkıntı yaratmıyor. Bu da tamam. Uzağı göremeyen, araç kullanıyor mu? Kullanmıyor. Doktorun çıkarma mı dedi? Gözlüğünü takmalısın, ilerlememesi gerek. Gözlükle çalışır diyeceğim o zaman...

Ailesinde şeker hastalığı olan, aman kilona dikkat et. Vücut kitle indeksin otuzu geçmesin... Bel kalınlığı artarsa insülin direnci başlar. İş verimini etkiler. Sonra yüksekte çalışamaz demeyelim. Dikkat et. Tansiyonu sınırda olan lütfen sağlıklı beslen... Kilo verince normale döner. İlerlemeden dikkat et olur mu? Yüksekten korkan, yüksekte çalışamaz diyeceğim sana. Zaten harç mı karıyorsun? Arkadaşların yükseğe çıkarmıyorlar demek... Güzel ama arkadaşların da kemerlerini mutlaka takacak...

Şimdi kemerlerinizi görmeliyim. Evet bunlar. Şanslısınız, kemeriniz var. Deneyelim şimdi de. Birbirinize yardım edin... Kemerler de baya havalı oldu değil mi? Kancalar nerede? Bu da tamam. Kancayı geçireceğiniz yerler, inşaattan önce mutlaka ayarlanmalı? Var mı bir bakalım. Yok. Bunu deftere yazmalıyım, önemli. İşveren mutlaka okumalı. Kemerlerin boyutlarını ayarlıyorsunuz değil mi?

İlk yardım bilgileriniz ne durumda? Size gerekli olanları öncelikle anlatacağım... Aşı konusunda bilgi. Bu da tamam. Hijyen önemli. Lavabo, tuvalet, duş yerleriniz, mutfağınız, yemek yediğiniz yeri bir görelim. Çok şanslısınız. Girecek tuvaleti olmayan inşaatçıların olduğunu biliyor muydunuz? Suyunuz sebilden mi? Temizliğini düzenli yapıyor musunuz? Yemeğinizi kendiniz mi getiriyorsunuz? Dengeli olmalı. Kalori öğlen yemeğinde diğerlerine göre biraz yüksek olmalı. Aç kalmayın. Ara öğünler önemli. Ara dinlenmeler sadece çay sigara için değil. Meslek hastalığı, işle ilgili hastalık, psikososyal riskler....

Eğitim durumunuz önemli. Okuma yazma bilmeyen arkadaşınıza testi doldururken yardım edin lütfen. Okuması yazması yok diye not alacağım. Şimdi sıra sınavda...

"Hocam yorulmadınız mı? Siz hep böyle mi çalışıyorsunuz? Bir sürü işyeri. Allah kolaylık versin."

Evet. Aman kâğıt üzerinde kalmasın... Yakalamışken bir sözcük daha öğrenmeniz önemli... Bir sözcük sizin yaşamınızı kurtaracaksa eğer... Giden zamanım da, kısılan sesim de inanın buna değer...

Virüs Neler Anlatıyor?

Merhaba. Ben bir virüsüm. Adım Hepatit B. Kan ve cinsel yolla bulaşırım. Yüzeylerde uzun süre yaşarım. Sarılık diye bilinen hepatite yani, "karaciğer iltihaplanması"na neden olurum. "HBV" olarak da anılırım. Akut enfeksiyonumu geçiren yetişkinlerin büyük bir kısmı, genellikle tamamen iyileşebilir ve hastalığa karşı bağışık olur. Bazen kronikleşebilirim. O zaman siroz ve karaciğer kanserine neden olurum. Kolay terk etmem onları ve karaciğer nakline kadar götürürüm. Bu yüzden insanlar beni sevmezler. Benden korunmak için aşılar geliştirirler. Bir sır vereceğim size: Benimle karşılaşmak istemiyorsanız eğer hijyen kurallarına dikkat edin. Dezenfektanlar düşmanlarımdır. Koruyucu aşıyı da mutlaka yaptırın.

En yaygın bulaşma yolları:

- Kontrol edilmemiş kan nakli ya da kan ürünlerinin kullanımı.
- Sterilize edilmemiş araçlarla tıbbi ya da diş müdahaleleri.
- Anneden bebeğe doğum sırasında.
- Kullanılmış enjektör paylaşımı.
- Tıraş bıçağı, diş fırçası gibi eşyaların paylaşımı.
- Sterilize edilmemiş araçlarla dövme ya da vücut takıla-

rının uygulanması.
- Güvenli olmayan cinsel ilişki olduğu için, bunların hepsine dikkat edin. Bunlarla uğraşan meslekler çalışanları da dikkat etsinler.

***

Meslek yaşamımız boyunca bizler sizin gibi virüsler, parazitler ve bakterilerin yaptıklarıyla uğraştık:

- Sağlık ocaklarında, kondom dağıtımı. (Aile planlaması hizmetleri içinde)
- Genelevde çalışanlarının her birine, muayene için kullanılan vaginal spekulum ve dezenfektan temin ettirilip, nasıl temizleyecekleri hakkında eğitim verilmesi.
- Tüm çalışanlara hijyen konusunda eğitim verilmesi.
- Aşılama çalışmaları.

Bu konuda beni en çok üzen anım ise; hepatit B taşıyıcısı olan bir çalışanın, bu konuda, rencide edilmiş olmasıydı. Bu konuda böylesi hatalar yapılmasın diye anlatmayı istedim. Hepatit B taşıyıcıları hasta değildir ancak hastalık bulaştırırlar kan ve cinsel yolla. Etrafında bulunan ailesi ve çalışma arkadaşlarına Hepatit B aşısı yapılır. Üç dozdur. 0, 1, 6 ay şeklinde yapılır. Tetanos aşısının ilk üç dozuyla, farklı kollardan olmak üzere aynı anda yapılabilir. Koruyuculuğu yüksektir. Ömür boyu koruyuculuğu olsa da, beş yılda bir hepatit markerlerine baktırılmalıdır. Bazen, tekrar aşı gerekebilir. Hijyen kurallarına da dikkat edildiğinde bir sorun olmaz. İşe giren çalışanın, taşıyıcı olduğu sonradan tespit edilirse, yasal olarak işveren, işten çıkaramaz.

Böylesi hatalar kabul edilemez. Sağlık gibi önemli bir konu, sohbetlere malzeme edilemez. Hele de kişiler, yetkin ve yetkili değillerse...

Etkin Dinleme

Bir araştırmaya göre bize anlatılanların ancak %45'ini duyuyoruz. Bunun da %50'si aklımızda kalıyor. Yani duyduklarımızın %25'ini anlıyoruz. Dinleme becerimizi arttırdıkça bu yüzdeyi de arttırabilir ve daha iyi iletişim kurabiliriz.

Dinleme Türleri:

1. Görünüşte dinleme
2. Seçici dinleme
3. Obsessif dinleme
4. Koruyucu dinleme
5. Yüzeysel dinleme
6. Aktif dinleme (Can kulağı ile dinlemek)

Dinlemenin esas şartı yanıt vermek için değil, anlamak için dinlemektir.

Unutmamalıyız: İnsanlar size özel olarak bildirmedikleri takdirde onlara nasihat vermek, yaptıklarının yanlış olduğunu söylemek ya da duygularını yargılamak doğru değildir. Bir insanın yaşamı boyunca tüm yaşadıklarını yaşamadan, onun ne hissettiğini anlamanız mümkün değil. Bu nedenle karşımızdaki insanın yaptığı ne kadar saçma görünse de eleştiri yapmaya ve tartışmaya değil, gerçekten anlamaya çalışmalıyız. Aynı zamanda "İyi olcaksın, boş ver, takma" gibi ifadelerden uzak durulmalı, "Daha da kötüsü olabilirdi, buna şükret, şanslıymışsın" gibi cümleler kurulmamalıdır.

Dinleme sırasında en çok yapılan hatalardan biri de konuşanı anlamadan kendi deneyimlerimizi anlatmaya başlamaktır. İnsanlar bizim veya akrabalarımızın ne yaşadığını öğrenmeyi değil, anlaşılmayı istiyor. Anlaşıldığını hissettikten sonra kendisi sizden tavsiye isterse, o zaman verebilirsiniz.

Hiç kimsenin bir başkası için ayıracak vaktinin olmadığı bu zamanlarda sizi anlamak için dinleyen bir insanı bulmak çok zor. Böyle insanlardan olmaya çalışın. Sevdiklerinize özen göstermekten, dinlemekten ve onlara destek olmaktan çekinmeyin.

Kaynak: Psixoloji İlk Yardım || Psikolojik İlk Yardım

Facebook: Video Bilik Instagram: @videobilik

Psikolojik İlk Yardım

Psikolojik ilk yardım: Travmaya uğramış kişi veya kişilere yapılır.

Travmaya uğramış kişiler psikolojik ilk yardım istemezler.
1. Travmatik olayı yeniden hatırlamak istemezler.
2. Yük olacağını düşünürler.
3. İşe yaramayacağını düşünürler.
4. Hiç kimsenin anlayamayacağını düşünürler.
5. Yargılanacaklarına dair endişeleri vardır.

Doğru yaklaşım çok önemlidir; hassas davranılmalıdır. Verilen reaksiyonlar; yaşa, fiziksel ve psikolojik sorunlara, önceden yaşadığı kötü olaylara ve şu anda yaşadığı olayın şiddetine göre farklılıklar gösterir.

Travmaya uğrayan kişide; Çaresizlik, ümitsizlik, şaşkınlık, anlam verememe, aşırı korku, kaygı, dehşete düşme gibi duygular olabilir. Şahıs içine kapalı, gergin, sinirli, aşırı mutsuz olabilir.

Başlangıçta kişi yardım almayı kabul etmiyorsa saygı duyulmalı, ne zaman isterse yardım etmeye hazır olduğumuzu söylemeliyiz. Bazen sessiz kalmak, fiziksel varlığını hissettirmek konuşmaktan daha iyi gelebilir. Sakin olunmalı, hazır olmalı, karşı tarafa bunu hissettirmeliyiz. Beden dili iyi kullanılmalı, (fizik mesafe, göz teması, mimiklerimizde hassas olmalıyız.) teknik yorum, analiz ve tavsiyelerden uzak durmalı, ön yargısız yaklaşılmalıdır. Karşımızdaki insanın olayın kendisinden başka, duygularını da ifade etmesine yardım etmeliyiz. En önemlisi de can kulağıyla dinlemeliyiz.

Psikolojik ilk yardım:

1. Uzun vadeli değildir.
2. Tedavi amaçlı değildir.

İlk zamanlarda temel amaç, insanları kendilerine iyi gelen hareketlere yöneltmek ve kendilerine zarar verebilecek davranışlardan uzaklaştırmaktır.

Travmaya uğrayan insanlar anlaşılmak istiyorlar. Anlaşıldığını hissettikten sonra, kendisi sizden tavsiye isterse, o zaman verebilirsiniz. Hiç kimsenin başkası için ayıracak zamanı olmadığı bu zamanlarda sizi anlamak için dinleyen bir insan bulmak çok zor. Böyle insanlardan olmaya çalışın. Sevdiklerinize özen göstermekten, dinlemekten ve onlara destek olmaktan çekinmeyin.

Kaynak: Psixoloji İlk Yardım || Psikolojik İlk Yardım

Mutlu Sonlara İnançla...

Sağlığı korumanın en önemli yollarından biri de inançlı olmaktır. İnanç çok çeşitlidir:

Kendine inanmak,

Bir amaca inanmak,

Bir hedefe inanmak,

İyiliğe inanmak,

Sevgiye, dostluğa, kardeşliğe inanmak,

Doğruluğa, adalete inanmak,

İnsanlığa inanmak,

Sanata ve bilime inanmak,

Yaradana inanmak.

Kendinize inanın. Bir amaca bağlanın. Yaşamda, hedefleriniz olsun. Hedeflerinize varmaya inanın. İyiliğe, doğruluğa, adalete, sevgiye, dostluk ve kardeşliğe, insanlığa, geleceğe inanın. Çünkü, "İnanç, yaşamın gücüdür."

Goethe

"İnanç dersini, doğadan alabilenlere ne mutlu.", "İnanmak ruhun sesine kulak vermektir, inanmamaksa reddetmektir."

Emerson

"Kim, bir şey yapmak istiyorsa, ümitsizliğe kapılmamalıdır, hedefine ve ideallerine imanla sarılmalıdır."

Goethe

"İnançlarınızı, hayallerinizi ve arzularınızı destekler şekilde değiştirebilirsiniz. Kendinize ve istediklerinize güçlü bir şekilde inanın."

Marcia Wieder

"Yapabildiklerimiz ya da yapamadıklarımız, olası ya da imkânsız olarak gördüklerimiz, çoğunlukla gerçek kapasitemizin bir sonucu değildir. Daha çok kim olduğumuz hakkındaki inançlarımızın yansımasıdır."

Anthony Robbins

"Bilim ve sanat, bir kuşun iki kanadı gibidir. Bu iki kanadı kullanabilen toplumlar uçar ve özgür olurlar. Uçamayanlar ise tavuk olur... 'Tavuk toplum', önüne atılan bir avuç yemi gagalarken, arkadan yumurtalarının alındığının farkında bile olmaz!"

Bugün aynı zamanda dünya sanat günü; kutlu olsun.

Din inancı, hassasiyet içerir. Saygı duymak gerekir. "Dünya ve insanlık tarihinin asıl, biricik ve en derin ve öteki bütün konuların üstünde olan konusu, inançsızlıkla inanç arasındaki çekişmedir."

Goethe

Saygı olursa, çekişme olmaz konu da mutlu sonlanır... İnanç; yaşamın gücüyse, tüm inançlara saygı duymak, yaşamı da güçlü kılmak demektir... Mutlu sonlara ulaştıran inançlı yüreklere, minnet ve saygıyla...

Sevgi Şifadır

"Sevgi şifadır.
Sevgi güçtür.
Sevgi değişimin sihridir."
     Mevlânâ

Filmde yokum diye üzülme. Hard diskte mutlaka var. Buradakiler görünenler, yüreğimde daha da var. İnsanı sevmek, kendini sevmekle başlar. Kendini sev, insanı sev, dünyayı sev...
 Yaşam bizim kendi icadımızdır. Sırrı: Mea Culpa+ Derin nefes almaktır. Sevgi bağımlı olmaz. Sevmek ve özgür olmak aynı şeydir. Bir gün yapıt değil sanatçı olduğunu; düşlenen değil, düşleyen olduğunu; yaratılan değil yaratan olduğunu ve her şeyin senin hizmetine verildiğini anlayacaksın. İşte o zaman bir daha asla bağımlı olmayacaksın! Dünya oluşun yansımasıdır. Okul bir geri dönüş yolculuğudur. Okul, çokluktan bütünlüğe, karşıtlıktan uyuma, kölelikten özgürlüğe doğru bir kuantum sıçrayışıdır. Her şey burada ve andadır. Tüm olasılıklar şimdinin içinde bulunur. Dünya, sen böyle olduğun için böyledir, dünya böyle olduğu için sen böyle değilsin. Düş var olan en gerçek şeydir. Hiç durmadan düşle. Değiş ki dünya değişsin...

             Stefano D-Anna

"Her yerde olmak gibi bir duan varsa gönüllere gir, çünkü sevenler sevdiklerini gönüllerinde taşır."

 Değiş ki dünyan değişsin... Tüm insanlığa, dünyaya ve tüm evrene sevgiyle...

https://www.penceremdeninciler.com/2019/01/09/sevgi-sifadir/

Temizlik Sağlıktır

Kaç gündür temizlik yapacağım, hava durumu bir türlü izin vermiyor. Pencere ve kapıları havalandırmada zorlanıyorum. Evimiz güzel ama kusurları da var. Olacak tabii ki, hem kusur kadı kızında bile bulunurmuş eskiler böyle derlerdi. Mutfakta baca yok. Çift motorlu aspiratör takılmış ama hiçbir işe yaramıyor. Yemek yaptığımızda koku, duman evin içine yayılıyor, evi sürekli havalandırmak gerekiyor. Bu aralar yağan yağmur, fırtına, soğuk biraz sekteye uğratsa da, yağmur dindiği her anda kapı pencere açmaya devam ediyorum. Yarım yamalak temizlik yapmayı sevmiyorum. Dip köşe mutlaka temizlenecek. Mutfağımızda tüp tertibatı olmadığı için elektrikli ocağımız var. Eskiden tüplü ocak kullanırdık.. O zamanlarda, fırının küçük bir vidasında yağ oluşsa o vidayı çıkarır yağını temizlerdim. Ocak demirlerinin üzerinde yağ hiç tortu oluşturmaz, duvarda da hiç yağ olmazdı. Ben fırına takılıp temizlik yaparken saatler geçebilirdi. Bu nedenle uzun yıllar temizlik için yardımcı aldım. Hiç olmazsa evin geneli aynı zamanda temizlenmiş olur; ben tüm evi, dip köşe temizleyene kadar evin her tarafı aynı anda temizlenmiş olurdu. Bu nedenle de çok fazla incelemez ve yapılan temizliği de çok irdelemezdim. Çamaşır suyuyla aram hiç yoktur. Temizlik için gelenlere de kullanmamalarını söylerdim; kokusu rahatsızlık verebilir diye. Alışkanlıkları kırmak zor. Yine de hep kullanırlardı. Oysa çeşit çeşit deterjan var. Sadece sabun bile evi temizler. Ev sonuçta ve düzenli temizlik olduğunda da zaten fazla kirlenmiyor.

Evin genelini her zaman temizlemesem de sürekli aktivitem devam eder. Tuvalete girdiğimde mutlaka bazen klozeti, bazen lavaboyu temizlemeden hiç çıkmam. Temizlik çalışanlarına temizliği öğretmek yıllarca devam eden bir süreç oldu benim için. Ufak tefek kusurlarına bakmadım ve bir gelen uzun süre gelmeye devam etti. Çünkü yeni gelen bana yeniden bir süreç başlatıyordu. Galiba bu mükemmeliyetçilikti ama böyle olunca rahat ediyordum. Yaşadığımız yerin temizliği önemliydi...

Önceki yıllarda kullandığım deterjanların sulandırılmasını, kaplarını, hangi deterjanın nereyi temizlediğini anlatmak, daha sonrasında buhar makinasının nasıl kullanıldığını, sadece sıcak suyla deterjansız temizliği, elektrik süpürgesinin torbasının nasıl takıldığını, elektrik süpürgesi çalışırken pencerenin de açık olması gerektiğini, elektrik süpürgesinin de temizlenmesi gerektiğini, temizlik bezlerini, ara sıra duvar birleşim yerlerini tepeden aşağıya ve köşelerini de örümcek oluşmasın diye süpürmeleri gerektiğini, komşular rahatsız olabilecekleri için balkondan bir şey silkelememeleri gerektiğini, mobilyaların ve ekranların temizliğinin sadece nemli bezle yapılacağını, eldivenini takması gerektiğini, illa da klorak, porçöz kullanacaksa maskeyi takması gerektiğini, gözünü nasıl koruyacağını, dikkat edeceğini, bazısına halıyı nasıl sileceğine bile...

Anlayacağınız yeniden bu süreci yaşamak kolay olmazdı. Çalıştığım için temizlikle geçen zamanda ailemle ve diğer işlerle ilgilenmeye zamanım kalmış olurdu. Evliliğimizin ilk yıllarında, Ege'nin incisinde otururken ilk kez temizlik yardımı almıştık. Oturduğumuz ev satılınca, yeni taşındığımız ev içindi. Daha sonrasında ilk oğlum dört ayına gelip şehir değiştirdiğimizde düzenli olarak temizliğe yardımcı almaya başladık. Yeni bir yere taşınmanın, uyum sağlamaya çalışmanın, yabancı olduğunuz bir yerde bakıcı aramanın, sezeryan raporuyla uzatılmış olan doğum iznimin bitmeye ramak kalmasının ve bakıcı bulmamızın bir an önce gerektiğinin verdiği stres, sonrasında küçük olan beldede eve gelen bakıcı bulamamanın, eşimin işinin de bulunduğu otuz dakika ötedeki şehirdeki ve kreşe vermek zorunda kalmamızın (sahibi komşum olan ablamdı bereket ve ona buradan teşekkür, selam ve sevgilerimi gönderiyorum), işimi de oraya taşımak için olan uğraşmalarımız, yeniden taşınmamız ve tüm verdiği stresle de zaten temizlik yapmaya ne halim ne de zamanım oluyordu. Değil temizlik yemek dahi yapamıyordum. Neyseki her zaman bizler için yemek pişirenler var. Neyse ki oğlumuz da kıymalı pideyi çok sevmişti. Bir de babasının o yıl bol bol tuttuğu balıkları...

Nisan ayının sonunda çalıştığım özel hastane kapandığından bu yana temizliğe yardımcı almıyorum. Yazın oğlumuzun Liz'i geliyor, Mia da var. Mecburen daha sık temizlik yapmak gerekiyor. Evcil hayvan bulunan evlerin daha temiz olduğunu biliyor muydunuz? İtiraf edeyim arkadaşlarım Liz ve Mia olunca, temizliği daha keyifle yapıyorum. Onların verdiği ayrı bir enerji var. Kedi veya köpek edinmenizi tavsiye ederim. Özellikle küçük çocuklarınız varsa ve özellikle de günümüzde... Bugünlerde hava durumu biraz sekteye uğrattı ama ben yine bir dolap içi, bir raf boş bırakmıyorum anlayacağınız. Faaliyet hep var tüm herkes gibi. Bu yazıyı bitirince ilk işim elektrik süpürgesinin filtresinde biten kokunun yerine ya bir oda kokusu ya da kolonya dökerek, süpürürken güzel kokmasını da sağlayacağım, sonra mutfak halısını sabunla sileceğim, zaten başladıktan sonra devamı çorap söküğü gibi devam eder...

Stefano D-Anna, Tanrılar okulu kitabında diyordu ya, "Sen böyle olduğun için dünya böyle." işte ben de evi bu amaçla da temizlemeyi çok istiyorum bir an önce. Kendi yaptığınız temizlik sonrası içinize dolan his çok güzeldir, yenilenmiş, yeniden doğmuş gibi olursunuz. Temizlik yapan herkes bu duyguyu bilir. Bakın ben dip köşe temizliyorum, ne varsa kirli arınıyor, depoları sevmiyorum ama illa merdiven, çamaşır telleri, ütü masası, ütü, bavullar, ara sıra kullanılan ve kullanılmayı bekleyen birkaç eşyayı koymak için olan dolabımızı da temiz ve düzenli tutuyorum... Düzenli olmak önemli. Düzenlilik olduğunda tozların gitmesi an meselesi olur... Yanımda biri olunca varlığıyla, varlığını hissederek daha keyifle yapıyorum temizliği; güç alıyorum. Bakın ne diyeceğim; arşivlerimizi, depolarımızı, yollarımızı, sokaklarımızı ve dünyamızı hep birlikte temizleyelim ve hep temiz tutalım olur mu?

Neden?

Çünkü: Sağlıklı olmanın gereğidir temizlik ve temizlik sağlıktır.

Tüm temizlik yardımcılarına, temizliğe mesai harcayanlara, temizlik bilincine varan ve dünyayı evi gibi görüp iyi bakanlara buradan selam ve sevgilerimle...

Bilinçaltı Temizliği

"Güzel yazmak, iyi düşünmek demektir."
G. L. Dikson

Gaia dergisinin, "Anlatılan Senin Hikâyendir." adlı tiyatro oyunu ile ilgili olarak, Levent Üzümcü ile yaptığı röportajında, Levent Üzümcü diyor ki:

"Sanat eseri yaratan insan, yani bu tiyatro eserinin yazarının, tıpkı bir roman yazarı gibi, tıpkı bir ressam gibi, heykeltıraş gibi, bir film yönetmeni, bir tiyatro yönetmeni gibi hayata dair bir derdi var. Sanat eseri bundan doğar. İnsanın kendi ve yaşam ile dertlerini yazmasından, yontmasından, boyamasından doğar. İşte bu hikâye o zaman buluşuyor seyircisi ile. Tabii ki böyle dertlerin içinde her zaman bir eleştiri de vardır. Olmak zorundadır. Bütün sanat eserleri, sanat eserinin yaratıcısına göre şekillenir ve sana bir şey sunar. *"Ben hayata buradan ve böyle bakıyorum"* der. Bir tabloya baktığında aslında bir ressamın kafasının içindeki pencereden içeriye bakıyor gibisindir. Bir heykele baktığında, o heykeltıraşın kafasının içindeki pencereden bakarsın o heykele. Çünkü sana onu göstermektedir. Tabii ki bir sanat eseri ister istemez, kendi içerisinde, o sanatçının tavrını ve bakış açısını barındırır. *"Dur ben şimdi herkesin hoşlanacağı bir sanat eseri yapayım"* diye yapmazlar bunu. *"Dur ben kendimi ifade edeyim"* diye yapar. Bu bir yoldur, ben bu yoldan gidiyorum der. O yoldan gitmek isteyenlerle de birlikte gider..."

Tanrılar Okulu kitabında da Stefano D-Anna diyor ki:

"Artık yazmak zorunda kalacaksın. Kâğıt ve kalemin kurtuluşun olacaktır. Sözlerimi yaz çünkü onları hatırlamanın tek yolu budur. Yaz! Yazmak, varlığının etrafa saçılmış parçalarını bir araya getirebileceğin tek yoldur."

"Okumak bir insanı doldurur, konuşmak hazırlar, yazmak ise olgunlaştırır." Francis Bacon demiş bu sözü de.

Yazmak, yaşam temalı yapboz yapmak ya da boyamak, resim yapmakla eşdeğer bir eylem gibi geliyor bana. Yazarken cümleleri süslemek; boyamak, akıcı olmasını sağlamak; boyayı sürdüğünüz fırçanın rahatça kayması ve pürüzsüz bir şekilde görüntülerin oluşması gibi. Kullanılan uslup yazarken cümle dizimlerinde, boyarken fırça darbelerinde kendini belli etmekte. Seçilen konu her ikisinde de bakılan yeri ve nasıl bakıldığını anlatmakta; kendine de açılan pencereden... Burada ise tek tek oluşturduğum başlıklar birleşerek kocaman bir yapboz oluşturmakta. Menüler, kategoriler, alt kategoriler olsa da, aslında hepsi bir bütünün parçaları. Şimdi, geçmiş, gelecek dönüşümlü olarak sahneye girmekte ve çıkmaktalar. Bazen şimdide seyredilmiş bir tiyatro ya da filmden, bazen mutfakta yaptığım yiyecekten, boyamalarımdan, gezdiğim yerdeki bir ağacın görünümünden ya da işimden yola çıkıp penceremden görünenleri anlatmaktadır...

Yazmak; arınmak, rahatlamaktır. Zihnin temizliğidir, meditasyondur. Yazmanın, kardiyovasküler (kalp ve damar sistemi) sisteme, karaciğer gibi sindirim sistemi organlarına, bağışıklık sistemine iyi geldiği gösterilmiştir. Psikolojik hastalıklarda terapi etkisinin olduğu görülmüştür. Yazmak düşünceleri toplamamızı, kafamızdaki dağınıklığın gitmesini, daha net düşünmeyi, daha rahat karar verebilmeyi sağlamaktadır. Bunun için her gün en az on beş dakika yazmak önerilmektedir...

Yazarken, yaşadıklarıma her yönden bakıp, analiz ediyorum. Yaşarken göremediklerimin, anlayamadıklarımın, yazarken farkına varıyorum. Beynimin içinde bilincimin altında kocaman olmuş, düğümlenmiş düşünceler birden patlamış balon gibi oluyor ve ışık giriyor, nefes almaya başlıyor, temizleniyor. Sonucunda kocaman gülümseme ve sevgi enerjisiyle doluyor. Bazen kafamda bir soru kaldıysa birine dair direkt olarak yazıyorum kişinin kendisine. Bu biraz riskli. Kişi buna hazır olmayabilir. Çünkü olgunlaşma, gelişim, dönüşüm basamakları farklı farklı...

Temizliği seviyorum demiştim. Temizlendikçe rahatlamak ve huzurlu olmak güzel. "Temizlik sağlıktır" yazımda önemli olanın düzenli olmak oluğunu ve düzenlilik olduğunda ise tozların gitmesinin an meselesi olduğunu yazmıştım. Düşüncelerimiz de düzenli olursa eğer, sıkıntı verenleri göndermek için çok aramaya gerek olmaz ve gitmesi de kolaylaşmış olur. İşte yazmak bu düzenliliği sağlayarak, sıkıntı veren düşünce tozlarını görünür kılmakta. Bize de düşen bu tozları püf deyip üflemek sadece... İlla bloğunuz olması gerekmiyor yazmak için. Bir kalem, bir defter bir de on beş dakika/gün yeter de artar bile... Düzenlilik esas olacak illa...

İşinizle İlgili Sayfanız:

Buradaki yazılarınız, işiniz, ilgili anılarınız ve çalışmalarınız hakkında olabilir. İşiniz önemlidir. Çünkü *"İnsanın sağlığını koruyan iki faktör vardır. İşini sevmesi ve hayatı sevmesi."* dir.

Sigmund Freud

demet@penceremdeninciler.com adrese gönderirseniz; "Penceremden İnciler" de yayınlanacaktır. Okurlardan, yeterince gönderim alınırsa; derlenip, kitap olacaktır. Hadi o zaman, şimdi yazma zamanı.

Mutfak

"Yemeklerimiz ilaçlarımızdır, ilaçlarımız yemeklerimizdir"

Hipokrat

Güzel Basit Taze

Sayfamı hazırlamadan önceki temada "Beautiful, Simple, Fresh" yazıyordu. Bu bana pazarları ve pazardan alınan ürünleri hatırlattı ve mutfak atölyemden de inciler dökmek istedim. Amacım yemek tarifleri vermek değil tabii, adı üzerinde atölye. Yemeklerin taze ürünlerden yapılıp, taze tüketilmesi önemli, sağlıklı olmanın da olmazsa olmazı. Basit olması, çok zaman almaması özellikle çalışan aileler ve evde kalan öğrenciler, gençler için güzel, "güzel, basit ve taze" olan yiyecekler bir de lezzetli olursa daha ne istenir ki?

"Mutfağım" önemli. Her şeyin başı beslenme, ne yiyorsak oyuz, nasıl yiyorsak öyleyiz bizler. Hastalıklarımız da, sağlıklı olmamız da bu nedenle. Atölyeler insanı besler. Yazı, resim. Mutfak da öyle. Misafirliklerde en keyifli sohbetlerin yapıldığı yerler hep mutfaklardır, bir şekilde kendinizi mutfakta bulursunuz çünkü ruhların da beslendiği yerlerdir mutfaklar. Yani "Atölyelerim"e , "mutfağım"ı katmamak olmazdı.

Bal Kabağı Denince Akla

Masallara konu olan cadıların bayramı bugün. Cadı bayramı deyince de aklıma bal kabağı geldi tabii. Tarih öncesi Keltler'e kadar uzanıyor bal kabağının oyulma öyküsü. Keltler, hasat mevsiminin bittiği ve kışın başlangıcı olan bu günde içini oydukları bal kabakları ile etrafı aydınlatıp, kötü ruhları korkutuyorlar ve bir sonraki hasatlarının iyi geçmesini umuyorlarmış. Bal kabağı bana Külkedisi masalını da hatırlatır. Bal kabağı bir büyülü değnekle arabaya dönüştürülmekte ve Külkedisinin gece yarısı olmadan balodan dönmesi gerekmektedir.

Bal kabağı denince en çok da aklıma, tuzlusundan tatlısına mutfaktaki halleri gelir. Bal kabağı sonbarındır, turuncudur, şirindir, iyi gelir gözlere, yüreklere, bağışıklık sistemine, mideye, bağırsaklara... Çekirdekleri de öyle...

Buharda haşlanan balkabağı

Haşlanmış bal kabağından salata

Pişirilmemeli yüksek ısıda ve uzun süre; yitirir o zaman vitamin ve minerallerini... Bir de "Laf söyledi bal kabağı, koy tabağa, ye sabaha!" şeklinde de söylemi vardır. Biz en iyisi tatlısını yapalım ve "Tatlı yiyelim, tatlı konuşalım" diyelim. Ama bir değişiklik yapalım, biraz da bal pekmez koyalım... Afiyet olsun.

İnci tanelerim

Semtimin pazarından dökülen inci taneleri

Cennet elmam, bal kabağım,

Yetişir bağlarında üzümüm.

Pekmezim, balım, nar ekşim,

Bulunur pazarlarında semtimin.

Murt'um, kestanem, keçi boynuzum,

Yetişir dağlarında memleketimin.

Domatesim, salatam bir tanem,

Koparılmış dalından narenciyem...

Beş Ev

Deniz kıyısına ev yapmanın yasak olmadığı zamanlarda, kendi emekleriyle, taş taşıyarak, kazıyarak, komşularla el ele verilmiş ve yapılmıştı beş ev. Deniz kıyısı tarafındaki ikinci evdi hafta sonu buluştuğumuz. İsteyenin balık tuttuğu, isteyenin yüzdüğü ve denizden doldurduğu, şişeden tuzlu suyu burnuna çektiği, isteyenin kapının kenarındaki davetkâr fırında ekmeğini, fasulyesini pişirdiği, güldüğü, eğlendiği, özlemlerin giderildiği...

Yine dostlarla buluşuldu, zeytinler toplandı bir kısmı ise olgunlaşması için bırakıldı. Kasımpatları kasıma yakışmıştı yine, toprak bahara kadar nadasta, limonlar dalında olgun, kavanoza girmişti kudret narı, yine aynı defne hikayesi, bu sefer oyuncular başka, sahne başka ama yine de benziyor birbirine. Yakı, pelin otunu, ıtırı, sarı kantaronu, murtu çalıştık bu sefer ekledik dağarcıklarımıza. Kedileri, köpekleri besledik yine, arka sokaktaki kazları, meyve veren defneyi keşfettik, getirmemişti pazarcı iyi oldu topladık hep birlikte, kozalak toplayan karşı komşuya selam verdik, diğer komşunun sunduğu nardan yedik, goji berry (kurt üzümü) dikecekmiş söylemiş belediyesinin başkanı, mutlu olduk paylaştık sevincini de... Bir de bol bol fotoğraf çektik, sizlerle paylaşalım diye...

Selede İncirler

Selede incirler

Annemin incir bandırma tarifi:

İncirler ağaçtan düşünce toplanır ve güneşte kurumaya bırakılır.

Kazanda ve odun ateşinde su kaynatılır. (Miktar azsa ocakta da olur) Suyun içine biraz tuz, zeytinyağı ve kekik atılır. (isterseniz kekiği bir tülbentin içine bağlayıp koyabilirsiniz) Kuru incirler yıkandıktan sonra bir sepet içinde daldırılır. İncirler yumuşayana kadar suyun içinde bırakılır. Çıkardıktan sonra seleye konup, güneşte kurutulur. Sinek konmasın diye üzeri tül ile örtülür. İncirler kuruyunca cam kavanoza konulur.

Dileğe göre içine ceviz koyup, kış akşamlarında çerez olarak yenilir.

Afiyet olsun.

Keşkek, Kuru Fasulye Ve Sonsuzluk

Keşkek, buğdayın akşamdan ıslatılmış, tavuk eti (kırmızı et de olur), tereyağ, biraz tuz ve suyun hepsi birlikte pişirilip mikserden geçirilmiş haline denir. Yaşadığım yerde toplu paylaşım yemeklerinin vazgeçilmezidir. Kuru fasulye, pilav, etli nohut, kızartma, salata ve tatlı (zerde ya da baklava) da öyle. Bugün öğleyin, kaybettiğimiz bir büyüğümüzü anmak için toplandık, 52.gün yemeğinde.Yemekten sonra mevlüt okundu. Mevlüt boyunca dualar edilirken Atatürk'ün anılmasını da diledim ve bekledim. Çocukluğumuzdan beri dinlediğim mevlütlerde hep anılırdı ama bugün özellikle beklemiştim çünkü bugün 10 Kasım'dı. Atamızın sonsuzluğa kavuştuğu gündü. Dileğim gerçekleşti. Hoca: "Ölümünün 80. yılında Atatürk'e..." dediğinde gerçekten tüylerim diken diken oldu... "Silah arkadaşlarına, şehit ve gazilerimize El-Fatiha. Cennette kavuşmalarını nasip eyle Ya Rabbi..." diye devam ederek Allah'tan rahmet diledi.

Yemekler, mevlütler geleneğimiz oldu. Hep birlikte yâd etmeyi paylaşmak amaç. Adına yemek verilen büyüğümüz oradaki topluluğu bir araya getirmişti. O topluluktaki herkesin ortak noktasıydı. Sabah saat dokuzu beş geçe de tüm ülke aynı anda

İstiklâl Marşını okudu, aynı anda bir dakikalık siren sesleri eşliğinde saygı duruşunda durdu. Tüm televizyon kanallarında aynı görüntüler vardı ve dünyaya yansıdı. Bu tablo gurur verici. Hepimizin ortak noktası, hepimizi birleştiren Atamız. Seksen yıl sonra özlemi giderek daha da artmakta, küçücük çocuklar bile onu görmedikleri halde ağlıyor, keşke ölmeseydi diyor, bu nasıl bir sevgi ki bize yaşattığı için minnettarız. Atatürk'ün en sevdiği yemek kuru fasulye, yanında pilav, karnıyarık, en sevdiği meze fava, en sevdiği tatlı irmik helvası, en sevdiği içki de rakı imiş. Ölmek üzereyken enginar istemiş ama İzmir'den getirilmesi uzun olduğundan yetişmemiş. Kuşkonmazı da Avrupa'da tanımış, sevmiş. Yalova Devlet Çiftliği'nde, Avrupa'dan getirttiği tohumların ilk ekimlerini yaptırtmış.

Atamızın "Türk milleti çalışkandır." diyen sesi kulağımda. Minnettarlığımızı çalışarak göstermek görevimiz. 52. gün yemeğine gittiğimiz büyüğümüzün köyü, atamızın bu sesine kulak vermekte. Keşkeğin içindeki buğdayı, tavuğu, eti, tereyağı kendileri üretmekteler. Sanırım keşkeğin, kuru fasulyenin ve diğer yemeklerin de lezzeti bundan. Emek verenlerin ellerine sağlık. Büyüğümüz ve Atamız hep kalbimizde olacak her 10 Kasım'da ve daima...

14 Kasım Tatlısı

14 Kasım Tatlısı:

İnci tanelerim'deki bal kabağını doğradım. Bir bardak suyla düdüklüde haşladım. Böylece kaçmadı vitamini, minerali. Cennet elmalarını bir kâseye doğradım. Çok yoktu çekirdekleri ayıkladım. Hepsini bir kâsede buluşturdum. Üzerine de ceviz rendeledim. Cevizin lezzeti yakıştı. Oldu alternatif bir tatlı.

Afiyet olsun.

Bal kabağı tatlısının tadına alışanlar, umdukları tadı bulamayabilirler ama denemekte fayda var. Bal kabağı diyabet hastalarına öneriliyor, cennet elması ise çok şekerli olduğundan az miktar yenmesi öneriliyor. Cennet elmasını, rafine şeker yerine tatlıya tadını vermek amacıyla kullandım. İlla tatlı yemek isterlerse şekerli olanının yerine bunu deneyebilirler. Bal kabağı denince akla yazımda demiştim ya; "Talısını yapalım, tatlı yiyelim, tatlı konuşalım" diye. Diyabet hastalarının da tatlı konuşmaya ihtiyaçları vardır onun için düşündüm ve buluşturdum bir kâsede. Ama tadı olmamış derseniz bir tatlı kaşığı pekmez ya da bal ekleyebilirsiniz bile... Her zaman söylerim, ne de doğru demiş atalarımız:

"Her şeyin azı karar çoğu zarar " diye...

14 Kasım Dünya Diyabet Günü

Gününüz kutlu olsun...

Su

En güzel içecek sudur. Ulaşımı kolaydır, taze olanı da en sağlıklı olanıdır. Eskiden çeşmelerden içerdik, şimdiyse damacanalardan içiyoruz. Bizim damacana tercihimiz, eve en yakın kaynak sularından. Nakliye ücreti fazla olmadığından daha ekonomik. Nasıl, ne zaman damacanalara geçtiğimizi hiç hatırlamıyorum. Sanki hep damacanadan içmişiz gibi geliyor sularımızı. Şebekelerin yenilendiği, eski boruların değiştiği yerlerde çeşmeden su içilebilir. Üstelik de sürekli klorlama da yapıldığından temiz ve borular eski olmadığı için suya zararlı bir madde de karışmamakta. Suyun kireç içeriği, tatlılık, sertlik durumları lezzetini etkilemekte. Bu nedenle damacanalar da değişik alternatifler sunmakta bizlere. Bir kez damacanaya alışan artık çeşmeden içemiyor bu nedenle. Suyun içine limon, biraz tuz, maydanoz, salatalık koyulabilir eğer istenirse. Çeşmenin suyu sertse, limon bunu yumuşatıp, içimini daha lezzetli hale getirebilir.

Sularımız hangi şekilde evlerimize gelirse gelsin, varlığı değerlidir. İster sade ister limonla ister çeşme ister damacana ama illaki "var " olsun SU.

"Suyun değeri kuyu kuruyunca anlaşılır." demiş Thomas Fuller, kuyuları kurutmamak dileğiyle...

Domates, peynir, zeytin

"Bundan iyisi Şam'da kayısı" kim demişse doğru demiş. Domates, peynir, zeytin olsun yeter. İster sabah, ister öğle, ister akşam, katık olur sofranıza. Ocakla filan uğraşmanıza da gerek yoktur. Domates kabuğu soyma işi biraz zahmetli. Eğer yatırırsanız sirkeli suya, ona da gerek kalmaz gerçi. Ama eminseniz üzerinde hiçbir kalıntı olmadığına gerek yok tabii ki bunların hiç birine. Kabuk soya soya da iyice alıştık o tada da hani. "Soymadan da olmuyor" dediğinizi duyar gibiyim. Canınız nasıl istiyorsa öyle... Azıcık aşım kaygısız başım deyip buyurun sofraya... Afiyet olsun.

Çoban Salata

Çoban Salata

Greek Salat

Mutfaklarımızın vazgeçilmezidir çoban salatası. Yapması basit, lezzetli, güzel ve de taze. Bol soğan, maydanoz da ne yakışır ona, bir de zeytinyağı, limon, isteyene sirke ve nar ekşisi de. Ne de güzeldir ekmeği bandırmak suyuna eğer kilo derdiniz de yoksa. Yanında istediğiniz bir yemek de olunca tadına doyum olmaz. Çobanların heybesinde ne varsa ondan yapıldığından çoban salatası adını aldığı söylenir. Komşumuz da salatalarına kendi adını vermiş: "Greek Salat". Çoban salatadan çok da farklı değil. Malzemesi çoban salatayla aynı. Tabii orada yetişmiş ürünlerden, bu nedenle de onlara özgü. Daha iri doğruyorlar, kapari, yerel ot, peynir (feta) ekliyorlar bizimkinden farklı olarak. Restoranlarında yemek siparişi verirken yemeğin yanında olmadan olmaz. Yemek bitiminde de mutlaka "Greek Coffee"leri. O da aynıdır kahvemizle pişirilişi de, tadı da, görüntüsü de.

Siparişi verirken, özellikle onlara "Greek salat" ya da "Greek coffee" dediğinizde, yüzlerindeki mutluluk sizlere yansır. Bir defasında, "Greek coffee" istediğimiz bir kafedeki servis çalışanı çok mutlu olduğundan, teşekkür ediyor, gülümsüyor ve yine teşekkür ediyordu. Dükkân sahibi bir satıcı da: "halklar kardeş aslında" demişti, başka bir restoranda servisten memnun kalmayınca, rahatsızlığımızı fazlaca göstermiş olmalıyız ki, garson özür dileyerek, "Size Turkish coffee ikram edelim." demişti... Tabii özrü de, kahveyi de kabul etmiştik...

Kıtlama

Çalışanlar bilirler, akşama kadar ne çok çay içilir işyerlerinde. Çay olmazsa olmazımız, çok severiz hepimiz. Kimi demli, kimi açık, kimi tavşan kanı, çaydanlıkla, semaverle, şekerli ya da şekersiz akşama kadar sayısız içeriz. Dostlarla paylaşmak güzeldir, "ne içersiniz?" diye sorulduğunda topluluklarda hepimizin ortak söyleşi noktası olur. İçimizi ısıtır soğuk kış günlerinde. Yazın da harareti kestiği söylenir. Şekeri karıştırırken duyulan ses de ayrı güzeldir. Hani atalarımız "Her şeyin azı karar çoğu zarar" demişler ya onu diyeceğim, çayı şekersiz içemeyenler için. Kahvaltıda şekerle içelim tamam, çünkü zevki başka gerçekten, sonraki çaylara da bir seçenek sunalım: Birkaç kuru üzüm ya da bir kuru kayısı kıtlama... Çok da derin düşünmeyin, çayla yan yana olmaz diye... Canınız nasıl isterse öyle...

Bööörek

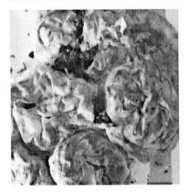

Büyük oğlum küçükken böreğe "bördek" derdi. Bense daha önceleri "bööörek" derdim uzatarak. Amatör tiyatro çalışırken öğretmenimin katkısıyla düzelttim şimdi "börek" diyorum uzatmadan. Eşim "bööörek"der, Ege'nin incisi şivesinden olsa gerek. Börek bana diksiyonu çağrıştırdı. Aklıma başka sözcükler de geldi. En çok "elbise" derken zorlanırdım mesela "eeelbise" oysa "e" uzatılmayacak. Eğitimci eğitiminde hazırladığımız sunumları sunarken önce olumlu sonra da olumsuz eleştirileri yapardık format gereği. Bana olumsuz eleştiri "eeelbise" diksiyonumdan olmuştu. Yılların alışkanlığı, kolay olmadı düzeltmek. Bir de "haaayır" değil, "hayır", "yaaarın" değil "yarın", "kâğıt" değil "kaat" olacak. "ğ söylenmeyecek, yutulacak. "Yapacağım" değil "yapıcam" şeklinde olacak konuşma dilinde.

Türkçe yazıldığı gibi okunur diye öğrenmiştik öğretmenim... Tiyatrocular mı icat etmiş bilmem ama diksiyon dili biraz farklı oluşmuş, güzelce...

Böreği unuttum, neyse ki fırında değil yanmadı, kondu tabağa... Annelerimiz bilir tarifini... En iyisi onlara sormalı. Bizimki tembel işi, hazır yufkadan. İşi ehline bırkmalı. Afiyet olsun...

Tavuk Suyuna Çorba

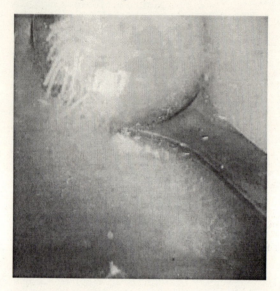

Annenizin tavuk suyu çorbası en güzeli ve en sağlıklı olanı, grip olduğunuzda da en iyi gelenidir. Mevsim itibarıyla soğuk algınlığı, grip kapıda. Hasta olursanız dert etmeyin çorba yetişir imdadınıza. Ama illa ki annenizden olacak. Anneniz uzaktaysa da mutlaka öğrettiği birileri vardır... Ya da bir bilen anne vardır, onlardan da olur. Anneler, çorbanın tereyağı, un, biraz şehriye (dileğe göre), haşlanmış tavuk eti, birkaç soğan, biraz tuz, biraz karabiber ve limondan yapıldığını bilirler...

Hasta olmadan da yemeniz dileğiyle, afiyet olsun...

Çörek Otu

Eskiden beri çörek otlu peynirleri severim. Şimdilerde marketlerde çörek otlu, kalıp halinde peynirler de var. Geçtiğimiz hafta sonu ise daha farklı bir sunumuyla karşılaştım. Çörek otuyla ve susamla yuvarlanmış peynir topları şeklinde. Hem görünümleri hoştu hem de lezzetliydi. İçindeki peynir lor peyniri tadındaydı.

Çörek Otu

Tıbbın babası Hipokrat ve hocası İbn-i Sina
Demiş; devadır karaciğere, sindirime,
İyi gelir metabolizmaya, halsizliğe...
Bulunmuş yağı, Tutankamonun mezarında,
Kleopatra da kullanmış, güzelleşsin diye...
Sonunda demiş Muhammed Mustafa (S.A.V.),
"Çörek otunu kullanın, ölümden başka her şeye devadır." diye.

Sofralarınızdan eksik etmemeniz dileğiyle, afiyet olsun sizlere...

Gülen Yüz

Zeytin, salatalık, limon, domates, maydanoz ile

Oldu bize gülen yüz, çörek otları ise çilleri,

Tabak oldu tuvalim, yiyecekler de boyalarım,

Kıyamadım yemeye, bıraktım tabakta,

Büyük şefe teşekkür olsun diye...

Çıntar Zamanı

Çamların altında, yağmur sonrası kendiliğinden yetişen, köylülerce toplanarak ayağımıza kadar getirilen çıntarın zamanı şimdi. Bize ise önce teşekkür etmek toplayana, sonra da yıkamak ve istediğimiz türünden yemeğini yapmak düşer sadece. Yıkaması önemli, pişirmesi ise kolaydır. Biz una, yumurtaya bulayıp kızartmayı tercih ettik. Üzerine de sarımsak, limon, zeytinyağı ve biraz tuzun mikserde çırpılıp beyazlamış halini döktük. Kalanı ise kıyılıp, yumurtayla karışıp omlet olacak. Sizler de ister aynı sosla kavurma, ister mücver ya da çorba yapabilirsiniz. Başka tarif varsa da beklerim.

Afiyet olsun.

Ceviz

Ceviz muhteşem besin kaynağımız. Kalın bir kabukla korunan, tıpkı beynimiz gibi iki yarımdan oluşan ve beynimize de benzeyen meyvemiz. Tek gümüş içeren, gümüşü de vücudumuzda sadece beynimizin kullandığı ve bu nedenle de beynin besini olarak bilinen; çocuklara sınavlardan önce yedirilen, ayrıca uykuyu da düzenlediğinden, gece çalışanlara da tavsiye edilen meyvemiz.

Yılın en taze cevizlerinin zamanı şimdi. Kuru incirler de hazırlandı. Şimdi buluşma zamanı. İster incirle, ister bal ile ister sade, ara öğünlerin kahramanı. Süs olur, lezzet katar, yakışır keklere, tatlılara. Cevizin yaprağı ve taze cevizin kabuğu da pırıltı katar ve iyi gelir saçlara.

Cevizin reçelini de yapmışlar; komşumuzda denedim, güzeldi. Yeni mahsül, ince kabuk almalı, kabuğunu kırarken zorlanmamalı. Böylece kırmaya üşenmeyip hep taze yemeli. Peynirle de pek yakışır; birlikte yenmeli ve afiyet olsun demeli.

Narenciyenin Atası

Turunç, narenciyenin atası.

Portakal, mandalina, limon gibi narenciye ürünleri, turunç fidanlarının aşılanması ile meydana gelmekte ve bu nedenle turunç, narenciyenin atası olarak bilinmekte. Ayrıca narenciye ürünlerinin çiçek açma döneminde tozlaşmasını sağlayarak, böylelikle meyve oluşumuna katkıda bulunduğundan her bahçede az miktarda da olsa bulunması lazım olan turunç ile buluşmam, Leananenin güzellik kraliçesi oyununu izlediğim akşam olmuştu. Eşim işyerinde toplanmayan, dökülen turunçlara değer katmak isteyip, Google'nin de desteğiyle turunç reçeli yapmıştı.

Birinci deneme   İkinci deneme

Turunçların kabukları soyuldu, içlerindeki beyaz kısımları alındı. İğne iplik ile rulo haline getirilen turunç kabukları suda haşlandı, acısı gidene kadar suyu döküldü, iki gün yetti. Fazla suyu alındı. Şekillerinin bozulmaması için ipleri çıkarılmadı. Şeker ile kaynatıldı. Itır ile karanfil de katıldı. Kaynatırken iplerin çıkarılmaması gerekiyordu, siz çıkarmayın. (Itır, ayva reçeline daha çok yakışıyor.)

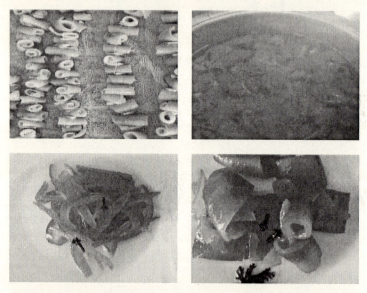

İsterseniz üzerine kaymak ile tatlı da olur. Çaylarınıza da koyabilirsiniz. İlave şekere gerek olmuyor üstelik.

Google'de rulo şeklinde tarif ediliyordu ama rulonun yapımı baya zahmetli. İkinci denemede şerit halinde keserek yaptık. Miktar çok olunca o da uğraştırdı keserken ama emek olmadan yemek olmaz dedik. İçi ekşi sos olacak; nar ekşisi kıvamında, biraz koyu. Bir kısmı da likör olmak üzere şekere yatırıldı. Onun da tarifi alındı Googleden. Turuncun likörü, kahve bahane olanın yanında olacak ikram, sohbeti şahane olan dostlara. Yanında da tatlı yemek tatlı konuşmak için olacak, azı karar çoğu zarar kadar da turuncun reçeli...

Afiyet olsun der, teşekkür ederim eşime...

Çikolatalı Krep Aşkına

Çikolatalı krep aşkına bir şiir yazılır şimdi:

Çukulataten seratonin,

Ortasında çekişmesinin;

Ben ile benin, sen ile senin,

Nefes olsun, ilaç olsun,

Mutluluk olsun, daim olsun,

Ama illa kreple olsun,

Kreb-i çikolatadan olsun,

İki yumurtan, unun, sütün,

İkişer bardaktan ölçülerin,

Pişir içinde tavasının,

Yanında peynir, ceviz, üzümün,

Kahve, çay ya da sütün...

Bal, pekmez, kaymak olsun,

Ama azı karar olsun,

Afiyet olsun...

Bir de önerim var: Pişirirken tavada, havaya at çevir. "Nasıl yaparım?" deme. Ustaysan zaten yaparsın. Çıraksan da, bir iki denemeden sonra yaparsın, merak etme...

Bir Yılbaşı Klasiği

Mahalle fırınında pişirilmiş hindi.

Hindi neden yılbaşının olmuştur?

Mutlaka aradığımızda bununla ilgili bilgilere ulaşabiliriz.

Hindinin vatanının Amerika olduğunu, yabani olduğunu ve mısırla beslendiğini, sonradan evcilleştirildiğini, yerlilerin hindi avına gittiğini, mısır ektiklerini, özel günlerde sofraları süslediğini ve sonrasında sofradaki görünümünün güzel olması sonucunda gelenekselliştiğini öğrenebiliriz; Google'den.

Dikkati çekmek istediğim hindinin sadece yılbaşına özel değil, her zaman tercih edilmesi gerektiğidir. Hindi eti yeme alışkanlığının edinilmesi; sağlık açısından çok faydalı olması ve kırmızı ete alternatif olması açısından da önemlidir.

Hindi etinin düşük yağ içeriğiyle kalp dostu olduğunu, mineral deposu olduğunu, içerdiği çinkonun bağışıklık sistemine iyi geldiğini, fosfor, magnezyum, demir ve bol protein içerdiğini, kırmızı ete göre ekonomik, yaşlanmayı geciktirici, antioksidan, içerdiği triptofan nedeniyle de mutluluk verici besinlerden olduğunu da Google'den teyit edebiliriz.

Yılbaşlarında hindi pişirmek hangi nedenle olursa olsun, bizde de gelenek haline gelmiştir. Kalabalık aile yemekleri için boyut olarak da uygundur. Mutluluk verdiğinden olsa gerek "Yemekte hindi var." dendiğinde gülümseme olur yüzlerde. Mademki gülümsetiyor, daha çok sofralarımıza katabiliriz. Bütün olarak fazla gelebilir bu nedenle parçalar halinde alarak mutluluklarımıza mutluluk katabiliriz...

Yazarken hindilerin "gulu gulu" seslerini duyar gibi oldum bir an. Sevimli hayvanları yemek bazen insanı düşündürüyor ama doğanın yasası ve buna yapacak bir şey yok ne yazık ki...

İnsan olan bizleri bazen anlamak gerçekten de zor. Bu niye mi? "Kabaramazsın kel Fatma, annen güzel sen çirkin." ne demek? Niye hindiyi kızdırmak? İşte bu nedenle. Niye hindiyi kızdırıp, kabartıp, üzerimize gelmesini istemek? Bunu anlamak gerçekten de zor... Siz siz olun bunu yapmayın, bizleri mutlu eden hindileri, mutsuz etmeyin ☺ ...

Tahıl Paneli Çıtır Tavuk

Başlığı koydum önce ve hemen 'pane'nin anlamına baktım.

Pane: Dış yüzey, tabaka anlamına gelmekteymiş. Mutfakta pane, et ya da tavuk gibi pane yapmak istediğiniz malzemeyi sırasıyla un, yumurta ve galeta unundan geçirme yöntemi.

Bildiğiniz üzere birinci sömestr tatilindeyiz. Lise son sınıftaki oğlumuz gireceği üniversite sınavı öncesi dinlenmekte. Yemeklerin tavukla ilgili olanlarını çok sever. Küçükken evimizin karşısında olan kreşe ve sonrasında etüde giderdi. Oranın yemeklerini severdi. Geçenlerde, babaanne ve dedesine gittiği bir hafta sonunda telefon etti ve "Anne buldum tarifini, tam da kreşteki gibi oldu, gelince sen de yap." dedi. İnternet doğru kullanılınca güzel demiştim ya, işte buna örnek. İnternetten bulup, malzemeyi dedeye sipariş verip, babaanne ile birlikte yapmışlar. Eve gelince de unutur mu? Bana da yaptırttı tabii. Paneyi bilmeyen yoktur. Malzemeyi hazırlamaya üşenmezseniz eğer, yapması da kolay. Süt, zeytinyağı, yumurta, kekik, baharat, kırmızı biber, tuz. Derisini soyduğumuz ve biraz da kesik oluşturduğumuz tavuk butları, iki saat bu sosta bekledikten sonra, ufaladığımız tahıl gevreğine bulanıp, fırın tepsisindeki yağlı kâğıt üzerine kondu ve fırında pişirildi. Kırmızı biberimiz biraz acıydı ama tadı dışarıdan aldıklarımızla aynı oldu.

Paylaşmamın nedeni: Dışarıdan gençlerin, çocukların sevdiği tavuk çeşitleriyle tadı benzediği içindi. Kalabalık aileler için uygun olabilir ekonomik olarak da. Dışarıda yemek güzel ve iyi ki böyle yerler bizim için yemek pişiriyorlar; bazen yorgunluğumuzu alıyorlar ve destek oluyorlar bizlere. Ama her şey de olduğu gibi o da dozunda olmalı...

Bu arada aklımızı bir sürü soru kurcalıyor tabii. Trans yağ var, acaba yağları sık değişiyor mu? Mısır gevreği zararlı, var. Yağlı kâğıt sağlıklı mı? Var. Aliminyum folyo var. Gezen tavuk mu var? Var da var...

Tüm bunların hepsi bir şekilde yaşamımıza girdi. Hepimiz zaman zaman kullanıyoruz hepsinden. Dünya nüfusu hızla artmakta ve beslenmek de ihtiyacımız... Tavuğu düşünürsek; hepimizin gezen tavuk alma ya da besleme imkânımız yok ve mümkün de değil. Hızla artan nüfusa tavuk yetiştirmek de kolay olmasa gerek.

Yumurtayı düşünürsek; bir keresinde yumurtayı semt pazarındaki köylüden aldım. Yumurtalar neredeyse civciv olmak üzereydi. Pazara getirmek için teyzem, amcam biriktirmişti yumurtayı. Taze değildi... Karşısında olduğumuz her şey bir şekilde bizimle oluyor. Bırakın bir de her şeyi düşüne düşüne, düşüncesi hasta edecek...

Hekimler toplumu, sağlığı açısından uyarmakla yükümlüler. Birçok ziraat, gıda mühendisi ve veteriner hekim de var ve onlardan da dinlemeli. Tavukları, tavuk çiftliklerinde kullanılan yöntemleri, kullanılıyorsa ilaçlarını, nedenini, niyesini, seraları, gıdaları, hormonları, vb. Vardır elbet diyecekleri, anlatacakları. Onlar da teknik konularda aydınlatmalılar bizleri.

Yine hepinize atalardan kalma sözümüzü diyorum: "Her şeyin azı karar çoğu zarar" Düşünmenin de, yemenin de, karşı olmanın ve hep olumsuz bakıp, olumsuz eleştirmenin de... Yaşamımızdaki her sorun bir armağan saklarmış. Armağanımız 'sağlık' olsun...

Sağlıkla kalın...

Zeytinyağı Sağlıktır

"Zeytinyağlı yiyemem aman, basma da fistan giyemem aman... Senin gibi cahile, ben efendim diyemem aman..." şarkısını yıllarca güle oynaya dinledik. Bundan önce bir yazı yazmıştım aynı başlıklı. O yazıda, bu şarkıdan etkilenmediğimizi düşünüp; hem güle oynaya şarkıyı söyledik hem de zeytinyağını yedik, basma, pazen fistan da giydik demiştim. Ama düşününce tam da öyle olmadığının farkına vardım. Çünkü yıllarca kızartmalarda zeytinyağını kullanmadık. Büyüklerimizden öğrendiğimiz böyleydi; öyle biliyorlardı. Hiç de sorgulamamıştım. Hatırlarım, küçükken annem pilav, makarna gibi yemeklerde yarı sıvı yarı katı olan o zamanların meşhur margarinini kullanılırdı. Sonraları o yağ kaldırıldı. Bazen marketler nostalji ürünleri çıkarır. Alıştığımız o tat için, nostalji olsun diye alırız... Her zaman çıkartsalar belki arada bir olur ama şimdi birincimiz zeytinyağı.

Birkaç yıl önce merak edip zeytinyağını araştırdığımda, yanlış bildiklerimizin olduğunun farkına vardım. Şimdi kızartmalarda kullanıyorum. Sebze yemeklerinde, salatalarda zaten kullanıyordum. Pilavda, makarnada; tereyağla karıştırarak, çok yapmasam da hamur işlerinde de yani sıvı yağ gereken her yerde kullanıyorum. Hiç de ağır gelmiyor, tadı da güzel. Tüm mesele alışmakla ilgili anlayacağınız. İyi ki zeytinyağını bırakmamışız tamamen...

Yazar Yurtsan Atakan'ın, "Zeytinyağında kızartma: Hem lezzetli hem sağlıklı" yazısından alıntı yapacağım:

"Zeytinyağı dâhil tüm sıvı yağların bir **kaynama derecesi** var, bir de **tütme derecesi**. Kaynama derecesi, tütme derecesinden yüksek. Zeytinyağı 300 dereceye yakın bir ısıya ulaşınca kaynıyor ki, bu zaten evde denenmeyecek kadar yüksek bir ısı çünkü zeytinyağının alev alma derecesinden sadece birkaç derece aşağıda. Pişirme açısından, kaynama derecesinden çok tütme derecesi anlamlı bir ölçü. Sıvı yağlar için tütme derecesi, yağın moleküler yapısının bozulmaya başladığı nokta. Ama bu öyle kolay değil. **Zeytinyağının bozulması için birden fazla kez ısıtılması**, tütme noktasına getirilmesi gerekiyor. Zeytinyağının tütme derecesi türüne göre 190 ile 210 derece arasında değişiyor. **Moleküler gastronomi**nin babası **Hervé This**'e göre mükemmel bir patates kızartması için yağın 180 derece kızdırılması gerekiyor. Yani kızartma yapmak için Extra Virgin tabir edilen en kaliteli zeytinyağları ile bile, rahatlıkla kullanılabilir."

Ekonomik çıkarlar için, toplumların beslenme alışkanlıklarıyla oynamak? Akıl sınırları zorlanır burada...

Çocukken annemiz, kız kardeşimle bana, yazın basmadan, kışın da pazenden pijama ve gündelik kıyafetler dikerdi. Arkadaşlarımızın anneleri de. Çiçekli, rengarenk desenli olurdu. Bir keresinde şalvar bile diktirmiştik annemize. Şalvar, şimdilerde moda bile oldu. Ünlü bir modacımız da ünlü şarkı yarışması için sanatçımıza pazenden gece elbisesi yapıp giydirdi. Giyen müzik sanatçımız da elbiseyi üzerinde güzel taşıdı. Sanat dünyayı güzelleştiririn güzel bir örneği olmuştu...

Atatürk "Köylü milletin efendisidir" demiştir. Şarkıda bu sözü onaylamayan bir cümle de var: "Senin gibi cahile, efendim diyemem aman..." ya ne üzücü, ne ayıp bu... Üstelik basma, pazen üreten fabrikamızı da Atatürk'ümüz kurmuştu. Zeytin ise bizde kutsaldır. (Onunla sizin için ekin, **zeytin**, hurmalıklar, üzümler ve meyvelerin her türlüsünden bitirir. Şüphesiz bunda, düşünebilen bir topluluk için ayetler vardır. Nahl Suresi,11. ayet.) Kutsal olandan elde edilen yağ yararlı değil midir?

Zeytinyağından bahsedecekken, aklıma şarkısı geldi, zeytinyağından basma, pazen, modacımız derken baya beyin fırtınası yaptırtmış olabilirim.

En son şarkıya gelirsek, sözleri güzel değil tabi; bestesi güzel. Bestesi sayesinde beğenilmiş ve sözlerine dikkat etmeden güle oynaya söylemiş olabiliriz. Ama sözleri yeniden düzenlense güzel olur sanki...

Şarkının aslının Yunanca ve bir aşk şarkısı olduğunu yeni öğrendim. Ayrılık şarkısı. Sözlerinin anlamı:

Neden ayrılmak istiyorsun? Neden ayrılmak istiyorsun? Nereye gideceksin? Seni seviyorum ve sen beni seviyorsun. Yakında inceneceksin. Geri döneceksin ama beni bulamayacaksın. Neden beni sonsuza dek kaybetmek istiyorsun? Ve çok ağlayacaksın. Benim için acı çekeceksin, acı çekeceksin. Ağlayan beni arayacaksın. Benim iyi ruhum. Gece gündüz hatırlayacaksın.

(Kaynak:http://www.dilforum.com/forum/archive/index.php/t-68311.html)

Türkçe'ye uyarlanmış hali de bir ayrılık şarkısı haline getirilmiş; zeytinyağı, basma, pazenden ayrılmamızı isteyen bir şarkır Gerçek halinin sözleri ise üzüntü içeriyor ama anlamlı. Müzik ise evrenseldir. İyi hissettiren müziklerin hep yanımızda olması dileğiyle...

Pırasa Sever misiniz?

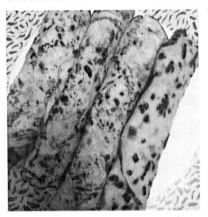

Bilgisayarın olmadığı zamanlarda taşlardan, toplardan, çelikten çomaktan oyunlar oynardık. Bilmeceler sorardık, tekerlemeler söylerdik. Oyunlarımızı gruplar halinde oynardık. Koşardık, atlardık, zıplardık. Stres, meditasyon, anda olmak, farkındalık, hiperaktivite, depresyon, panik atak gibi kavramları bilmezdik... Misafirliklere de giderdik; bütün komşular, akrabalar, arkadaşlar toplanırdı. Misafirliğe gitmeden önce haber verilir ve ''Biz size gelmek istiyoruz, müsait misiniz? Diye sorulurdu. ''Buyrun gelin'' yanıtı alındıktan sonra heyecanlı bir bekleyiş olurdu. ''Müsait değiliz'' demek ayıp sayılırdı ama zaten de aklımıza gelmezdi böyle demek. Gideceğimiz yerde heyecanlı bir hazırlık başlardı. Ev gelecek misafir için en ufak köşelerine kadar temizlenirdi. Gelenler için neler hazırlanmazdı ki? Kurabiyeler, börekler, tatlılar, sarmalar, dolmalar. Belki biraz yorucu olabilirdi bu hazırlık ama sonucuna değerdi. O zamanlar diyet, diyetisyen, kilo alma, fit vücut nedir onu da bilmezdik. Çocuklar zayıf olurdu. Kırk elli yaşlarından sonra teyzeler amcalar da biraz şişman olabilirdi. Yaş almayla olurdu ve hiç de garip bakılmazdı. Hal böyle olunca da misafirliklerin de keyfine doyum olmazdı. Tam ikramlar geldiğinde; kilo sorunu diye bir şeyin bahsi bile akla gelmezdi. Karbonhidratların bizlere mutluluk verdiği yıllardı. Pozitif ve negatif kavramları da elektrotlar içindi.Pozitif kutup anot, negatif kutup katot. Bulmacalarda çıkardı :) Benzer benzeri çeker mi yoksa iter mi hiç düşünmezdik; hesapsızca sever, hesapsızca küser ve yine hesapsızca barışırdık. Oyunlarımızın tadına doyamazdık ki. Her şeyden önce gelirdi... Şimdilerde misafirlik kavramı diye bir şey kalmadı. Onun yerine 'Gün' kavramı var. Sırası gelen dışarıda ayarlanmış bir pastane, restorant gibi bir yerde gün arkadaşlarını kabul ediyor. İnsanlar canı isterse görüşmeyi arayıp, ''Hadi bize gelin'' diyorlar. Konuk etmek isteyen arıyor artık. Ya da buluşmalar dışarıda oluyor. Evlerimiz şık, güzel bir sürü eşyayla doldu. Herkesi eve çağıramıyoruz. Eve alınacak kişileri seçiyoruz. Mazallah kem gözlere şiş olur mu olur. Negatif çekmemek lazım değil mi şimdi durduk yere :) Hal böyle olunca da giderek yalnızlaşıyoruz. Ev, eşya, araba güzel olmuş, pahalı olmuş, onunki daha güzelmiş... Gerek var mıydı, böyle mi olmalıydı? Oyunlar ise değişti. Bizlerin küçükken oynadığı oyunlarımız şimdilerde festivallerde etkinlik oluyor... Oyunların şekli değişti. Bilgisayar oyunları var artık. Yine gruplarla oynanıyor ama online ve oturarak. Beyin sporu deniyor bunlara... Hiperaktivite, depresyon tanıları arttı. Hele panik atak. Elinizi sallasanız panik ataklı birine çarpıyor elleriniz. Gelecek kaygısı, yalnızlık korkusu arttı. Sosyal yönden tam bir iyilik hali yok. Savaşlar, kavgalar ''in'' oldu. Tutturmuş insanlar barış da barış diye ama ötelediklerinin farkında değiller... Savaşlar, kavgalar olmasaydı, barış ne demek bilir miydik? Oyunlarımızı oynarken küslüğe değil bir an önce barışmaya odaklanırdık bizler çocukken... Oyun dedim, çocukken dedim,nerelere geldim. Sadece bir bilmece soracaktım sizlere. Ben yine sorayım: Yer altında sakallı dede nedir? Çocukken çok sorardık birbirimize. Hemen söyleyeyim: Pırasa. Biz çocukken hiç yemek ayırmazdık. Annemiz sofraya ne getirse yerdik. Her yemek bir şölen olurdu. Pırasayı severdim. Pırasa kavurması, pırasa yemeği, yumurtalı pırasa, pırasalı börek hepsi de güzeldi. Pirinçli ve limonlu ve salçasız pişirilen pırasa yemeğini de sonraları öğrendim. Muhtemelen lisede yatılı okurken. Bazıları pırasayı sevmez. Tüm yemekler sevilecek diye bir kural da yok. Pırasalı yemek tariflerinden, pırasalı krebi seçtim bu sefer. Tarifi kolay. Pırasayı kavurduktan sonra krep malzemesi ile karıştırarak, krep kıvamında pişirdim. Tarif benim değil tabii. Ama yaptım oldu. Pırasayı sevmeyenler bir de böyle denesin. Bence pırasa bu şansı hakkediyor...

Bir de şarkısını buldum. Ruhlar da beslenmeli değil mi? Hep birlikte dinleyelim. Afiyet olsun.

https://youtu.be/RU7hiLGAsMY

Ham Çökelek

Ham Çökelek Sarması:

Malzemeler:

1- Fırında közlenmiş kırmızıbiber

İçi için:

1-Yeşilbiber

2-Çökelek

3-Zeytinyağı

4-Tuz

İçini hazırlarken yeşilbiberleri küp küp doğrayıp, zeytinyağın içinde biraz soteledikten sonra çökelek ve tuzla karıştırdım. Protein ve vitamin bakımından zengin ve aynı zamanda doyurucu olduğu için diyette olanlar, diyabeti olanlar ve salata sevenler için uygun bir tercih olabilir. Eğer bu şekilde uğraşmak istemezseniz de közlenmiş kırmızıbiberi ayrı olarak, çökelekli için yanında veya yoğurtla birlikte de yiyebilirsiniz. Sabah kahvaltısı ya da herhangi bir öğünde tercih edebilirsiniz.

Ben yaparken ''Ham Çökelek'' türküsünü de yanında dinledim. Sadece dinlemekle kalmayıp Seymenlerin figürlerini de öğrenip, eşlik de ettim. Siz de bu şekilde yaparsanız ''Ham Çökelek Sarması'' daha faydalı olacaktır :)

Türkünün sözlerinde,

"...Gel çökerek tek tek sekerek
Boğazına dursun ham çökelek
Geli geli ver tam sekerek..." dese de,
Biz 1Şifa olsun" olsun diyelim...
Afiyet olsun.

Kalp Dostu Kabak

Zeytinyağlı kabak kavurmanın şiirsel tarifi:

Kalbin dostu kabakla,

Soğan, domates, sarımsak,

Zeytinyağı ve bir tutam da tuz

Buluştu, kondu tavaya.

Karıştı tahtadan kaşıkla,

Hamdı, pişti ama yanmadı.

Alındı tabağa,

Serpildi üzerine dereotu,

Kabağa da yakıştı.

Kalplere mideden yol olsun

Sevgilerle dolsun

Bu sefer de şifa; kabaktan olsun.

Afiyet olsun.

Tavsiyem: Yanında bir bardak ayran ile müzik de olsun...

 https://youtu.be/mZapeCW_QPY

Çingene Salatası

Çingene pilavı da denmekte. Adı pilav ya da salata fark etmez ve her öğünde rahatlıkla yenebilir. Oldukça besleyici ve tok da tutan, aynı zamanda da güzel, basit ve taze bir tarif.

Malzemeler:
Sivri biber
Kırmızı biber
Domates
Maydanoz
Dereotu
1 kase lor
Yarım çay bardağı zeytinyağı
1 çay kaşığı pul biber ve
Tuz

Lor olduktan sonra, evde hangi malzeme varsa onunla ve istenilen miktarda yapılabilir. Ben diyet yaptığımdan iyice tok tutması için yanında iki de yumurta haşladım.

"Eteğimin pilisi, saçlarımın lülesi, doktor bana ne dedi, dört yumurta ye dedi, ah karnım vah karnım ölüyorum kurtarın."

Toplumun en neşeli insanları çingeneler (Romanlar). Salataya da onların adı verilmiş. Nedenini bilen varsa hep birlikte öğrenelim... Neşeli bir gün olsun, sevgilerimizle dolsun.

Mutfağınızın Sayfası:

Mutfakla ilgili yazılarınızdan oluşacak. Yemek tarifleriniz de olur. demet@penceremdeninciler.com adresine gönderirseniz; "Penceremden İnciler" de yayınlanacaktır. Okurlardan, yeterince gönderim alınırsa; derlenip, kitap olacaktır. Hadi o zaman, şimdi yazma zamanı ☺

Resim

Resim incili yazılar

"Sanat, gerçekleri tanımamıza yardımcı olan bir yalandır."

Pablo Picasso

Sanat Tedavisi

Dans ya da raks, tüm vücudun, bir müzik ritmi eşliğinde estetikle birlikte çalıştırılabildiği bir gelenek, sanat, bir tedavi şekli veya sadece bir ifade şekli olabilir. (Vikipedi) Dans, insanlık tarihinin ilk sanat eylemidir. Sonraki ise resimdir. Burada da dansı resmettik. Yüz resminde ilk denememdi. Yardım almam gerekti.

Sanat Tedavisi

1930-60 yılları arasındaki ilk evrenin başlarında, hastane ortamında sanatın bir tedavi aracı olarak kullanılabileceği fikri ortaya atılmıştı. Ancak asıl, İkinci Dünya Savaşı'nın sona ermesi ardından, dünya çapında yıkıcı bir savaştan çıkmış toplumu rehabilite etmek için değişik tedavi arayışları arttı. Terapötik komüniteler şeklinde, insancıl, doktor/hasta hiyerarşik rollerinin belirsizleştirildiği ve herkesin birlikte çalıştığı modeller denenirken, akıl hastanelerinde sanatla tedavi de bunun bir uzantısı olarak başlatıldı. Bu geçişi hazırlayan faktörler: İki dünya savaşı geçirdikten sonra toplumun, "İnsanın masum, sağduyulu ve dengeli bir varlık" olduğu inancı sarsılmıştı ve "deli " olanın içeridekiler mi dışarıdakiler mi olduğu sorusu, psikotik sanat ürünlerindeki ürkünç bir acıyla sırıtan yüzler gibi bakmaktaydı insanlara. Bu sıralarda, savaş sonrası toplumun acıya artmış duyarlılığı ve eskiye ait her şeyi değiştirme eğilimi de psikotik sanata karşı ilgi ve hayranlığı desteklemiş olabilir. Bu dönemde sanat tedavisinin amacı, hastanın kendini dışa vurarak rahatlamasıydı.

1960-80 arasındaki ikinci devrede, sanat çevreleri ve toplumsal alanda, devraldığı kültürel mirası reddeden karşı çıkış, bir yandan toplumsal eylemlere yönelirken, diğer yandan içine dönüp, "bilincin değiştirilmesine" yoğunlaştı. Bu içe dönüş, Batı kültürüne ilişkin her şeyi red tavrıyla, Uzak Doğu'ya ilişkin felsefe ve uygulamalara, "uyuşturucu" madde kullanımına ve müziğe ilgi gösterdi.

1980 sonrası üçüncü evre ise, sanat terapisinin profesyonelleşme ve diğer terapi yöntemleriyle bağlantılanma dönemidir. Sanat terapistleri, yaptıklarının bir uğraşı terapisi olmadığını, serbest çağrışımla işleyen bir "boşalım, iletişim kurma, yorumlama" yöntemi olduğunu söyleyerek, çeşitli psikoterapi yaklaşımları içinde yer almaya yöneldiler.

*(Derleme)
Kaynak: http://www.olcayyazici.com.tr/

KENDİME AÇILAN SAHNE: PSİKODRAMA

Psikodrama, insanların yaşadığı sıkıntıları tekrar ele alıp inceleme, sorgulama ve neler olup bittiğinin farkına varma amacıyla sahnenin ve eylemin kullanılması olarak tanımlanabilir. Bir grupla birlikte zaman zaman bir anı, zaman zaman bir travma, bazen günlük can sıkıcı bir olay ya da rüya sahnede canlandırılır. Baş oyuncu (protagonist), kendine ele almak istediği olay, konu, kişi ya da rüya için yardımcı oyuncular (antagonist) seçer. Onlara rol verir. Onlar da başoyuncunun isteği ve yönergeleri doğrultusunda o rolü oynarlar. Zaman zaman başoyuncu, rol verdiği kişilerin rollerine geçerek olaylara onların gözünden bakmaya çalışır.

Doğumdan itibaren insanlar çeşitli roller alıp onlara uygun davranmaya başlarlar. Bu roller zaman zaman baskılanır ya da bazen sadece öğrenildiği gibi, kişinin kendi yaratıcılığı katılmadan oynanır. Böyle zamanlarda çeşitli ruhsal sorunlar baş gösterebilir. O zaman bu rollerin değiştirilmesi ya da o rolü başka türlü oynama yollarının denenmesi gerekir.

1920'lerde Levi Moreno tarafından geliştirilen psikodrama, aslında hayatın bir simulasyonudur. Sahnedeki başoyuncu sadece yaşadığı sıkıntıları sahneye getirmek ve onları sorgulamakla kalmaz; aynı zamanda yeni çözümleri ya da daha önce hiç almadığı rolleri almayı deneyip hayatının akışını değiştirecek farkındalıklar kazanabilir.

Psikodrama sahnesinde her konu ele alınabilir. Sahneye şu anda hayatta olan ya da olmayan, ulaşılabilir ya da ulaşılması mümkün olmayan herkes gelebilir. Sahnedeki oyuncular istedikleri yere gidebilir, istedikleri yaşta olabilir ya da istedikleri insanlarla etkileşime geçebilirler. İşlenen konular ya da ele alınan durumlar zamanla sınırlı değildir. Geçmiş, şimdiki zaman ya da gelecek zaman görülebilir ve değiştiriliebilir.

Psikodramada grup, yöntemin en önemli öğelerinden biridir. Grup üyeleri sahnede olup bitenlerle ilgili hissettiklerini, yaşadıklarını aktarırlar, kendi hayatlarından bazı kesitler getirip aradaki benzerlikleri ya da farklılıkları bulmaya çalışırlar. Bu paylaşımlar, sahnede alınan roller gibi, kişiler açısından son derece aydınlatıcı olur.

Psikodrama grupları, her türlü konuyla ilgili ve her yaştan insanlar tarafından oluşturulabilir. Yaklaşık 8-10 kişiden oluşan gruplar 1,5 saatlik oturumlar halinde toplanırlar. Gruplar, 1 ya da 2 terapist tarafından yönetilir. Gruplar daha önceden belirlenen kadar oturum sayısı kadar devam edebilir, zaman zaman da grubun ihtiyacına göre uzatılabilir.

Psikodrama, insanın kendisiyle karşılaştığı en büyülü ve

çarpıcı yöntemlerden biridir. Özdemir Asaf'ın dizelerinde anlattığı gibi:

Do

Dün sabaha karşı kendimle konuştum

Ben hep kendime çıkan bir yokuştum

Yokuşun basında bir düşman vardı

Onu vurmaya gittim kendimle vuruştum

Kaynak: https://aslisoyer.com/2013/03/03/kendime-acilan-sahnepsikodrama/

Drama ve Oyun İlişkisi

Drama ile oyun iç içedir. Drama oyunun pek çok özelliğini barındırır. Oyun, çocuk için yemek, içmek kadar önemlidir. Drama süreci içinde, çeşitli oyunlar da yer alabilir. Çocuk, oyunda ben, sen ve biz kavramlarını öğrenir. Paylaşma, yardımlaşma, yenme ve yenilmeyi yaşayarak öğrenir. Oyun kız erkek çocuklar arasındaki ayrımın, çekişmenin azalmasını sağlayabilir. Güven duyma, karar verme, iletişim kurma drama ile oyun arasındaki ortak noktalardır. Dramanın kökeninde oyun kavramı bulunduğuna göre, eğitimde dramada kültürel ve evrensel oyunlardan yararlanılır. Oyundaki etkileşim ile toplumsal yaşantıdaki etkileşimin benzer olması, oyunun eğitimde drama da kullanılmasına neden olmuştur. Eğitimde drama, grupla yapılan oyunsu süreçlerdir.

*Drama sunumundan

Desen Çalışması

Biraz kara kalemle çalışıp daha sonra sulu boya desen çalışması yapmıştım. Desenler ressamımızın, ben çizmedim. Kitapçılarda büyükler için desen kitapları mevcut. Onlardan alıp bu desenleri boyamanın keyfine varabilir, yaratıcı tarafınızı ortaya çıkarabilirsiniz. Boyarken müziğinizi açmayı unutmayın. Keyifli boyamalar…

Atölye Asuman'a sevgiyle…

http://www.atolyeasuman.com/

Beş Evdeki Tablo

Resim atölyesinde ilk boyadığım tablo. Tuval büyüklüğünde ozalit bir de renkli fotoğraf, karbon kâğıdı kopyalama tekniği ile. Ozalit ve kopya işini sevmedim. Boyamayı ise çok sevdim. Renkleri ve renklileri de oldum olası severim. Resim nerede mi? Beş evlerden birinde.

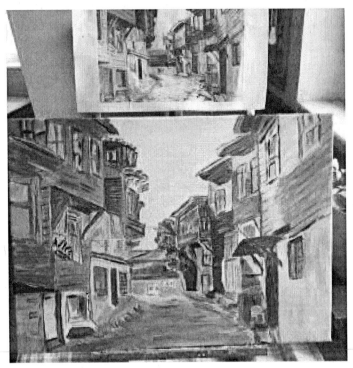

Sonra da bu tablo. Eski cumbalı evler. İlk başlarda yaptığım resimlere ressamımızın dokunuşları daha fazlaydı. Bir fırça darbesiyle resmin konusuna dönmesini seyretmek çok keyifli olurdu. Bazen duvardaki çatlamış sıva bazen tül perdenin danteli, küçük dokunuşları resmin şekillenmesini sağlardı. Bunu izlemek de yapmak kadar güzeldi.

Tablonun son hali. Birebir aynı olmasını istemedim. Ağaç ve çiçekleri ekledim. Resim atölyemizde yine bir tabloya el birliği ile hayat verildi. Bu tablo da şimdi, ilk tablonun yanında.

Objektifimden Tuvalime

15 Nisan 2016 /Şirince

Sevgili Şirince, seni sevdim görünce,
Güneşe bakan evlerin, pencerelerin, kapıların,
Huzurlu kedilerin, köpeklerin,
Bir de taş yollarında atların.
Zeytinin, incirin, narın, üzümün,
Yağın, sabunun, meyveli şarabın,
Tezgâhında satılır bin bir ürünün.
Daha önce yurdu olmuş Rumların,
Kıskanmışlar adını koymuşlar Çirkince.
Mübadelede gelmiş Selanik'ten halkın.
Tarihten kalmış iki kilise bir okulun,
Tarihinde hep üretmiş halkların,
Buna eklenmiş şimdi bacasız fabrikan.
Güvenli bölge diye anılmış adın,
Mayalardan uzanmış namın,
Kopmadı kıyamet devam edecek adın...

Şirince'den nazar boncuğum,

Geçti otuz beşe ellilik tuvale.

Biraz tiner, biraz yağ bir de boya,

Tuval, fırça, önlük

Ama illa olacak müzikle.

Eğer beğenirseniz siz de yapabilirsiniz.

Yelkenli

Buradaki çizim bana ait. Bir resme bakarak çizdim. Mavi ile beyaz boyayı fazlaca kullandım. Beyaz, tüm tablolarda en çok kullanılan boya. Bu haliyle, dekorasyona uyum sağladı.

Ortamı değişince, yeniden işlem gördü, daha da çoğaldı, döndü bu hale ve hediye oldu eşime.

Vazodaki Çiçekler

Buradaki çalışma en çok sevdiğim tarzda oldu. Özgür fırça darbeleriyle çiçekleri şekillendirmek, renklerin canlı olması ve yine mavinin yakışması da güzeldi. Doğum günü yazımdaki yazım tarzı ile benzeşti gibi geldi bana. O zaman bu çiçekler de yazının olsun.

Üç Tablo

Yan yana üç tablo. Üçü de aynı anda bitmişti. Keyifli bir çalışmaydı. Yine müzik eşliğinde yapmıştım.

"Müzik güzelliğe götürür"
Platon

Güzel de oldu. Bundan sonrasında, üç tablodaki laleler bizlere daima huzur verecek ve hep sağlığı, temizliği anlatacaklar.

Adalete Açılan Yelken

Yelkenliler

Yelkenliler sever rüzgârı ama bazen fırtınalar da olacak...

Sen de rüzgârları sev ama fırtınaları da kucakla...

Her zaman doğrunun yanında ol, şaşma adaletten...

Vicdan en önemli erdem...

Adalete yelken açan yeğene mezuniyetinde sevgiyle...

En Güzel Mucize

Her iki oğluma da boyamıştım,
İkisi de merak sarmıştı ergenliklerinde gitara,
Gitar onlara diyor ki: Müziğini yanına almayı unutma!
Düşüncem:
Müzik; yaradılışın en güzel mucizesi…

"An"ı Yaşa

20×40 lık tuval ve şövale ile tatilden bir "an", anı oldu bizlere.

Yaşam, yaşanan anlardan oluşur. Anlarımızı dolu dolu geçirirsek, yaşamı da dolu geçirmiş oluruz. Ara ara geçmişteki anıları hatırlamak güzeldir. An'da mutluysak, an'da olabiliyorsak eğer, geçmişi düşünüp üzülmeyiz, geleceğe de endişeyle bakmayız. Arada geçmişe bakmak, geleceği yapılandırmak adına faydalıdır da. Tablodaki deniz manzarası, mavi, turuncu, kahvenin tonlarıyla iç acıcı. Kitap okurken veya bilgisayarla çalışırken ara verdiğimde gözlerimi de dinlendiriyor ve ruha da iyi geliyor.

Tatil deyince genellikle yaz, yaz deyince de güneş, sıcak, deniz aklımıza gelir. Bunların aklımıza gelmesi bile bizi rahatlatır. Tatilde kaldığımız yerin duvarında asılıydı ve fotoğrafını, tuvale geçirmek amacıyla çekmiştim. Bu nedenle de, bize tatil zamanımızı hatırlatması açısından da iyi gelen bir tablo oldu.

An, anı derken, bir "an"ım geldi aklıma; bilgisayarlı tomografi makinasının içindeki "an"ım. Tomografi çektirenleriniz, makinanın içindeyken duyulan sesleri ve kapalı, dar olan bu alanın sıkıntı verici halini bilirler. İşte böyle bir anda gözlerimi kapadım ve kendimi denizde pancar motorlu bir kayığın içinde giderken hayal ettim. Sesler bana pancar motorunun sesini hatırlatmıştı. Böylece bu an, tarafımdan daha dayanılabilir bir hale getirilmiş oldu. Deniz, kayık, güneş, yelkenli, vb. Bunların hepsi yaşamımızı güzellikleriyle süsler ve varlıklarıyla da mutlu ederler. Sadece varlıkları değil, düşüncesi bile, "an"larımızın iyi geçmesini sağlar.

Bir de dikkatinizi nefes almaya çekmek istiyorum. Doğru nefes almak çok önemli. Okuduğum bir yazıda ya da dinlediğim bir videoda da olabilir, diyordu ki; geçmişi ve geleceği düşünürken nefesimizi tutuyor, anda iken nefes alıyoruz. Çok doğru. Bu nedenle, geçmişi ve geleceği çok düşünmek, yaşamımızdan çalabilir. Nefes almayı unutmamak gerek. Anda yaşamak doğru nefes almakla da mümkün. Ara sıra derin nefes alma egzersizi yapmalı ve dikkatimizi nefesimize vermeliyiz. Bunu en iyi, meditasyon müzikleri eşliğinde yapabilirsiniz. Tabi burnunuzu tıkayan bir oluşum ya da hastalık yoksa. Derin nefes almanın güzelliğine varıp, nefes almayı unutmadan geçireceğimiz anlara… (Carpe Diem)

Resimlerle Çocuk

Ela'nın resmi. Ela mutlu; üç buluttan biri annesi, biri babası, biri de kardeşi. Kendi de sarı emoji. Evini, kelebekleri bir de çiçekleri çok seviyor.

Kasım ayının neredeyse tüm günleri rezerve edilmiş. Bugün de ömemli; "Dünya Çocuk Günü". Konu da olsun resimlerle çocuk…Çocuklar resim yapmayı severler. İçlerinden geldiğince özgün resimler yaparlar. Yeteneklerinin olup olmaması da çok önemli değildir aslında. Kendilerini resimlerle ifade ederler, hayal dünyalarını yansıtırlar. Ruh durumlarını resimlerden anlayabilirsiniz. Çocuğun resmine düşük not vermek onun hayallerini, varlığını, var olabilmeye çalışan çabalarını görmemekle eşdeğer gibi gelir bana. Biraz kırıntı varsa çocukta resim yapmaya dair onu desteklemek, motive etmek önemlidir. Çocukların bakış açıları da farklıdır. Evi çocuk gibi görüp pencerelerini göz, kapısını burun, kiremitlerini de saç yapabilir, seyrettiği çizgi kahramanlar da yansıyabilir resimlerine. Şekli garip olsa da onun kahramanıdır onlar... Yok etmeyelim kahramanlarını, yok etmeyelim hayallerini, ağlatmayalım onları, "Senin resmin en güzeli" diyelim, hatta sınıflarda müzik açalım, müzikle yapsınlar resimlerini. Sadece beden eğitiminde değil, resim dersinde de dışarı çıkaralım. Okul gezilerinde bile "Çıkarın kâğıtları çocuklar" diyelim ve en mutlu resimlerini yapmalarına fırsat verelim böylece...

Manzara Resimleri

Manzara resimlerine bakarak yapmıştım. Çizmeye gerek bile kalmadan fırçalarla resmi oluşturmak güzeldi. Yağlı boyaya yeni başlayanlar için bu boy tuval güzel bir seçenek olabilir...
(20×20 cm)

Tıpkı ilkokulda çizdiğimiz gibi.

Deniz mutlaka olmalı

Bir de gece ve deniz feneri, dolunay ise en muhteşemi.

Bakış Açıları

Keçeli kalem ve kartpostal kâğıdı ile oluştular bu sefer.

Rüya Okulu videolarından bakarak yaptığım resim.

Rüya Okulu bakış açısıyla oluştu.

"Hepimiz aynı bakış açısına sahip olsaydık Picasso ve Dali olmazdı."

Bakış açılarının farklı olması, birçok sanat eserinin oluşmasını sağlamıştır. Herkes aynı tasarımı yapsaydı resim sanatı olur muydu? Herkes aynı düşüncede olsaydı, aynı şeye baksaydı, aynı yönden baksaydı yorumlanacak bir şey olmazdı, yoruma gerek de kalmazdı. Anlatım, ifade, stil, tarz olmazdı. Farklı renkler de gerekmezdi. Farklılıklardır resim sanatını ve diğer sanatları da oluşturan... Farklılıklardır insana kişiliğini katan ve tablolara hayat veren...

14 Şubat Serisi

Sanki nişan töreni gibi...

Burada da flört...

Güvercin barışın, kalpler sevginin sembolü, rengarenk bir resim en sevdiğim....

Tango olmazsa olmaz...

Dans; müziğin ritmiyle yine aşkın sembolü...

En sonunda da finali...

14 Şubat serisi verdim bu tablolara. Hem şubat ayında yapmıştım hem de konu itibarıyla günün önem ve anlamına uyuyordu. Aydınger kâğıdı ile kopya yaparak boyadım 20×20'lik tuvallerimi. Eserlerin kime ait olduğunu unuttum. Söz size ilk atölyeye gittiğimde bu yazıya ekleme yapacağım ressamının adını. Okumuştum ama isimler aklımda kalmıyor. Burada yazdığımda ise bir daha dimağımdan silinmeyecek... Devamı gelecek...

***

14 Aralık'ta uğradım atölyeye bir kahve içimi. Öğrendim. Tabloların ressamı...

Ressam ……… …………' a teşekkür ve sevgilerimle...

*Resimler, sahibinin uyarısı üzerine, tarafımdan kaldırılmıştır. (30.12.2018).

Ressamımız, resim yapmayı öğrenirken, klasik eserlerin kopyalanması gerektiğini ve kopya resimlere imza atılmaması gerektiğini öğretti. Bir yanlış anlama da olmuş. Tablolarımı sattığımı düşünmüş. Yanlışını fark edince özür dileme büyüklüğünü de gösterdi.

Atölye öğretmenim, tablolarımı arkadaşlarıma hediye ettiğimi bildiği için, imzamı atmamı rica ediyordu. Tablolar orijinal olmasa da, emek verdiğimin anlaşılmasını istediği içindi. Çok da üzülmemek ve saygı duymak gerek.

Ressamın bu eleştirisi, bloğumu yeniden düzenlememi sağladı. Tabloları daha uzun yazılar yaarak anlatmaya başladım. Bu şekilde güzel yazılar da oluştu böylece. Bunun için ona teşekkür ederim.

"Sanat gerçekleri tanımamıza yarayan bir yalandır."

Pablo Picasso

Sanatı sevmek koca bir yalana göz yummak mı yani? Yalan söylemeyi sevmediğimi sanırdım. Sanat gerçekleri ortaya çıkarıyorsa eğer, o zaman biraz yalan söylemenin ne zararı var ki?

"Bütün sanat doğanın bir taklididir." Seneca demiş.

Sevgilerimle...

14 Şubat'ta yazının devamı gelecek...

Bugün 14 Şubat 2019 kutlu olsun...

Final burada

"Kişiler büyük ressamların eserlerini incelemeli, aslına uygun şekilde kopya edilmelidir. Bu taklit çalışmaya uzun süre devam etmemelidir."

(Alıntı)

Zaten bir inanışa göre: "Sanat doğayı taklit etmek değil mi? En iyi sanatçı, doğayı en iyi taklit eden değil mi?"

Aristotales

Ressam değilim. Hobi olarak resim ile ilgileniyorum. Asıl ilgilendiğim ise boyamak ve boyarken geçirdiğim zamanda, zamanın nasıl aktığı ve bunun beni nasıl mutlu edip, sağlığıma iyi geldiği… Burada göstermek istediğim de resimler değil; sağlığa giden yol ve özellikle günümüzde ne kadar gerekli olduğudur…

Her akşam gördüğümüz çirkin haberlerin belki bir gün hangi yollarla düzeltilebileceğini göstermek isteyişimdir; naçizane… Bir nebze de olsa katkı sağlamayı isteyişimdir. Kendimce, yaşadığımca, bildiğimce, bilebildiğimce…

Bugün sevgililer günü. Tüm finaller resimdeki gibi olmayabilir. Sonu güzel olacak diye bir şart yok. Ama güzel olursa bu iyidir. Sağlıklı bir evlilik, sağlıklı olmayı da getirir sonucunda. Gençler, tavsiyem hayat arkadaşınızı seçerken çok dikkatli olun. Önce kendinizi tanıyın. Sonra sosyal bir topluluk içinde görün hayat arkadaşınızı. Kendinizi tanımadan; kimsin? Zevklerin neler? Nelerden hoşlanırsın? Bunları bilmeden bir birlikteliğe giderseniz sonuç finali getirse de, bu final kısa süreli olabilir. Finalin uzun süreli ve sağlıklı olması istenilendir oysa…

İnsanlar sürekli değişim ve gelişim içindedirler. Eşlerden biri, diğerinin gelişim ve değişimine ayak uyduramayabilir ya da farklı dönüşümler geçirebilirler. Bu durumlarda final güzel oldu diye devam ettirmeye çalışmak da sağlıklı olmayabilir. Final kocaman yalana dönüşür, sürdürmek, yalana devam etmeyi seçmekle eşdeğer olabilir. Yerine göre minik ödünler verilebilir. Emek harcamak önemlidir. Ufak sorunlarda emek harcamadan ayrılmayı seçmek de biraz şımarıklık anlamına gelebilir. Ama en güzeli de beraber olgunlaşıp, dönüşüp, değişimleri beraberce kucaklamak ve aynı pencerelerden bakabilmeye devam edebilmektir. Birliktelik bu şekilde güçlenir ve sevgiler, mutluluklar katlanır. Böyle birliktelikler de, sağlıklı ve mutlu toplumu, toplulukları oluşturur. Her zaman mutlu olmanız ve 14 Şubat'larda sevgisiz kalmamanız dileğiyle…

Hepimizden, hepinize sevgiyle...

Çakıl Taşlarını Boya

Akvaryumda balıklar...
Şans ve bereketin simgesi...

Güneş, yelkenli, nazar boncuklarından denizin, renklerin en güzel tonlarıyla ifadesi...

Bunlar da çocuk odası serisi olsun. Gittiğim bir gezide hediyelik eşya dükkânından çektiğim fotoğraftan yapmıştım. Aslında bu resimler küçük taşların boyanıp, tahta bir zemine yapıştırılmış haliydi. O halleriyle daha güzel olduklarını itiraf etmeliyim. Küçük çakıl taşlarını boyamak da çok keyifli. Oğlumun resim ödevine yardım ederken boyamıştım taşları ve şekillerin kendiğinden oluşuvermesi beni çok şaşırtmıştı. Belki bir ara tekrar yaparım. Resmin her hali güzel. En çok yağlı boyayı sonra da akrilik boyayı sevdim. Akrilik boyayı duvarda kullandım. Akrilik boya tüm yüzeylere uygulanabiliyor. Evdeki kavanozlardan başlayabilirsiniz mesela. Size de kırtasiyeciniz yardımcı olur mutlaka ya da Google... Ama atölye varsa yakınlarınızda oraya mutlaka gitmelisiniz çünkü oradaki birliktelikleri yaşamak da en güzeli.

Çiçek Olmadan Olmaz

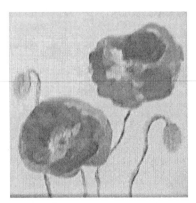

Gelinciğe bakarak yapmıştım. Gelincik de aşkın simgesi...

Narin, nazenin...

Papatyasız olmaz...
Temiz bir kalbin simgesi...

Pembe kasımpatı, sadakat ve şefkatin sembolü...

Hercai menekşeler. "Aklım sende, senden başka bir şey düşünemiyorum. Hayallerde sen, gündüz sen, gece sen her şeyde sen... Sen benim can damarımsın, ben aşk kurbanıyım." demekmiş.

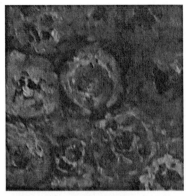

Mor güller, ilk görüşte aşkın simgesi...

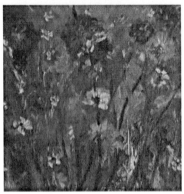

Bu tabloda ise tüm çiçekler var. Altta mor bir çiçek vardı sonra bu hale dönüştü. Öğretmenimin severek tamir ettiği bir tablo oldu. İlk başta bakarak başlamıştım çiçekleri yapmaya. Sonra da çiçeklere baka baka doğaçlama yapmaya başladım. Sizlere de tavsiye ederim...

İşte böyle. ilk özgün tablom.

Güzellik Nedir?

Ruj Güzellik Merkezi'ne sevgiyle...

Güzellik nedir sizce?

Güzellik, içinizdeki ışıktır, dışınıza da yansıyan. Ruh ile zarafet ile birlikteyse siz güzel olursunuz.

Bunun için ne yapmalı? Ruhun güzellik merkezine gitmeli ve güzelliğe ruhu da katmalı.

Ruhun güzellik merkezi nerede?

Resimlerinizi yaptığınız, yazılarınızı yazdığınız, müziğinizi yaptığınız, müziğinizi dinlediğiniz, sanat atölyelerinizde, sinemada, tiyatroda, bazen de lut gölünün tuzuyla buluştuğunuz, bazen gittiğiniz, gezdiğiniz yerde ve evinizdedir...

Yegâne tavsiyem ise, içinizdeki çocuğu zaman zaman dışarı çıkarın. Bırakın oynasın, kızsın, gülsün, dobraca söylesin. Ruhlar güzelleşir böylece.

Ruhları güzelleştirerek güzelleşmek ama müzikle, ama resimle, ama doğayla baş başa. Hepsi aynı yere çıkar ve sizi güzel yapar.

Sevgilerimle...

Dedenin Doğum Günü

Pencere ve kapı resimlerini çok severim. Bir arkadaşım yapmıştı ve çok beğendiğim için de izin alarak ve onun ozalitlerini kullanarak yaptığım bir tabloydu. Buradan ona tekrar teşekkür eder, sevgilerimi yollarım. Lale asil, aşk ve zarif anlamlarını taşır, gururlu çiçek olarak bilinir. İnsana rahatlık, sıcaklık ve huzur verir. Osmanlılar birçok eserde kullanmıştır lale motiflerini. Hollanda'ya bizden gitmiş olduğu da bilinir.

Tablo şimdi simgesi haline gelmiş olan şehzadelerin şehrinde ve hediye oldu mezuniyetinde yeğene. Şehrin belediyesi her tarafa laleler dikti. Hatta bir semtin adı oldu Laleli. Yeğenimiz de bu belediyede çalışıyor ve o da lale gibi asil, zarif ve gururludur. Dilerim ki saksıdaki laleler ona uğur getirir ve onun da penceresinden güzel inciler dökülür. Aynı zamanda dedemizin yetmiş dokuzu bitirdiği bu günde selam olsun buradan şehzadelerin şehrine. Selam olsun yeğene... Selam olsun "doğum günü "nün dedesine...

İnciler Dökülmeden Önce

Bu da ikinci duvar tablom. Bir görsele bakarak, fırçalarla doğaçlama şekilleri çizerek çala fırça yapmıştım; penceremden incileri açmadan hemen önce. Çok ayrıntı yapmadım. Ressamımız da "Zaten duvara ayrıntılı çizmeye gerek yoktur." dedi. Yine de, üzerinde biraz daha çalışmak istiyorum. Yazmak öne geçti ama yine zaman ayıracağım resime ve söz döneceğim yine atölyeye... Şimdilik bütün hepsini gözden geçirmeye ve burada paylaşmaya ayırdım zamanı. Sonra da sırada okunmayı bekleyen kitaplar var epeydir ihmal ettiğim...

Yaratıcı yazma atölyesinin ustası, yazılarında diyordu ki: "Okumadan yazamıyorum." Bense sanırım etkilenmemek için okumuyorum; belki yazıda yeni olduğum içindir. Ama bir şeylerden etkilenmez isek zaten neden yazarız ki o zaman? Müziğin de her türlüsü beni etkiliyor ve yazarken yardım ediyor zaten... Ama illa ki okumak gerek, hem de çok... Sonra borcumuzu nasıl öderiz değil mi?

95.Yıl yazıma da selam olsun buradan...

Bahar Dalı

Tuval yetmeyince boyadım duvarları; boya, inceli kalınlı fırça, önlük, bir bardak su bir de merdiven... Tabi ki müzikle. (Radyo voyage.com)

İlk müzik olsun benden hediye.

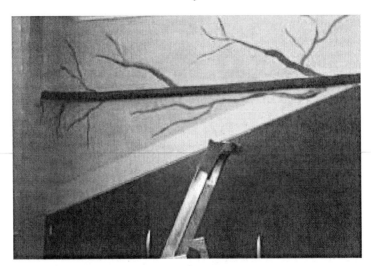

Önce bir dal boyadım.

Dala bir çiçek kondurdum.

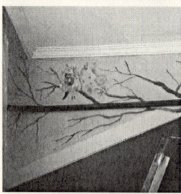

Derken bir de kuş kondurdum.

Kuşun kafasını düzgün yapamayınca bir de çiçek kondurdum.

Dala doldu çiçekler, iki kuş iki de kuş evi.

En sonunda da siyah boya ince fırçayla konturladım, attım imzamı da.

"Toplanmalı ressamlar boyanmalı koca köprünün ayakları..."
Selam gönderdim "Koca köprünün ayaklarına."

Mucize

Tam bu resimleri sayfaya koyup, taslağını hazırlamak üzereyken, bir önceki akşam televizyonda kanallara bakarken yarısında yakalayıp seyredemediğimiz Mahsun Kırmızıgül'ün "Mucize" adlı filminin tekrarına denk geldik. Bu sefer başlangıcından yakalamıştık. 2015 yılında vizyona girmiş olan bu filmi, daha önce yine televizyondan seyretmiştik. Yazımın adını "Mucize Bu" diye koyarak, hazırladığım görselleri yerleştirmeye başlamışken, bir başka "Mucize " ile karşılaşmak tesadüftü, belki de bir inanışa göre tesadüf değildi.

Işyeri hekimliği yapmış olduğum işyerimde çalışıyordu babası Mercan bebeğin. 2018 yılında evlenmişti, Mercan bebeğin annesiyle. Üç ay önce müjdesini verdi gelecek bebeğin, elinde üç boyutlu olan ultrason fotoğrafıyla. Tıbbi teknoloji de gelişti diğer gelişmelere paralel. İlk defa yakından görüyordum üç boyutlu ultrason fotoğrafını. Gördüğümde ve şeklini algıladığımda, içimden tuvale aktarmak geldi. O kadar güzeldi ki bu yaradılışın mucizesi…

Epeydir yazılarım nedeniyle ara verdiğim resim atölyesine bu nedenle tekrar döndüm. Resim yapmayı baya özlemiş olduğumu fark ettim. Özlemek de güzel. Özdemir Asaf diyordu ki: "Özlemek güzeldir, özlüyorsa özlenen." İşte bu… Resim de beni özlemişti, ressam da özlemişti. Ressam, tuval, akrilik boya, fırçalarım, önlüğüm, müzik bir de bendim. Resimle özlem giderdik. Şarkı söyleyerek yaptık resimlerimizi bu sefer… Mercan bebek şanslıydı…

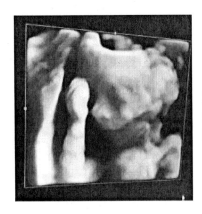

Bu üç boyutlu ultrason resmindeki Mercan Bebek 16 haftalık.

"Mucize" filmi Mahsun Kırmızıgül'ün dördüncü filmiymiş. Dram içerikliydi.1960 yılları ve darbe dönemlerinde, Doğu'nun bir dağ köyünde geçmekte. Öğretmen, Ege'li ve bu köye sürülür, uzun bir yolculuk sonunda köye gittiğinde orada okul binasının olmadığını görür. Kendisine, bunu bahane ederek dönmesi söylendiği halde vazgeçmez, kendisinin ve köylünün koşullarıyla, kız öğrencilerin de okutulma sözü karşılığında, okul binası yaparak, öğretmeye başlar.

Köylünün bir de delisi vardır. İlk başlarda öğretmen kendisi de korkar ama sonrasında delinin aslında duyguları olan, özrü yüzünden bu şekilde davranmakta olan birisi olduğunu anlar ve onu okula derslere almaya başlar. Bu arada çocukların onunla dalga geçmelerini önler, ona öğrenme fırsatını verir, ona sevgisini verir... Öğretmen rolünde Talat Bulut, özürlü rolünde de Mert Turak vardı. İkisi ve diğer oyuncular da çok başarılıydı.

Talat Bulut, Ege'nin şivesinin hakkını iyi vermişti. Mert Turak ise rolünün hakkını gani gani vermişti. Hele Mahzun Kırmızıgül'mn şaşı tiplemesi de gerçekten takdire şayandı. Bütün oyuncular başarılıydı. Bu filmi seyretmediyseniz eğer mutlaka seyretmelisiniz. Filmin, oyuncuların, yönetmenin başarılı olmalarını, yaşanmışlıklara bağlıyorum. Yaşanırken duygu yükü ne kadar yoğunsa sonucunda da o derecede başarıyı getirdiğine inanıyorum. Mahsun Kırmızıgül, müzik sanatçısı olduğu halde, bu işe de soyunmuş ve kendi coğrafyasında ve koşullarında oluşmuş olan yaşanmışlıkları anlatmıştır. İçinden geldiği toplumun sorunlarını, sevinçlerini, üzüntülerini dile getirmiştir. Aslında çözümleri de getirmiştir. Çözümüm sevgi olduğunu somut bir şekilde göstermiştir filmde bizlere. Aziz'in yaşadığı mucizeyi, Aziz'in babasına can borcunu ödemek için, babası tarafından Aziz'le evlenmek zorunda bırakılan güzelliği dillere destan kızın, Aziz ile olan evlilik yolculuğunu ve sevginin Aziz'i nasıl şekillendirip, özrünü de nasıl dönüştürdüğünü anlatan bir yolculuğun öyküsüydü... Güzelliğin, Aziz'in dünyasını nasıl kurtardığının öyküsüydü.

Gözümden yaşlar akmıştı filmin sonunda. Sevginin mucizesi vardı burada. Yönetmen ve oyuncuların hep birlikte yarattıkları eser gerçekten gurur vericiydi ve iyi ki böyle sanatçılar var dedirti bize...

Minik Mucize'nin Tuvaldeki Hali

Bu resimde de bir yolculuk var. Mercan bebeğin, yaşama giden gizemli yolculuğu. Şimdi 40 haftalık yolculuğunun 28. haftasında ve ailesi onu dört gözle bekliyor. Mercan bebek de sevginin mucizesi. Annenin karnına yaslanmış, elini de başına koymuş haliyle de yaradılışın en güzel mucizesi... Ailesi de onunla şimdiden gurur duyuyor...

Minik mucizenin babasının adı da Mert. Mert Turak ile adaş. Bu da ilginç bir tesadüf oldu. İki Mert bu yazıda buluştu. Mert Turak belli ki oyunculuğu çok seviyor ve başarılı da bir oyuncu. Mercan bebeğin babası da, mucizesini şimdiden çok seviyor ve heyecanla gelmesini bekliyor; mucizenin annesiyle birlikte. O da iyi bir baba olacak şimdiden belli.

Bu armağanı alınca çok duygulandı ve gözyaşları tercüman oldu kelimelerin yetersiz kaldığı duygularına... Mercan bebek, yolculuğun sağlıklı, şansın daim olsun... Buradan, Mercan bebeğin ailesine, Mercan bebeğin üç boyutlu ultrason fotoğrafını, tuvale aktarma isteğimi onayladıkları ve sayfamda yayınlama isteğimi geri çevirmedikleri için teşekkür ederim. Anne ve babasıyla mutlu, sağlıklı, güzel bir ömür dilerim...

Çiçekli, Renkli ve Deli

"Ben çiçeklileri, renklileri, delileri severim, bir de delilikleri."

Özdemir Asaf

Ne güzel demiş şair. Ben de severim. Çiçekleri severim. En çok da kokulu olanlarını. Sümbül, nergis, hanımeli, yasemin, gül, karanfil, ful, limon ve portakalın çiçekleri ve nicelerini. Çiçekler yaşamımızı güzelleştirirler. Gerçeği de yapma olanı da güzeldir. Renkler ve renkliler de güzelleştirir yaşamı. Ruh halimizi de etkiler.

Yukarıdaki tabloyu çektiğim bir resimden bakarak tuvale geçirdim. Artık ozalit, aydınger kâğıdı yok. Bakarak çizim yapabiliyorum. Resim yaptıkça aşama kaydediyorsunuz. Yeter ki bırakmayın... Tablo orijinal değil baskıydı. Çerçevesi sarıydı. Resme yakışmıştı. Bir an çerçeve yaptırmayı düşündüm ama her zamanki gibi yaptırmadım; vazgeçtim.

Tuvalin yanlarını da boyuyorum. Çerçeve sınırlandırılmışlık hissi veriyor bana. Bu şekilde ise sonsuzluk ve özgürlüğün hissini veriyor. Çiçekler ve vazolar isterse tuvalden atlayabilirler; özgürler... "Çiçekler koparılmamalı, dalında güzel" dediğinizi duyar gibiyim. Çiçekler dalında da uzun yaşamıyor ki. Hatta bazen vazoda, suyu düzenli tazelendiğinde daha uzun yaşayabiliyorlar. Vazoda durduğunda onları daha çok görüp, koklayabiliyorsunuz da... Bahçesi olmayanları düşünün. Onların da çiçeklerle vakit geçirmeye, çiçekleri koklamaya ihtiyaçları yok mu? Çiçekler hassaslar. Zaten dalında da çabucak solacaklar değil mi?

Hasta yatağında yatanların, yeni bir bebeği dünyaya getiren annenin, evlenen bir çiftin, sevgilinin, öğretmenin, çiçek armağan edildiğinde yüzlerinde görülen tebessüm ne güzeldir değil mi? Çiçek olsam en çok da bu mutlu ederdi beni. Ruha iyi gelen bir ilaç gibi... Tazeliyor, güzel duygular geçiyor içinizden, mutluluk oluyorsunuz. "Abi, ablama bir gül" diyen çiçekçi o da mutlu oluyor değil mi? "A be alasın bi çiçecik." diyen çiçekçiye ne demeli? Bunu derken bile sizleri gülümsetmiyor mu?

Sözün kısası, dalında olanı en çok olmak üzere, vazoda olanını da, yapma olanını da, tabloda olanını da çok severim çiçeklerin. Şu anda kendiliğinden bir resim yap deseler, hemen çiçek resmi yaparım. Onlara sadece bakmayıp görürüm de.

İncelerim...

Resim yapmaya başladığımdan beri ise ağaçlara, kuşlara, kelebeklere daha da yakından bakmaya başladım. Kafamda iyice yer etmeli ki tuvale çizebileyim, fırçalarımla boyayabileyim diye...

Renklileri de severim. Turuncu, kırmızı, sarı gibi sıcak renkleri, mavi, yeşil gibi huzur veren renkleri, lacivert, gri gibi ciddiyet veren renkleri, tüm renkleri içinde barındıran, saflığı, temizliği çağrıştıran beyazı, zıttı olan siyahı, gökkuşağının tüm renklerini, ara renkleri, fuşya, çim yeşili, lila, somon rengi gibi isimleri farklı olan renkleri; hepsini severim. Doğa tüm bu renklerin hepsini barındırır. Doğa bize renkleriyle de huzur verir, sesleri ve sessizliğiyle de...

Şairin delilikleri severim sözü bana çocukluğu hatırlatır. Çocukluk da saflığı, temizliği, dobralığı, doğruluğu... Çocukluk güzeldir. Çocuklara hoşgörüyle bakarız, art niyet aramayız onlarda. İşte bunu da çok severim. Geçtiğimiz yaz, bulunduğumuz bir mekânda, çocuklar su fıskiyelerinin altına giriyor ve kahkahalarla gülüyor, eğleniyorlardı. Bir an annesiyle göz göze geldik ve bana, "Biz yapsak, deli derler." dedi. Gülümsedim ve kendimi tutamadım gittim çocukların yanına ve su fıskiyelerinin altına. Islandım. Güldüm, eğlendim. Desinler be kuzum. Deli desinler...

Ve Edgar Allan Poe sorar:

"Delilik sandığınız şeyin sadece duyuların fazla keskinleşmesi olduğunu söylememiş miydim ben size?"

"Delirmek bazen gerçekliğe verilebilecek en uygun tepkidir."

Philip K. Dick

Delilik buysa, böyleyse eğer deli desinler be kuzum...

Bir şiir ile bitirmeyi istiyorum yazımı;

Dönme Dolap

Bu dünya bir dönme dolap,
Yukarıda olacaksın bir zaman,
Saçların hafif hafif uçuşacak,
Ellerin dümen olacak ruhun uçurtma.
Senin için akacak zaman,
Sana akacak gül kokuları...
Bu dünya bir dönme dolap
Ve aşağıda olacaksın bir zaman,
Elinde avucunda umut kalacak,
Naçar olacaksın kaç saat ve kaç dakika.
Beklemekle geçecek zaman,
Beklemekle gelecek gün ışıkları...
Sorma bana nerede olduğumu,
Bu dünya bir dönme dolap,
Uçuşmuyor şimdilik saçlarım.
Gülü de, kokusunu da sorma şimdilik,
Şimdilik keyifsizim, sadece şimdilik...

Diyor şiirinde Alaz Enderin.
Siz yine de gülü de, kokusunu da sorun derim...
Sevgiyle ve sağlıcakla kalın...

Lalenin Anlamı Üzerine

21 Mart. Bugün nevruz. Bugün şiir günü... Laleler baharın müjdecisi. Laleler zarif ve asil ve bizlere huzur veren. Bu sefer üç tablodaki laleler, pembe ve mora dönüştü...

Sen istemiştin bu tabloyu arkadaşım... Yeniden aynısını ama başka bir renkle yapmak kolay olabilirdi ama olmadı. Müziğim değişmişti. Belki de başka müzikle de denemem gerekiyordu. Sonunda oldu. Hatta daha da güzel oldu diyebilirim. Ara sıra farklı müziklerle yapmalıyım demek ki resimleri. Laleleri seviyorum. Sessizce duran laleleri... Mor, pembe, beyaz, krem, sarı, kırmızı. Her rengini...

İnsanlar renklerine anlam vermişler. Laleler bunun farkında mı acaba? Çiçekçiler daha çok satmak için mi renklerine anlamlar katmışlar? Hatta daha önce verdikleri anlamları da bu yüzden mi değiştirmişler? "Umutsuz aşk" olarak bilinen sarı lalelerin anlamı, "Siz gülümsediğinizde güneş doğuyor sanki" ye dönüşmüş... Çiçeklerin hepsi güzel. Onlara olumsuz anlamlar yüklenmemeli değil mi?

Lale için nice şiirler, şarkılar yazılmış. Tasavvufa konu olmuş, duruşları semazenlere benzetilmiş. Lalenin renkleri, kan, mum, şaraba, şekli kadehe benzetilmiş. Lalenin yabani türlerine "taşralı" denmiş. Lale bir bakıma utangaçlığın, çekingenliğin sembolü de olmuş... Hatırlar mısın arkadaşım liseyi, sessizliğimi?, üniversitenin ilk yılını, liseden sonra üniversitenin ilk yılındaki, sudan çıkmış balık gibi olan halimi, kız lisesini, utangaçlığımı, çekingenliğimi? Tıpkı şiirdeki gibi...

"Taşradan geldi çemen sahında biçare durur,
Devri gül sohbetine laleyi iletmediler."

Necati Bey

İnsanoğlu hep sosyal bir ortamda olmalı... Sadece kızlar ya da sadece erkekler olarak bölünmemeli. Liseleri, okulları. Hatırlar mısın nasıl da zorlanmıştım? Böyle iki kişi olmaz, çevremizi genişletelim derdin ya. Sessizdim, sıkmış da olabilirdim. Bu sence ergenlik miydi? Bence, çocukluk halleri; gülümseyerek hatırladığım. Sosyal yalnızlıklarımız. Gruplara girmek gerek ama nasıl? Gruplar kurulmuş. Kalabalığın içinde yalnızlık en zoru.

Ya sonra... Sonrayı bilirsin işte...

Erişti nevbahar eyyamı

Açıldı gül-ü gülşen

Çemenler döndü ruy-i yare

Rengi lale vü gülden

Açıldı dilberin ruhsarı gibi laleler güller

Yakıştı zülf-ü huban veş zemine saçlı sümbüller

Nevasaz olmada bin şevk ile aşüfte bülbüller

Çerağan vakti geldi lalezarın didesi Ruşen

Nedim

Gül müyüm? Lale miyim? Hangi çiçeğim karar veremediğim. Erken gelen baharda çiçeklerini açarak, soğukla çiçeğini dökerek geçen yıllarda. Kimliğimin bunalımında mı? Bir mesleği edinirken geçen zor yıllar mı bilemediğim? Neşeli, neşesiz, sesli, sessiz geçen yıllar... Tıpkı renklerine birçok anlamlar verilen, rengârenk laleler gibi...

Lalenin binbir türlü renklerine anlam katma merakı neden? Lale güzel çiçek. Lale, tek tek güzeldir ama lalezarda iken daha da güzeldir... Yerini sevmezse solar, yitirir güzelliğini... Tıpkı tüm çiçekler gibi. Bir devre de adını vermiştir: Lale Devri... Kötü bir devire adını vermiş insanoğlu. Oysa lalenin ne suçu var bunda? Lale mi şanssız, devre adını verenler mi?

Arkadaşım sana resim yapayım diye başladım bugünlerde, hep lale resimleri yapıyorum...

Bahar güzel. Baharın çiçekleri de güzel. Yazımı da yazarken yine kuş sesleri ve piyano sesiyle olan müziği dinliyorum. Bu müzik ne çok hüzünlendiriyor, ne de çok neşelendiriyor... Denge veriyor. Öğretmenim, "Yazıların daha güzel olmaya başladı." dedi geçen gün. Bu müziğe geçmiştim o zaman. Bugün dünya şiir günü aynı zamanda... Onun için, yazımı yine laleli bir şiirle bitirmek istiyorum... Sevgiyle ve hep böyle kal olur mu?

Laleli

Lalelim

Lalelide oturur

Laleli, lale olur lalelimden

Laleliden geçilir

Lalelimden geçilmez...

                Orhan Murat Arıburnu

Not: Arkadaşım bu arada mor lale asalet, pembe lale de mutluluk ve güven demekmiş. Buna sevindim. Evine, sana ve güzel ailene de yakışacak...

Dünden Kalanlar

Dostuk, sevgi, huzur, aşk, güven dolu yıllarınıza.

Cumartesiydi. Çalışmaya başlamama çok az kaldı artık. Bu sefer başka hastane ile yoluma devam edeceğim. Bu aralar yorgun değilim ama üzerimde, bir yıl aradan sonra, biraz heyecan var. Sanki hiç çalışmamışım da yeni başlayacak gibiyim. Tiyatrocular derler ya: "Her oyuna çıkışımızda, yıllanmış da olsak heyecan olur " diye. Sanırım onun gibi bir şey bu. Ne kadar çabuk geçti bir yıl. Nisan sonunda kapanmıştı hastanemiz. Neredeyse tam 1 yıl olmuş. Memurken bu kadar uzun tatil yapamıyordum. Memuriyetten ayrıldıktan bu yana, tatil de yapar oldum. Her işyeri değişikliği arasında en az birer ay oluyordu tatillerim. Bu sefer ki biraz uzun oldu. Kapanan hastanemizde bir yıl, dört ay olmuştu çalışmaya başlayalı. Bazen siz değişimi istemeseniz de değişim kapıyı çalıyor. Yaşamda tek değişmeyen şey zaten değişim değil mi? Bir yıl dört ayda yaşadıklarım da, baya yazdırır bana... O kadar renkli bir mesleğim var ki; bundan çok da memnunum...

Çalışanlarla ne kadar da akraba olmuşuz bu bir yıl dört

ayda... Zamanın uzun ya da kısalığı hiç önemli değil; aynı mesleğin mensupları, aynı dili konuşanları ve aynı ortamı paylaşanları için...

Cumartesi akşamüzeri, kapanan hastanemizde çalışan bir mesai arkadaşımızın düğünü ve öncesinde de yemeği için gitmiştik; yaşadığı köye. Yemek verilen alana gittiğimizde bakındık. Tanıdık kimseyi göremedik. Meğer bir hafta sonraymış düğünü. Yani biz davetiyedeki tarihi fark edememişiz. Telefonla aradım. Nasıl gülüyorum. Geldiler ailece. Bu an öyle keyifli oldu ki. Sizin düğününüz olsaydı bugün böyle sohbet edemezdik dedik. Anne ve babasıyla da sohbet ettik. Çok candan, samimi, sıcak insanlardı. Kızımız da öyle sıcak ve samimi. İsveçli.

Baba diyordu ki: "Gelinimi kimselere değişmem, çok memnunuz". Anne mutlu, damat da öyle. Hepsi gülümsüyor. Günün düğün sahipleri ise: "Buraya kadar gelmişsiniz, buyrun dediler." Yurdum insanı böyledir işte. Yemeklerini yedik, âdet olan hediye katkımızı da sunduk ve teşekkür edip, genç evlilere mutluluk diledik... İyi ki günleri karıştırmışız. Hep birlikte gülerek hatırlayacağız. Yaşamda her şey olması gerektiği gibi oluyor. Ne bir eksik ne de bir fazla.

Yağmur da vardı. Bereket derler değil mi? Bu aralar havalar yağmurlu. Yağabilir, yemek verilen ve düğün de yapılan yer pazar yeri ve üzeri kapalı. Bereketli olacaksa eğer yağmur yağabilir. Bu köye 112'de çalışırken, çok geldik ambulansla. Bölgemizdeydi. Haftaya görüşmek üzere yeniden dedik, ömür boyunca mutluluklar diledik ve ayrıldık.

Anılara gidince birkaç kişiyi daha telefonla aradım; aynı hastanemizden olan. Onları da severim. Anneler gününde bile arayanlar olur hâlâ, beni merak edip; "Hocam nasılsınız?" diyenleri olur. Halen muayene olmak için ya da kontrollerimize gittiklerimiz olur. Hastane kapanınca, kimi üniversite sınavına gidip farklı meslek okumaya, kimi bir üst bölümü okumaya başladı. Kimi askere gitti, kimi sektör değiştirdi. Kimi de memuriyete ataması yapıldı. Nasıl da heyecanlanıp sevinmiştim de, nöbetimizde sıralamasını beraber yapmıştık. Onlar benim çocuklarım. Konuştuğumuzda ise hep hastane ortamını aradıklarını söylüyorlardı.

Hastaneler gerçekten de farklıdır. Bizler sağlık işçileri olduğumuz için, gece gündüz çalıştığımız ve insanların hastalık, ölüm gibi değişik hallerini gördüğümüzden, kardeşliğin değerini de biliriz. Amacımız insanları iyileştirmek olduğundan, bunu yaparken de, çalışanlar olarak birbirimizin, içimizde, özümüzde olanı, en saf halimizi görürüz. Hep birlikte sevinip, hep birlikte üzülürüz; konumuz olan hastalarımız için. Kimi muayene edip, reçetesini yazar, kimi yazılan röntgen filmini çeker, kimi kan, idrar gibi tetkikleri yapar, kimi kan, kusmuk olan yeri ve aletleri temizler, kimi hastaları karşılar, evrak işlemlerini yapar, kimi kantinde, kimi yemekhanede, kimi güvenlik için bekler; artan şiddet nedeniyle de, kimi ameliyat eder; gece gündüz demeden, doğan çocuklara hep birlikte sevinir ve onları sever, ölüm olduğunda da hepimiz birlikte sessizleşiriz...

Ekmek parası uğruna, bazen çekişmelerimiz de olur ama "kol kırılır yen içinde kalır cinsinden." Hiçbir zaman unutmayız kardeş olduğumuzu; edilen yemine ithafen... Hiçbir zaman unutmayız akraba olduğumuzu da; oluşumuz aynı...

Düğüne dönersek eğer önümüzdeki hafta cumartesi olacak... Çoğu gelecekmiş. Ne güzel. Yine buluşacağız hepimiz. Neden kapandı ki hastanemiz? Yaşamda her şey olması gerektiği gibi oluyordu değil mi? Hem her sorun içinde armağan da saklıyordu değil mi? Buradan aldığımız armağanlar, bir sürü sevgi tohumuydu ve bu da her şeye değer değil mi? Tüm hepsine sevgiyle...

Genç çiftimiz de, ömür boyunca mutlu olsunlar... Haftaya görüşmek üzere...

Resim Sayfanız:

Yukarıdaki resmi, acil nöbetimde yapmıştım. Sanırım sürrealist bir çalışma oldu ☺ Buradaki, resme bakarak, resmin neler anlattığını anlatabilirsiniz. Resim de yapabilirsiniz. demet@penceremdeninciler.com adresine yollarsanız, "Penceremden İnciler" de yayınlanacaktır. Kolay gelsin.

Seyahat

Bu bölümde resimlerle anlatımı deneyimledim.

"Yolculuk, önce seni sözsüz bırakır sonra da iyi bir hikâye anlatıcısına dönüştürür."

Ibn Battuta

"Seyahat etmek, hayal gücümüzü gerçeklerle dengeler ve bazı şeylerin nasıl olduğunu düşünmek yerine onları görmemizi sağlar."

S. Johnson

"Ön yargı, taassup ve dar görüşlülüğün en iyi tedavisi seyahattir."

Mark Twain

"Seyahat insanın dünyasını genişletir."

Malcolm X

"Seyahat etmek sana tolere etmeyi öğretir."

Benjamin Disraeli

"Gezmek ve yer değiştirmek akla yeni bir dinçlik getirir."

Seneca

"Seyahat için yaptığın yatırım; kendin için yaptığın en iyi yatırımdır."

Matthew Karsten

"Öğrenmek istiyorsan seyahat etmelisin."

Mark Twain

Kategori: Seyahat Albümlerim

Seyahatlerde çektiğim fotoğraflardan, resimleri anlatarak oluşturduğum incilerim.

Kategori: Seyahat Filmleri

Fotoğraflarımdan derlediğim ve çektiğim videolardan oluşan incilerim.

https://www.penceremdeninciler.com/category/seyahat-fimleri/

Gez dünyayı, Gör Burayı

Mevlânâ'nın şehrinde ney müziği ile sık sık karşılaşırsınız. Restoranlarda, kafelerde, gençlerin gittiği mekânlarda da. Videoyu hazırlarken ney müziği ile hazırlamayı isterdim. Telif hakkı olmayan müziklerin kullanılması gerektiğinden bu şekilde oldu. Şeb-i Arûs töreni için gitmiştik Mevlânâ'nın şehrine. Müzik (Düğün Marşı) anlamlı oldu (Alman bestecisi Felix Mendelssohn Bartholdy (1809-1847) tarafından, 1842 yılında William Shakespeare'in Bir Yaz Gecesi Rüyası eseri içinde bestelenmiş.) ve Mevlânâ'nın "Düğün Gecesi "ne yakıştı.

Tropikal Kelebek Bahçesi

Mevlânâ'nın şehrinde, 2015 yılında açılan en büyük kelebek uçuş alanına sahip olan bahçede, 28 derece sıcaklık ve %80 nem oranı ile tropikal iklim şartları sağlanmış durumda. Egzotik bitki, kelebekler ile çocuk programları ve bir böcek müzesi ve birçok havuz bulunmakta ve büyük bir alanı kaplamaktadır. Akan suların sesi, fonda kuş ve ney müziği eşliğinde gezerken ve kelebeklerin onlarca türünü izlerken zamanın nasıl geçtiğinin farkına varmıyorsunuz.

Japonya'da Değil

Agora, serçeler ve ağaç benjamin, kedi, karga ve japon gülü ama Japonya'da değil.

Doğadan

Doğadan (Halikarnas Balıkçısına gitmeden önce vardığımız; adı güllük gülistanlık olan bahçede... Bahçenin sahibine selam ve sevgiyle, bu "an"ı olacak ona hediye...)

Koca Dev

Koca Dev (Güllük gülistanlık bahçeden dönerken hemen uğradık ki gördük; ortalık toz duman.)

Komşumuza Geçmiş Olsun

Komşumuza geldik. Şirin kayıkları kıyıda, babalara bağlanmış Halikarnas Balıkçısının evine de selam verdik.

Girişte bu yol karşıladı bizi. Üzüldük, "olmasaydı keşke" dedik.

Yıllara meydan okumuş, 1933'teki depremi atlatmış ama bu sefer dayanamamış 6,3 şiddetindeki depreme. (21 Temmuz 2017)

500 yıllık Hipokrat ağacının yanında, korumaya alınmış.

İstanköy Camii'nin (Cezayirli Hasan Paşa Câmii) minaresi restore edilmeye başlanmış.

Meydanında bulunan, Defterdar (Defterdar Hacı İbrahim Efendi) Camii, minaresi yıkılmış; korumaya alınmış.

Agia Paraskevi Kilisesi (ortodoks) de dayanamamış depreme, çatlamış duvarları, diğerleri gibi korumaya alınmış o da.

Geçmiş olsun komşumuz,

Bir daha olmasın.

Deprem doğal afet,

Yaraları hep birlikte sarmak gerek.

Komşuluk; medeniyet,

Yakınlık ve yan yana olmak demek...

Nerede Yenilir?

Ekmek aynı. Dolma, sarma aynı. Sadece adı olmuş "Dolmades". Fava da aynı.

Domates, biber, soğan erimiş peynirin içinde buluşmuş...

Ekmek üstü zeytinyağı dileğe göre baharat. Yağları çok lezzetli, ekmek biraz sarı...

Ev yapımı şarapları testide.

Tabiiki "Greek Salat" olmazsa olmazları. Nerede yiyelim diye sorarsanız eğer, masanın örtüsüne bakın... Afiyet olsun.

Ne Almalı?

Deniz kabukları en güzeli, magnet sembolik hediye; çam sakızı çoban armağanı olan. Farklı olanları da var. Kitap ayıracı en işlevsel hediye, magnet yerine bunlardan almalı.

Homer en büyük şairleriymiş. 1724 yılında Defterdar İbrahim Efendi tarafından yapılan camii de, Platani Köyü'ndeki cami ile birlikte adada açık olan ve namaz kılınabilen iki camiden biriymiş. Hipokrat da buralı onu anmadan olmaz.

Domates reçeli. Bizde de yapılıyor ama ilk kez burada yedik. Zeytinyağları olmazsa olmazları. Nane şekeri ile nostalji. İsterseniz de beyazı. Karar sizin.

Nereden mi alınır? Meydanındaki (Elefterias Meydanı) bu çarşıdan.

Yaşam Döngüsü

Bir tarafta kuru yapraklar, bir tarafta pembe, sarı çiçekler, yeşeren yapraklar kuru yapraklara inatla ve ağaçta da yılların izleri... Yoncalardan şans beklentisi, yeşil ve kahverenginin ahengi... Bir taraftan kuruyan bir tarafta yeşeren döngü ve hayata tutunma çabası. Mucizeler her yerde. Yolda yürürken baktığında bir ağaçta ya da kaldırımın taşında. Bazen evinde ya da bir komşuda...

Çamlar Aynı

Komşuda da çamlar var. Kafanızı iyice yukarı kaldırmanız gerekli. Çam kardeşliği. Dallar birbirine karışmış, iç içe. Duvar yazılarına şahitlik ediyorlar. İnsan her yerde aynı...

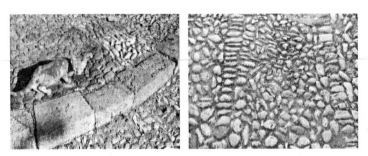

Kedi de aynı. Yollar da benziyor birbirine...

Panoromik Tur

Selam verdik bizim olan karşı kıyıya, yürümeye başladık, bisikletle gelseydik…

Derken bir kilise… Bu rengi de varmış…

Ağaca tutunmuş sarmaşık… Kocaman gövdeli kauçuk…

Okaliptüs de bizdekilerle aynı... Sonbaharın şöleni çınar kim bilir kaç yıllık...

Biraz önce serçeler de vardı... Agoraya geldik...

Devamı Agora'da...

Agora ve Hipokrat'ın Çınarı

Agora: "çarşı" (Antik Yunan şehirlerinin merkezini oluşturup, dini ve idari binalar da agora alanında inşaa edilirmiş.) Limana beş dakika yürüme mesafesinde.

Agora'nın planı

Karşıdaki Hasan Paşa Camisi. Kuş sesleri de var...

Sütunlar heybetli...
Tarihe meydan okuyan...

Agora'dan ayrıldık...

Hasan Paşa Camisinin penceresinden bakan kuşlar...

Hipokrat'ın koca çınarı. Babamız, bu çınarın altında öğrencilerine ders verirmiş... Ağaç ise kim bilir kaç yıllık?

Dalları devrilmesin diye dayanak yapılmış. Çınar direniyor yıllara ve şahitlik ediyor tarihe...

Bir Kafede Mola

Kafenin adına dikkat etmedim. Sıcak bir atmosferi, güzel de müzikleri vardı.

Bir de vitrininde sürprizleri vardı. İşte bakın...

Vosvos ve üzerinde kayığı... Yine vosvostan karavan... Bir de körüklü fotoğraf makinası... Şimdide olsaydı dolaşır mıydım onunla ve çekebilir miydim bu kadar fotoğrafı? Ama yine de o daha güzel ve bu yadsınamaz...

Aşağı yukarı bir anlam yükleniyor bu sanatsal kırlentten beynime ama Google çeviriden destek alayım: "Gülümsemenin dünyayı değiştirmesine izin ver ama dünyanın gülüşünü değiştirmesine izin verme" diyor...

Ve de Atatürk Çiçeği...

Kafeyi inceledikten sonra gelen sipariş: Nescafe, sıcak çikolata, su, yanında da kurabiyesi. Kurabiye bizdekiyle aynı. Diğerleri de...

Burada ortamın sıcaklığı gitmemize izin vermedi. Hemen telefonlarımız elimizde ve başladık yine. Çamlar burada da çocukluk anavatanımdaki gibi büyüktü. Google'a sordum: "Buradaki çamlar da Abdülhamid'in mi?" diye. Bir süre Abdülhamid'i okudum yine. Diyordu ki; "Tarihle ilgilenenlerin bir şekilde yolu Abdülhamid'e çıkar." "Deli' olan kardeşin tahta geçirilmesi için Abdülhamid'e suikast düzenlenmiş ve ondan sonrasında kendini Yıldız Sarayı'na kapatarak imparatorluğu buradan idare etmiş. Çok da okurmuş, yabancı dil de bilirmiş...

Aradığım sorunun yanıtına ulaşamadım ama Google'den bana yanıt Abdülhamid'in çam ağacı yerine "Hipokrat'ın çınar ağacı" olarak geldi. Rivayete göre Hipokrat bu ağacın altında öğrencilerine ders vermişti. Aslında çınar ağacı 500 yaşında ve 2400 yıl önce Hipokrat'ın yaşadığı zamanda burada durmakta olan ağacın soyundan geldiği düşünülmekteymiş. Burası Hipokrat'ın, yani tıbbın babasının yaşadığı yerdi aynı zamanda. Onunla aynı havayı teneffüs etmek güzeldi. Belki bundan mı bilmem bu seferki üçüncü gelişimdi. Daha önceki gelişimiz meslek odamızla yaptığımız geziyle olmuştu.

Ege'li doktorların Kos Adası ziyareti (7-8 Mayıs 2011)

Asklepion'u da ziyaret etmiştik o zaman; burada sembolik olarak, antik giysilerle geleneksel Hipokrat Yemini töreni de yapılmıştı. Gezimiz, tıbbi deontolojiye dikkat çekmeyi amaçlamıştı. Hipokrat, Asklepion 'da eğitim görmüş ve adı tüm dünyaya buradaki başarıları ile duyulmuştur. Buradaki hediyelik eşya satan dükkânlardan, Hipokrat'ın orijinal yemininin metnini almıştım.

İŞTE ORİJİNAL HİPOKRAT YEMİNİ

"Hekim Apollon Aesculapions, hygia panacea ve bütün Tanrı ve Tanrıçalar adına. And içerim, onları tanık ve şahit tutarım ki, bu andımı ve verdiğim sözü gücüm kuvvetim yettiği kadar yerine getireceğim. Bu sanatta hocamı, babam gibi tanıyacağım, rızkımı onunla paylaşacağım. Paraya ihtiyacı olursa kesemi onunla bölüşeceğim. Öğrenmek istedikleri takdirde onun çocuklarına bu sanatı bir ücret veya senet almaksızın öğreteceğim. Reçetelerin örneklerini, ağızdan bilgileri şifahi malumatı ve başka dersleri evlatlarıma, hocamın çocuklarına ve hekim andı içenlere öğreteceğim. Bunlardan başka bir kimseye öğretmeyeceğim. Gücüm yettiği kadar tedavimi hiçbir vakit kötülük için değil yardım için kullanacağım. Benden ağı (zehir) isteyene onu vermeyeceğim gibi, böyle bir hareket tarzını bile tavsiye etmeyeceğim. Bunun gibi bir gebe kadına çocuk düşürmesi için ilaç vermeyeceğim. Fakat hayatımı, sanatımı tertemiz bir şekilde kullanacağım. Bıçağımı mesanesinde taş olan muzdariplerde bile kullanmayacağım. Bunun için yerimi ehline terk edeceğim. Hangi eve girersem gireyim, hastaya yardım için gireceğim. Kasıtlı olan bütün kötülüklerden kaçınacağım. İster hür ister köle olsun erkek ve kadınların vücudunu kötüye kullanmaktan mazarattan sakınacağım. Gerek sanatımın icrası sırasında, gerek sanatımın dışında insanlarla münasebette iken etrafımda olup bitenleri, görüp işittiklerimi bir sır olarak saklayacağım ve kimseye açmayacağım.»

Tıbbın babasına, Tıp Fakültesindeki Hocalarıma ve Meslektaşlarıma saygıyla...

Yokuştan Aşağı

Komşuya gitmeden önce Halikarnas balıkçısının yaşadığı yere uğradık. Balıkçı yazısında: "Merhaba, yokuş başına geldiğinde Bodrum'u göreceksin, sanma ki sen geldiğin gibi gideceksin. Senden öncekiler de böyleydiler, akıllarını hep Bodrum'da bırakıp gittiler." diyordu.

Yokuştan manzarası; selden bir hafta önce...

Ve amfitiyatrosu. Kim bilir hangi oyunlara sahne oldu?

Çiçekler de vardı. Çay da mutlaka.

Biz de destek olalım...
(Köy çocuklarına kitap toplama projesi)

Biraz da dekorasyon... Gazeteler asılmış. Nar ekşisi ve zeytinyağı. Fıstıklar sepette ve saksıda karanfiller de var

En sevdiğim de aynalı selfie.

Hatıra… (Fotoğraf izni için teşekkür ederim.)

Girmeye gerek yok böyle de güzel.

Yine fıstık çamları

Salıncak olmadan olmamalı.

Resim sanatı. Beze baskı tekniği.

Sanat her yerde

Kahvaltı tabağında da

Yeşil olmadan güzellik olmaz

Adeta bir tablo

  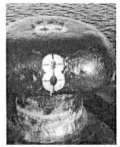

Sıcacık salep.   Limandan bakış...   Ve rota komşuya...

"Unutma; her gidiş bir ayrılık değildir. Çünkü bazen ne kadar uzağa gidersen git, yüreğin bıraktığın yerdedir."

William Butler

Şimdi yanıtlar mısınız? Dünyayı kurtarmaz mı güzellik?

Bir Yolculuk Öyküsü

Evden çıktık yola, cennetin oradaki balkabağına uğradık. Yeni yakmışlar buyurun hoşgeldiniz dediler. Pencereden baktık, selam verdik sağa sola. Fotoğrafını da çektik solun, bir de sağın... Sonra da selam söyledik tanıdıklara... Bulamayınca eksik, dedik ceviz de olsun kahvaltıda. Sonra da çıktık yola...

Jeotermal'i selamladık, "Acaba iklimi değiştirir mi, ağaçları kurutur mu?" dedik.

 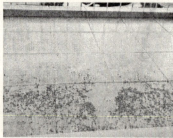

Geldik şehzadelerin şehrindeki evimize.
Pencerenin arkasındaki kuşlar belli oluyor mu?
Biraz önce burdaydılar, kuşlar biraz ürkek.

Bu da meşhur çınar; yıllara meydan okuyan…
İşte istasyon, o da yıllara meydan okuyan…

İstasyonun bahçesi...

Burası da salonu...

Kapı ve pencereleri de heybetli...

Bilet gişeleri

Nostaljik telefon... Pencere; biraz dar ama farklı bakan... Kırmızı ve lacivert simgesi, bir de dilek kutusu... İnsanlığın en doğal hakkı... Ne dilekler dilendi kim bilir?

Kapı açık buyurun girin içeri ya da çıkın dışarı... Zaman önemli, kaçırmamak gerek treni...

Beklemeye değdi. Buluştuk trenle nihayet ama elektrikli...
Bu da görevlisi... Çoluk çocuk, genç, yaşlı doluştuk...

İçi de pek geniş, koltukları rahat

Sadece yoldaki bir durak...
(T.C. Yunus Emre Belediyesi)

"Tapduk'un tapısında
Kul olduk kapısında
Yûnus miskin çiğ idik
Piştik elhamdülillah"

Yolculuk ve durak deyince Yunus Emre'yi anmak gerek. Yol boyu, şehzadelerin bağları.

Kenarda su kanalları,
eski arıkların moderni ve
alabildiğince uzanan bağları,
üzümü dünyanın birincisi.

Geldik Ege'nin incisine, selam verdik denize, gemiye.
Toprağa, yeşile de...

Biraz gezi, biraz mola. Kemeraltı Camii'nin karşısında yeri. Duvar yazıları önemli:

Hintli iş adamı yatırımcı, yardımsever, Ratan Naval Tata'nın sözleri.

Ve kahve, desenler laleli... Yine çiçekler, kahvecinin olmazsa olmazı...

Tam karşıda, şadırvanın orda, turşucunun solunda. Bir de hünnap, önemli ve de lezzetli
Kuru patlıcan yapmalı, ekşili, sarmısaklı, yanında da biberi...

Dönüş vakti... İnsanlar yabancı... Baba ve çocuğu, ellerde paketler... Ve de tren, sabırla bekleyen...

Dönüş yine şehzadelerin şehrine...
Trenle buluştuk artık bırakmamak gerek...
"Herkes zamanda yolculuk yapıyor aslında.
Anılarıyla geçmişe, hayalleriyle geleceğe..." (Anonim)

Kokoreççiden, Ratan Naval Tata'ya

Yemek yediğimiz yerin duvarındaki resimlerden, Hintli iş adamına varış:

Hintli iş adamı yatırımcı, yardımsever ve Tata Sons'un başkanı Ratan Naval Tata'nın Londra'daki konuşmasından güzel satırlar.

1.

Çocuklarınızı zengin olmaları için eğitmeyin.

Onları mutlu olmaları için eğitin.

Böylece yetişkin olduklarında eşyaların fiyatını değil değerini bilirler.

2.

Yiyeceklerinizi ilaçlarınız gibi yiyin.

Aksi durumda yiyeceğiniz olarak ilaçları yemek zorunda kalırsınız.

3.

Sizi seven hiçbir zaman terketmeyecektir çünkü bırakmak için 100 sebep de olsa tutmak için bir sebep bulacaktır.

4.

İnsanoğlu olmakla insan olmak arasında pek çok fark vardır. Çok azı bunu anlar.

5.

Doğduğunuzda sevilirsiniz.

Öldüğünüzde sevileceksiniz.

Arasını

Siz başarmalısınız!

Hızlı yürümek istiyorsanız yalnız yürüyün!

Fakat

Uzun yürümek istiyorsanız beraber yürüyün!!

Dünyadaki altı en iyi doktor

1. Güneş ışığı
2. Dinlenme
3. Egzersiz
4. Diyet
5. Kendine Güvenme
6. Arkadaşlar

Hayatın her aşamasında devam ettirin ve sağlıklı hayatın keyfini yaşayın.

Aya bakarsanız, Allah'ın güzelliğini görürsünüz. Güneşe bakarsanız, Allah'ın gücünü görürsünüz ve aynaya bakarsanız, Allah'ın en iyi yarattığını görürsünüz. Bu yüzden kendinize inanın.

Bizler turistiz. Allah, bizim bütün yol rezervasyonlarımızı, varış yerlerimizi önceden belirlemiş seyahat acentamız.

Bu yüzden! Ona güvenin. HAYAT denilen yolculuğun keyfini yaşayın.

Sizin için önemli olan bütün kişilere gönderin. Ben şimdi yaptım ☺

Mevlânâ'nın Şehrine Yolculuk

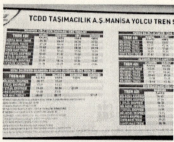

Geçende şehzadelerin şehrindeki istasyona geldiğimizde görmüştük: Mevlânâ'nın şehrine de sefer varmış. Karar verdik; 17 Aralık'ta orada olalım diye. Bindik trene. Geçtik tüneli. Geldik Mevlânâ'nın şehrine...

    Bir sürü bariyer vardı; yol açık olsun diye. Polis de vardı; güvenlik olsun diye Mevlânâ'nın Şehrinde... Bizim içindi balonlar. Şaka şaka... Cumhurumuzun başkanınaydı tüm hepsi... Çok kalabalık olacak birazdan, acele edip gezmeli hemen.

Dıştan görünüşü. Bahçesi. Müzik de var fonda.

Mevlevi müzik... Ney en sevdiğim; ruhlara iyi gelen... Yoğun bakımların da müziği...

Yine kapı ve de pencere yansımada ben... Çekim, flaş olmadan. Zaten önüde cam, içeride değil... Çelebinin odası. Diğer odada maket de vardı. Zarar gelmesin diye çekmedim; fotoğrafını maketin...

Mevlânâ'yı Mevlânâ yapan...

"Kim olursan ol gel" Mevlânâ

"Her zaman gülümsemem için bir sebep var." diyor aslında şekerlik. Mola zamanı. Çay olmadan olmaz. Biraz da alışveriş...

Mevlânâ demiş...
Mevlânâ müzesinden ayrılış... Teknolojiden de faydalanıp, fotoğrafı biraz yaklaştırmalı...

Börkçüye Geldik

Yakınlaştırdım fotoğrafı.
Teknolojinin faydası.

Geldik meşhur Börkçü Mehmet'e...

Börkler çeşit çeşit, kıyafetler de var. Kavuğu da var. Bu da yelek. Ödül de almış. Çanakkale'yi anmadan olmaz. Kolonya ikram etti bir de çayını içtik. Vitrinine baktım Mevlânâ olmadan olmazı… Duvarlara baktım ki neler öğrendim? Yıldız; Selçuklu'nun simgesi…

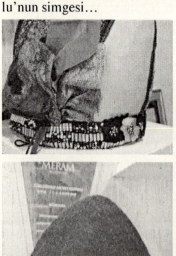 
 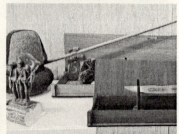

Osmanlı tarihimiz dizilerle de ünlenmiş. Dizilerdeki börkleri ve kıyafetleri dikiyormuş. "IYI" ama parti amblemi olan değil. Oğuz'un Bozoklar Kolu'ndan olan Kayı Obası'nın sancağındaki IYI sembolü, iki ok bir yay. I'ler ok, Y ise yay anlamına geliyormuş.

Bazı börklerde de IYI sembolü var. Hep soruyorlarmış; "Partinin mi?" diye...

Elinize, emeğinize sağlık dedik. Biri hediye iki börk aldık. Teşekkür ettik ve başarılarının devamını diledik. Ayrıldık. Buradan da selam yollayayım dedim hem de duyurayım sizlere de...

Sille

Bozkırı geçtik gördük bir vaha. Geldik 5000 yıllık tarihin ihtişamı olan Sille'ye. Roma, Bizans, Selçuklu ve Osmanlı İmparatorluğu'nun izleri olan. Tur otobüsleri de vardı biraz önce İran'dan gelmiş konuklar. Adını unuttum; testiciye de uğradık, Ak Hamamın yanında.

Sille Çay Camisi'ne doğru yürüdük. Dağda mağaraları. Mağaralar yıllarca ev, kilise, ahır olarak kullanılmış. Süslü bisiklet anıtı da pek güzel...

Hava kapalıydı. Biraz aydınlattım fotoğrafı... İşlevsel cezve ve fincanlar çok güzel...

Topraktan sanatı. Mevlânâ biblolarından alabilirsiniz sevdiklerinize...

Fotoğraf çekimi yok. Sille zaten bir sanat müzesi... Caminin karşısında mola verdik...

Evreka!

Caminin karşısındaki yerde mola verdik. Kompozisyon da güzel ama amatörce; usta değil. Camii Selçuklu'dan kalma; turkuvaz çini simgesi. Önce biraz incelemeli…

Kar küremek içinmiş   Masaldaki cadının   Kıyma yapmak için
                           süpürgesi…   kullanılırmış;
                                                       et tokmağı.

Karşıdan görünüm.

Bakın neresi? "Evreka!" demiş; Arşimet.

Buyrun içeri... Nalın tek kalmasın yanında diğeri de gerek...

İki kardeş. Biri suskun ve sertmiş ama bana konuşkan bir o kadar da sıcaktı. Diğeri ise daha konuşkan, güler yüzlü olanı. Diyelim o zaman "Tatlı -Sert Börek Evi." Şaka şaka. Ellerinize sağlık. Pek de güzel olmuş. Aman fotoğrafa hamileler bakmasın. Küflü peynir ve ıspanaklı en güzeli. İsteyene de patatesli, patlıcanlı, kıymalı... Yanında da çay ya da ayranı.

Nalınlı kapının yanında. Neler gördü kim bilir? Rumlar ve Türklerin beraberce huzur içinde çalıştığını, yaşadığını... Bizans Kraliçesi Aya Elena'yı, Romalıları, Bizanslıları, Selçukluları, Osmanlıları ve mübadeleyi...

Tam karşıda. O evde kim otururdu? Rum muydu? Türk müydü? Romalıların sillesini yedi de, dinini rahat yaşamak için mağaralara mı kaçtı da gitti? Orada bir ev var uzakta ama değil... Bilin bakalım bu evin karşısında neresi var?

Kardeşler bekledi; bu yazı ne zaman çıkacak? Beklettim kusura bakmayın. Gözlemeler güzeldi, tabii fotoğrafın mekânı da. Çok teşekkür ederiz...

Selâm (Sulh) Vakti

Mevlânâ Celâleddin-i Rumi'nin öldüğü gece Şeb-i Arûs olarak adlandırılıyor. Mevlânâ Celâleddin-i Rumi, bu geceyi Rabb'ine, sevgiliye kavuşma gecesi olarak düşündüğünden, Düğün Gecesi olarak tanımlanmıştır. Anma törenlerinde bu yılın ana teması "Selâm Vakti" olarak kullanılmıştır.

"Selâm (Sulh) denizi coştuğunda, gönüllerden kini giderir."
Mevlânâ

"The waves of peace roll in the sea and wash away the hatred in hearts."
Mevlânâ

Bu mekânda bulunmak çok güzeldi.

Sema, kâinatın oluşumunu, insanın âlemde dirilişini, Allah'a olan aşk ile harekete geçişini ve kulluğunu idrak etmesini ve ona yönelişini ifade eder.

Semazenlerin sağ eli göğe, sol eli yere bakar. Bunun anlamı sağ eli Hak'tan alır, yere dönük sol elle halka verir. Bu şekilde yeniden doğuş tamamlanmış olur. Tabii ilahi doğuş…

Mevlânâ'nın yedi öğüdü …

Atı alan Üsküdar'ı Geçti

İstanbul'dan manzaralar deyince aklıma ilk sıralarda gelir Kız kulesi ve zarif duruşuyla da ayrı bir güzellik katar boğaza; İstanbul'un incisi.

Üsküdar'a gider iken aldı da bir yağmur diyeceğim ama hava parçalı bulutlu ve biraz da rüzgârlı... Denizde sakinleri de var. Biraz yakından bakınca karabatak olduğu anlaşılıyor.

Burada da nişan fotoğraf çekimi, belki nikâhlarını Kız Kulesi'nde yaparlar... Herkes dışarıda, kuşlar da var...

Simit 2,5 lira. Yanında peynirle ne iyi gider...

Mesafe uzun değil; üç en fazla beş dakika tekneyle. Anadolu yakasına daha yakın. Rivayete göre bu yolu yüzerek geçenler olmuş... Giriş kapısında Sultan II. Mahmut'un Tuğrası.

Hero ile Leandros

Aşka yasaklı olan Hero ile Leandros'un hüzünlü aşk hikâyesi. Afrodit tapınağı havarilerinden olan Hero'nun, yaşadığı kuleden ayrılması ve Leandros ile birbirine âşık olan iki genç, Leandros'un gece kuleye yüzerek gelmesiyle aşklarını kutsarlar. Kız Kulesi her gece iki gencin yasak aşklarına tanıklık eder. Her gece gemiciklere yol gösteren fener artık sadece Leandros için yanar. Hero'nun tek endişesi tanrıların karşılaşmasıyla başlar. Hiddetlidir. Leandros'un yüzerek kaleye geldiği fırtınalı bir gece Hero'nun yaktığı sevda ateşinin feneri söner. Yolunu kaybeden Leandros, boğazın sularında boğulur. Sabah olunca onun cansız bedeninin kayalıklara vurduğunu gören Hero, kaleden kendini aşağıya bırakır.

Yılanlı Kız Efsanesi

Bizans imparatoru kızı olunca çok sevinir ve doğum gününü bayram ilan eder. Bilginlere, kızını tahta hazırlamalarını ister. Ancak en büyük bilginin, kızının on sekiz yaşına geldiğinde bir yılanın sokması sonucu öleceğini söylemesi üzerine kızını kuleye yerleştirir. Kızı on sekiz yaşına geldiğinde üzüm sepetiyle gelen yılan süzülerek zehrini kıza boşaltır ve böylece kehanet gerçekleşir. (Bu Efsane, Mersin Kız Kulesi için de anlatılır gerçi)

Kız Kulesi, kimi hüzünlü kimi mutlu sonla biten aşk öykülerine sahne olmuş. Duvarlarında bu öyküleri ve resimlerini görebilirsiniz. Kız Kulesi tarihin değişik zamanlarında deniz feneri olmuş, radyo istasyonu, karantina binası, vb. olmuş. 2000 yılından sonra da turizme açılarak, yerli, yabancı turistlere ev sahibi olmuş. Şimdilerde nikâh törenleri, resim sergileri de yapılıyormuş.

Alt katında restoranı, mini hediyelik eşya satış dükkânı mevcut. Biz kitap ayıraçlarından aldık. Teknemiz yeniden gelip ayrılma vakti gelince bir de kız kulesi selfisi çektik, Battal Gazi ile Bizans tekfurunu andık...

Çam sakızı çoban armağanı

Atı alan Üsküdar'ı geçti.

Bizans tekfurunun kızı ile İstanbul'un kuşatmasında general görevi alan Battal Gazi birbirlerine âşık olurlar. Bizans tekfuru, kızını Battal Gazi'den korumak amacıyla kuleye kapatır. Şam seferini tamamlayarak Üsküdar'a dönen Battal Gazi kayıkla gidip kızı alıp, Üsküdar'dan atına atlayıp oradan uzaklaşır.

Biz de, Kız Kulesi'nin içini gezip, görüp, efsanelerini de öğrendikten sonra modern olan atımızı alıp, Üsküdar'dan ayrıldık, uykudan uyanmış, gözleri mahmur kâtibe de selam yolladık...

Kaynak: Kız Kulesi duvarlarında bulunan arşivler.

Denizli'nin İncisi

Travertenleri ve karı olmak üzere iki beyazı, kaplıcaları, antik kentleri, kuyu kebabı, horozu ile ünlü olan bir ilimiz. Adında deniz olmasına rağmen, denize kıyısı yok Denizli'nin. Bu gidişimizde Karahayıt kaplıcalarını, Pamukkale Natural Parkı'nı, Atatürk ve Etnoğrafya Müzesini ve Bağbaşı Mesire Yerini ziyaret ettik, kuyu kebabını yedik.

Teleferik kişi başı altı lira. Yükseklik ve kapalı alan korkusu olanların binmemesini tavsiye ederim. Yolculuk biraz uzun gelebilir. Hava çok güzeldi. Kar yoktu. Beyaz yerine yeşil vardı. Teleferik tesislerinden mesire yerine ücretsiz servislerle gidiliyor. Minibüsle mesire yerine gittik. Her on beş dakikada bir sefer var. Deniz yerine dağ tatilini tercih edenler için güzel bir seçenek. Bungalov evler, restoranlar, piknik alanları, kızak da kiralayabileceğiniz minik market, çocukların güzel vakit geçirebileceği çocuk parkları mevcut. Teleferik tesislerine dönüşte, kuş sesleri ve mis gibi çam havası eşliğinde yürümeyi tercih ettik. Tüm il, ilçelerde olduğu gibi burada da belediye başkanının resimlerinin ve yapılan hizmetlerin yazılı olduğu panolar da vardı. Teleferikle tepeye vardığımızda pano bizi karşıladı. Tabii ki halka hizmet gurur veriyor. Emeklerine sağlık.

İlin panoramik gezisinde gördüklerim ve hissettiklerim güzeldi. Büyük bir il. Sıkışıklık hissi yok. Modern. Park bahçelere de önem verilmiş. Pamukkale Naturel parkında oturup, Göl Kafe'den çayımızı içip, ördek ve kazları izlemek ayrı bir keyifti. Bu seferki gelişimizde, travertenlere parktan baktık; yukarı çıkmadık. Gölün ortasındaki ada, kenarındaki sazlıklar, havadaki paraşütler, karşıdan görünen ve halen beyaz olan travertenlerin fotoğrafını çekmek de keyifliydi. Bir tane de balon gördük. Çinli misafirler de vardı. Etraftaki restoranlarda onların dilinde de yazılar vardı. Pamukkale Travertenleri, Unesco Dünya Kültür Mirası Listesi'nde yerini almış. Bu doğal güzelliği, herkesin görmesi gerekli. Bu doğal oluşumun muhteşem görünümünün bozulmaması çok dikkatli bir şekilde korunması gerekiyor. Eğer korunmazsa Unesco bu unvanı geri alıyor. Bu unvanın alınması da o yerin turizm açısından olumsuz etkilenmesine neden oluyor. Geçtiğimiz yıllarda travertenlerin kararmaya başladığı ile ilgili haberler çıkmaya başlamıştı. Doğa harikası olan bu travertenlere gereken önem verildiğinde tekrar eski haline dönmüş...

Videonun ilk başlarında kelle paça çorbasına ait fotoğraflar var. Sabah kahvaltısı olarak tercih edip, yolculuğumuza çıktık. Eskiden yemezdim. Sakatat yemekleri, pek tercih ettiğim yemeklerden değildir. Kelle paça çorbasını ise sevdim. Merakımın nedeni de medyada bolca çıkan haberlerinden olabilir. Yağlı olduğu için tok tutuyor. Faydalı olabilir. Fazlasının da zararları olabileceğini unutmamak gerekir. Yapması pratik değil. Akşamdan odun ateşine oturtulup sabaha kadar pişiriliyormuş. Sizin yörenizde de mutlaka iyi yapan bir çorbacı vardır mutlaka... Kuru biberi çok severim. Özellikle de acı olanını. Gerçi o zaman mendilsiz olamıyorsunuz; burun akıntısını arttırıyor. Çorba fotoğraflarından sonra "Twiste gel" (söz ve müzik Sezen Aksu) şarkısı eşliğinde oynayan hanımların fotoğrafı var. Kaldığımız termal otelin akşam programındaydı. Komşu illerden birine bağlı bir belediyenin başkanı, kadınlar için organizasyon düzenlemişti. Seçim öncesi sırayla grupları bu hizmetten faydalandırıyordu. Kadınlar o kadar mutluydular ve o kadar güzel eğlendiler ki, sembolik kına gecesi bile düzenlediler. Müzik eşliğinde oyunlar oynanırken biri ortaya oturdu ve eline kına yakarmış gibi peçeteler koydular. Müzisyen bir düğündeymiş gibi gelinin arkadaşlarını, ailelerini harmandalı oynamaya davet etti. Hatta kendini kaptırıp, takı töreni anonsunu bile yaptı. Biz de seyrederken eğlendik.

Ertesi gün Pamukkale Natural Parkını gezdikten sonra, merkezdeki Atatürk ve Etnoğrafya müzesini ziyaret ettik. Atatürk 04.02.1931 yılında Denizli'yi ziyaretinde kalmış burada. Çalıştığı ve yattığı oda muhafaza edilmiş. Yöresel yaşam biçimleri, takılar, vb. sergilenmekte. Tarihin içinde dolanır gibi hissettim kendimi. Müzeden dışarı çıktığımızda, her ne kadar sıkışık bir il olmasa da, yine de günümüze dönmek pek sevimli gelmedi. Derken meşhur "Kuyu Kebabı" na sıra geldi. Mutlaka deneyin derim. Tadı, baharatlarla biraz kokoreçi de andırıyordu...

Denizli'ye gelmemizin bir amacı da arkadaşlarımızı ziyaret etmekti tabii. Lisede yan yana sınıflarda, sonrasında üniversiteden bugünlere uzandı arkadaşlıklarımız. Ege'nin incisinde başlamıştı. Yıllar ne çabuk geçmiş... Oğulları evlendi, kızları da üniversitede okumak için ayrıldı. Bahçedeki üç kediyi sevdik, mor menekşeleri kokladık ve fotoğraflarını çektik. Bir sonraki sefere görüşmek üzere hoşçakalın diyerek ayrıldık...

*https://www.penceremdeninciler.com/2019/02/21/denizlinin-incisi/

Caretta Caretta

Dalyan, eski bir balıkçı kasabası. Turizm, yörenin en önemli geçim kaynağı. Sadece yazın değil kışın da yerli ve yabancı misafirleri ağırlamakta. Carettaların doğal evi olan İztuzu plajı, Kral mezarları ile ünlü Kaunos Antik Kenti, çamur banyoları, yeşil ve mavinin uyumu, dantel gibi coğrafyası görülmeye değer. Köyceğiz Gölünden, Akdeniz'e kadar uzanan kanal, kanalın sonunda delta, sazlıklar, göller... Bir tarafında tatlı su diğer tarafında tuzlu su olan İztuzu plajı varlığıyla doğanın gerçek bir harikası...

Carettalar diyor ki:

"Ben 110 milyon yıldır bu deniz ve topraklardayım. Yaz aylarında İztuzu plajını paylaşıyoruz. Ben İztuzu plajına yumurtalarımı bırakıyorum. Siz misafirlerimiz yuvalarımıza basmadığınız için yavrularım yumurtadan çıkarak yaşama tutunuyorlar. Her bin yumurtadan ancak 3-5 adeti ergenliğe ulaşarak soyumuzun devam etmesini sağlıyor. Küresel ısınma nedeni ile soyumuz tehdit altında. Çevre konusunda daha dikkatli olursanız, sonsuza kadar birlikte yaşayabiliriz." (Büyükşehir belediyesinin hazırladığı afişten alıntı)

"Bize çok yaklaşıp sevmeye çalışmayın ve elle de beslemeyin. Bu davranışlarınız, bizim doğal yaşam dengemizi bozmakta ve istemesek de sizlere zarar vermekteyiz." Dediklerini de duyar gibiyim...

Carettalar haklılar değil mi?

Bizler de kendimizi mutlu edelim derken onları mutsuz etmeyelim. Dünyamızda birbirimize dokunmadan yaşayacak kadar yeterince yerimiz var nasıl olsa...

*https://www.penceremdeninciler.com/2019/02/11/caretta-caretta/

Tünelden Sonrası

Tünelin sonrası aydınlık. Hava günlük güneşlik. Gökyüzü pırıl pırıl. Her bir tünel farklı yerleşimlere açılsa da toprak, ağaç, gökyüzü hep aynı. Tarihler değişse, medeniyetler değişse de aynı... Tünel olmadan önce yol uzundu. Kıvrılarak ve giderek yükselerek rampaları çıkıp, yine kıvrım kıvrım, çam ağaçlarının mis kokuları ve kuş sesleri eşliğinde aşağıya iniliyordu. Zaman hızlı olmayı gerektirdi. Kocaman iş makineleri yola koyuldu. İş başına geçti. Tünel açıldı. Yol kısaldı. Size düşense yedi buçuk lira ödemek ve kısa süren karanlık yolu geçmek... Masallardaki sihirli değneği hatırlayın. Hop birden gideceğiniz yere geliveriyorsunuz. İşte öyle... Göcek Tüneli...

Göcek tünelini geçtik. Yönümüz Fethiye. Hem ticaret hem de ziyaret için yine. Eşimin işi ticaret. Tanıdık, dost, arkadaş ziyareti amacımızdı. Gelmişken de tarihe de merhaba demeden olmazdı. Likyalıları, Amyntas kaya mezarlarını, anılar mezarlığı olan Kayaköy'ü (Rumca adı Levissi) de ziyaret ettik. Yine tarihin içinde gezindik olabildiğince... Açık hava müzesiydi hepsi. Düşündüm; ne kadar çok açık hava müzesi var ülkemizde. Ne kadar şanslıyız ve zenginiz; tarihten gelen mirasla. İyi bakmak gerek. Fethiye sıcaktı. İlçeyi dolaşırken bize eşlik eden ve tepelerinde hala kar olan Babadağ'ın manzarası da görülmeye değerdi. Eren Dağı kayak tesislerinin, son yıllarda işletilmemekte olduğunu öğrenince üzüldüm... Kış turizmi de gerekli. Dilerim yeniden işletmeye açılır...

Fethiye merkezindeki cumbalı evleri gördünüz mü? Eskiden mi kalmış yoksa mimari tarzı mı olmuş anlamadım. Sanırım restore edilmişlerdi. Hemen arkalarında Amintas kaya mezarları. Dağa oyulmuş görünümü muhteşem. Kral mezarları.. Hâkim olmak duygusu böyle mi bir şey? Ölünce bile tüm manzaraya hâkim...

Aşağıda seçim ofisleri bayraklarla donatılmış. Şarkıların sesleri kaplamış her yanı. Nakaratlar hep aynı. Hep aynı aynı. Hâkimiyet... Gelenlerin,gitmeyi hiç istememe sevdası; genetiğe işlenen. Tüm seçim ofislerinde hep aynı. Belki de böyle olmalı; kaya mezarları şehre hâkim...

Kesikkapı mahallesinden sonra Kayaköy... Evlerin arasında, yollarında her yanını gezerek, başka zamanlara gittik yine. Likyalılardan mübadeleye ve bugüne. Konuşan duvarlar, taşlı yollar, kiliseler, çatısı 1957 depreminde gitmiş olan kocaman okul ve niceleri... İnsanlar gitmiş ama bitkiler yerini almış bu sefer de. Yaşam yine var aslında burada. Her tarafta ağaçlar, papatyalar, kaktüsler ve rengârenk dağ çiçekleri. İnsan olmayınca doğa ana kaplamış her yeri. Binaların içini de. Evlerin ocakları var. Yıkık... Tahtadan asma katı. Virane... Ama güzel. Kuşlar var. Yazıya koku ve ses nasıl dökülür ki?... Restore edilen evler var. Ovada ise taş evler ve tarlalarında inekleri, koyunları, bahar çiçek açmış ağaçları. Yamaç yaşamına ayak uyduramadıkları belli. Bilet gişesi, develeri, eşeği, rengârenk boyanmış süs kabaklarının bulunduğu çay ve kahve evi yerli ve yabancı turistleri, gözleme yapılan yerleri, sanatsal olan "bus stop"u ile günümüze dönerek, Fethiye'nin deniz kıyısı kafelerinden birinde mola verdik. Kekik çayımızı, kuşları seyrederek içtik. Buraya sadece biz gelmemiştik. Politika mesleğine gönül vermişler de vardı. Bir belediye başkan adayı ve yanında da bir millet vekili halkla tanışıyordu. Seçime bir hafta kaldı artık. Seçim çalışmalarıyla yoğun geçen zamanlar. Çalışacak ve iş yapacak olan kazansın. Balık tutana "rastgele" derler ya, öyle olmasın. Bu ülke hepimizin...

Akşam yemeğinde bir arkadaşımızla buluştuk; eski günleri yâd ettik. Kaldığımız pansiyonda ise lakabı "Kara" olan bey ile sohbet ettik. Renkli bir kişilikti. Maden mühendisi ve yıllarca krom madeni işletmiş. Anılarından, Likyalılardan, Kayaköy'den de bahsetti. Seçimler de konumuza dâhil oldu; bu ara herkesin de olduğu gibi. Ertesi gün Fethiye'yle de vedalaştık ve Göcek'e uğradık. Ot festivaline denk geldik. Yine çay molası verdik. Bu seferki yeşil çay. Metabolizma hızlanmalı. Bir arkadaşımızla karşılaştık.. Bir de kimleri gördük bilin bakalım. Hani bir gün önce, deniz kıyısında, belediye başkan adayı ile milletin vekili vardı ya, işte onları.

Yine selam, dostluk, vatan, millet ama bu sefer Göcek turunda... Bizi hatırladılar mı bilmem?

. "Seçimler bitse de, yaşam normal seyrine kavuşsa" dediğinizi duyar gibiyim. Bence de...

Klozomenai (Urla)

Urla Eğriliman'dan yola çıkarak, Özbek köyüne uğradık. Halkının çoğu Özbek'lerden oluşuyor. Özbek Köyü, çevresindeki birçok Ege köyü gibi, çağdaş ve modern bir köy. Şimdilerde turistik bir köy haline geldi. Köydeki işletmelerin sahipleri ve işletmecileri de kadınlardan oluşuyor. Muhtarı da kadın. Huzur burada da şekil bulmuş... Köyün içinden ayrılan ve yeni asfaltlanmış olan yoldan, zeytin, çam ağaçları, dağ çiçekleri ile denizin eşsiz görüntüsü ve kuş sesleri eşliğinde aşağıya doğru yolculuğumuza başladık. Ağaçların çiçeklerinin yanı sıra artık yaprakları da oluşmuştu. Doğanın gün geçtikçe, daha da renklendiğini izlemek çok güzel. Bir ara tepede güneş paneli tarlasını da gördük. Bu çok hoşumuza gitti. Dileriz daha da çoğalırlar. Güneşi bol olan ülkemizde en mantıklısı olur değil mi? Sonunda, kıyısında kayıkların bulunduğu Çeşmealtının mavisine ulaştık. Mavinin en güzel tonları burada buluşmuştu sanki...

Karşıdaki askeriyeye ait olan Uzunada'yı, koya da adını veren Gelin Kayası'nı gördük. Bir zamanların efsane şarkıcısı Tanju Okan, tam bu kayanın karşısındaki sitede otururmuş. Urla iskeleye doğru gelirken, karşıdaki eski karantina, şimdi ise sağlık bakanlığının eğitim tesislerinin olduğu adayı da andık. 112'de çalışırken, üç kez buraya eğitime gelmiştim. Mesleğimin olmazsa olmazı; sürekli hizmet içi eğitimler içindi. Eğitim adasına doğru giderken eskiden eshot ve köy hizmetleri gibi kurumların kamp alanlarına misafirlik eden ve eşimin de yaz çocukluğunun anılarıyla dolu olan devlet hazinesine ait yerleri de gördük. Şimdi üzerinde sadece birkaç kafe var. Dilerim karavan ve kamp alanı yapılarak, eski güzel günleri yaşatılır...

Urla iskelede balıkçı tekneleri, kullanılmaya hazır balık ağları, balıkçı restoranları, çay içilen yerleri ile huzur hissettiriyordu. İskelede dolaşırken, Atatürk'ü, Tanju Okan'ı, Necati Cumalı'yı andık. Yorgo Seferidis'i, Urla'nın tarihini (eski Klozomenai) ve bugününü öğrendik. Merkezindeki Tanju Okan Parkı'nı da görünce mutlu olduk. Demek ki vefalılar ve değerlerine sahip çıkıyorlar dedik. Bu güzel yerde "Mehtap ve Deniz", "Kemancı", "Kadınım", "Öyle sarhoş olsam ki" demiş Tanju Okan... Edebiyat dalında Nobel ödüllü Yorgo Seferis de umut içeren şiirlerini yazmış burada. Urla ilham olmuş ve "Hayat Urla'da güzel" dedirtmiş kendine...

Enginarıyla meşhur olan bu yerden enginar almamak olmazdı. Enginar tarlalarının yanından geçerek Urla iskeleden Urla'ya geldik. Panoramik turladıktan sonra eski çarşısına uğradık. Manavları, terzileri, basma pazen satan kumaşçıları, çay bahçeleri, fırınları, antikacı dükkânları, Osmanlı, Türk, Rum yemeklerinin sunulduğu dükkânları olan, mis gibi börek, katmer kokan çarşısını ve sanat sokağını gezdik. Buraları mutlaka görmelisiniz... Siyah erik dolması, şevketi bostan, enginarı mutlaka denemelisiniz. Turumuz ailemize ait evimizin olduğu, Eğriliman'daki Beşev'lerden birinde sonlandı...

Ertesi gün büyüklerimizle hasret giderdikten sonra, Gülbahçe, Balıklıova, Mordoğan'ı gezdik. Buralar Ege'nin incisi olan İzmir'in girinti ve çıkıntılı dantel gibi olan kıyılarını oluşturan, balıkçılıkla uğraşan güzel insanlarının ve sayfiye evleri ve sitelerinin de olduğu yerlerdi. Hepsi de sakin, bozulmamış haliyle, iklimiyle huzur veriyordu. Denizinde de birçok balık çiftliği ve yol boyunca karşımızda duran Donkişot'un yel değirmenleri (rüzgâr tribünleri) vardı. Anne, baba memleketim olan Yatağan'ın (Muğla) termik santralinin etkisi, görüntüsü, kokusu ve ilçeye yaşattıklarından sonra, güneş panellerini, rüzgâr santrallerini görmek bana ayrı mutluluk veriyordu... Bu yıl oğlumuz lisenin son sınıfını, İzmir'de okumaya karar verince daha sık gelir olduk İzmir'e. İzmir'i özlemişiz. Yıllar süren ayrılıktan sonra yeniden kavuşunca adım adım her karışını, ilçesini gezmeye çalışmak özlem gidermemizi sağladı. Daha göreceğimiz ilçeleri var. Önceki yıllarda Türkiye'nin birçok yerini, Yunanistan'ı ve adalarını, bazı Avrupa ülkelerini gezdik.

Bu yılki coğrafya dersimizde konumuz, yakın yerler. Yaşam yolculuğumuzda, sıranın olgunlaşmaya gelmesiyle eşdeğer bir yolculuk gibi. Kendini, insanı, daha da tanımaya ve içe yönelmeye başlamakla. Yaşamı, nedenini, nasılını öğrenmeye çalışmak ve sorgulamakla eşdeğer bir yolculuk gibi. Çoğu yere eskiden de gitmiştik, görmüştük ama şimdilerde baktıklarım ve gördüklerim daha farklı. Nereye baksam, yaradanın mucizelerini görmek... Doğa gerçekten harika... Bizlere eşsiz nimetler sunulmuş. İncir ağacının çiçeklerinin, küçüçük meyvesinin görünümünde olması, incir sinekleriyle o eşsiz tadının oluşması... Meyve ağaçlarının baharda açan çiçeklerinin daha sonrasında yapraklanması ve çiçeklerinden meyveler oluşturması. Bunların hepsi mucize değil de ne? Bu gezimiz de çok güzel ve iyi duygular oluşturdu bizde...

Bu yıl, gittiğimiz çoğu yerde yaradılışın en güzel mucizelerinden biri olan insanın, isterse etrafını nasıl güzelleştirdiğini, isterse de güzellikleri nasıl yok edebileceğini de izledik... Ara ara, günümüz kentsel dönüşümü adına yapılan inşaat çılgınlığı canımızı sıkmadı değil... Bu kıyılar bereket çok etkilenmemiş. Şehirlerin dilleri, dokusu ve insana anlattıkları olduğuna inanıyorum. İşte bunu bozmamak gerekli. Yaradılışın tüm nimetleri insanlığın kullanışına sunulmuş. Bu büyük bir şans bizler için. Karşılık olarak da buna saygısızlık etmemek bizim ibadetimiz olmalı..

Ege'nin incisi İzmir'e, bizleri biz yapan yaşadığımız bu havaya, kültüre ve güzel insanlarına sevgi, minnet ve saygılarımızla...

Dünyanın İncisi

Karikatürist Lütfi Küçük (1945-2001), Avrupa Turizm Birliği'nin 1985 yılında Paris'te düzenlediği Uluslararası Karikatür Yarışmasında; Marmaris'i Dünyanın İncisi şeklinde çizerek birinci oldu. Marmaris Belediyesi tarafından, Marmaris Fahri Hemşerilik Beraatı ile onurlandırılan sanatçının "DÜNYANIN İNCİSİ MARMARİS" eserinden esinlenerek anısını yaşatmak adına bu heykel yaptırılmıştır.

Adeta cennetten bir köşe. Turizmin de incisi. Marmaris. Tüm hazırlıklar tamamlandı sayılır. Yerli ve yabancı misafirleri ağırlamaya başladı. Yarın bisiklet yarışı var. Onun da hazırlıkları tamamlanıyor. Bisikletçiler son antrenmanlarını yapıyorlar. Bazlama ve odun ateşinde çay ile yapılan kahvaltı sonrası, Turunç yolundan, kuş bakışı İçmeler'e bakış. İçmelerin eski, büyük otel ve apartlarla dolu olan yeni yerleşim yerlerinden sonra Marmaris. Panaromik tur. Marmaris, küçüklü, büyüklü otelleri, avm ve alışveriş merkezleri, parkları, 19 Mayıs meydanı, pazar yeri, kalesi ve kale içiyle, yenilenen binaları ve binalara inat huzur veren yeşili ve mavisiyle, gündüzü ve gecesiyle, yelkenlisi, teknesi, dolmuşu, otobüsü, restoranları, çarşısı ve hastaneleri ile de misafirlerini, sevgi, hoşgörü ve güleryüz ile karşılamaya ve ağırlamaya hazırlanıyor... Marmaris'te mutlu anılar biriktireceğiniz, neşeli, mutlu, sağlıkla dolu tatilleriniz olsun...

*https://www.penceremdeninciler.com/2019/04/13/muglanin-incisi/

Bahar Gelmiş Memleketime

Tire

Tire'ye geldiğimizde bizi, pembe ve yeşilin birçok tonu karşıladı. Alabildiğine uzanan ve pembe çiçekli kiraz ağaçları, zeytin ağaçları dolu tarlalar, besi çiftlikleri, çayır, otlaklar ve buralarda otlanan epeyce büyükbaş ve küçükbaş hayvanlar vardı. Halkın gelirini tarım ve hayvancılıktan elde ettiğini, Türkiye'nin en büyük süt toplama kooperatifinin Tire'de olduğunu, geniş ürün yelpazesini, büyük ve küçükbaş hayvancılığı ile ülkemize büyük katkıda bulunduğunu, modern tekniklerin kullanıldığını ve bilinçli üretim yapıldığını öğrenmek bizi mutlu etti. Tire merkezinin, günümüz yapılaşmasından henüz etkilenmemiş olan görüntüsü de içimizi ısıttı.

Ödemiş Birgi

Tire'den sonra, patatesiyle ünlü Ödemiş'in, tarlalarında patates dolu çuvallarını, cumartesi kurulan merkezindeki pazarını, eski ve yeninin bir arada olan ve dönüşmeye başlayan binalarını, yolların orta kaldırım süslemesinde kullanılmış lalelerini, bir de bol bayraklı yollarını hızlıca geçtik. Seçim çalışmaları burada da devam ediyordu. Birazdan trafik sıkışacaktı. Belediyenin hoparlöründen, Büyükşehir Belediye Başkanının geleceği anons ediliyordu. Ödemiş'de de gelir kaynağı tarım ve hayvancılıktı. Yerel radyoda da "Hayvancılıkla uğraşanlara müjde!" diyordu. Anonslar ve yerel radyodaki seçim reklamları eşliğinde Birgi'ye geldik... Birgi, Unesco'nun Dünya Mirası Listesinde 2012 yılında geçici yerini almış. Dileriz bir an önce kalıcı listede yer alır. Burası kendinizi tarihin içinde gezer hissettiğiniz bir açık hava müzesi. Kalmak isteyenler için birçok seçenek mevcut. Eskiden İpek Yolu üzerinde olan Birgi'de, ipek üreticiliği mevcut. Fakat şimdilerde azalmış. İpek ürünleri satan bir esnafla olan sohbetimizde, bunun nedeninin Çin malları nedeniyle olduğunu öğreniyoruz. Birgi'de en çok etkilendiğim İmam Birgivi Mehmet Efendi. 16. yüzyılın seçkin âlimlerinden olan İmam Birgivi Mehmet Efendi'nin kabiri de buradadır. Kabir ziyaretlerine dikkati çekerek; kabirler üzerinde mum yakılması ve para karşılığında Kur'an okunması gibi gayri islami uygulamalarla mücadele etmiştir. "Bir toplum daha kötüye gidiyorsa, o topluma düşen vazife; önce kendine dönüp bakmasıdır." sözü meşhur sözlerindendir. Ömrünün son on yılında, Birgi'de müderrislik yapmıştır. Gösterişten uzak durmuş ve kabrinin üzerine türbe yapılmamasını vasiyet etmiştir.

Şehzadeler Parkı

Ödemiş'ten sonra, Ege'nin incisinde okuyan oğlumuzu, okulundan aldık. Dede, babaanne, hala, amcanın bulunduğu, bir zamanlar şehzadelere ait olan şimdiki Manisa'ya, hafta sonunu geçirmek için geldik. Özlem de giderdik. Biraz da burayı gezdik. Şehzadeler belediyesinin, daha önce Sümerbank fabrikasına ait olan arazisinde yaptırdığı Şehzadeler Parkını gezdik. Bu parkın içinde, diaromik mesir müzesi; mesir atım töreninin gösterildiği, Türk dünyasına ait otuz iki minyatür eseri, şehzadelerin heykelleri ve çocuklar için de masal parkı mevcut. Pezyaj çok güzel olmuş. En çok da laleleri sevdim.

Müzede ise, Sultan Camisi'nden mesir atma merasimi; devasa resim ve resmin içinden canlanan maketlerle bir bütünlük oluşturmuş.

Kanuni Sultan Süleyman'ın annesi Hafsa Sultan'ın hasta yatağında yatışı ve mesir macununun yapımı da yine bu müzede sergilenmekte. Manisa Tarzanı'na ait bölüm biraz daha vurgulanabilirdi ve şehzade heykellerinin görünümleri ile yaşları pek orantılı gözükmemekte. Bunların dışında, genel olarak güzel olmuş. Yapanların emeklerine sağlık...

Çeşme Alaçatı

Oğlumuzu okuluna bıraktıktan sonra, turumuza Çeşme, Ildır, Germiyan ve Alaçatı ile devam ettik. Rüzgâr santralini, çiçekleri, bitki örtüsünü seyrederek, Alaçatıtnın yeni ama eskiymiş gibi olan görüntüsünü ve şehirciliğin burada oluşturulmuş güzel bir örneğini gördük. Evlerde biraz Yunan Adalarının esintisi hissettik. Yapılınca oluyor dedik. Hele marinasındaki villaları ve villaların önüne park edilen yelkenlileri görülmeye değer eşsiz güzellikteydi. Tabii bunun anlamı, yüksek miktarlarda para ödemek demek... Burayı da görüp, panoramik turladıktan sonra Şirince'ye doğru yol aldık...

Şirince

Şirince'ye daha öncede gelmiştik. Hatta şirince ile ilgili şiir de yazmıştım. Objektifimden Tuvalime yazımda bahsetmiştim. Şirince de, tarihin içinde hissettiğim yerlerden. Selçuk'un bir mahallesi oldu artık. Bu sefer her iki kiliseye ve Nesin Matematik Köyüne de gittik. Halkı geçimini tarım ve turizmden elde ediyor. Ürün yelpazesi geniş. Daha önceki yıllarda yetişen incir ağaçlarının söküldüğünü öğrendik. Belli büyüklüğe ulaştıktan sonra sinekleniyor ve bozuluyormuş. İncir için iklim pek uygun değilmiş. Zeytin, şeftali, mandalina, kiraz, vb, Çesme, Ödemiş, Tire'de olduğu gibi otun birçok çeşidi yetişiyor. Akşam yemeğinde bu otlardan olan "şevketi bostan otu"nun yemeğini yedik. Etle pişiriliyor. İlk gün hava günlük güneşlikti. İkinci gün yağmur yağdı. Kaldığımız pansiyonunun sahipleriyle biraz sohbet ettik. Kiraz ağaçlarını yeni dikmişler. Kiraz ağacına can suyu gerekiyormuş. Yağmurun yağması onlara bu nedenle ayrı mutluluk vermişti.

Dedeleri Selanik'ten gelmiş. Kendilerinin de Selanik'i ziyaret etme imkânları olmuş. Selanik'ten gelip, Şirince'deki yerlerini ziyaret edenler de oluyormuş. Hatta gelenlerden biri, yaşlı babasına hediye olarak elma fidanlarından da götürmüş. Şirince'nin halkı sıcak ve misafirperver. Yabancı misafirler de çoktu. Japon misafirler. Gelip durmadan fotoğraf çekiyorlarmış. Yeme içme ile araları pek yokmuş. Onlara bazıları "Sarıca arı" benzetmesi yapıyorlarmış. Kendi aralarında konuşarak fotoğraf çeken halleri bu şekilde çağrıştırıyormuş. Bize fotoğraf çekmeyi, selfie çubuğunu, gezmeyi hep onlar öğrettiler. Kullandığımız teknolojiler de onların hediyesi bizlere...

Şirince'nin, Unesco Dünya Mirası listesinde olmaması beni şaşırttı. Şirince'nin sembolü olan evlerin mimarisi sit yasası ile korunuyor. Eskimiş evler çok fazla. Satılık ev, restoranlar da fazlacaydı. Yerli hane halkının sayısının giderek azaldığını, otuz-kırk haneye düştüğünü, restoranları diğer şehirlerden gelen insanların kiralayıp işlettiklerini öğrendik. Tadilat yaptırmak pahalı bir işti ama önemli olanın da tadilat için, öncelikle anıtlar kurulundan plan onaylamasının yapılması gerekliliğiydi. Dört gözle ve on dokuz yıldır, planlarının onaylanmasını bekliyorlarmış. Dileriz seçim sonrasında bu hayallerine kavuşurlar. Çabuk kavuşsunlar ki Şirince, şirin haliyle yaşamaya devam etsin. Pansiyondan da çok memnun kaldık. Bizim odanın adı "Gül"dü. İçeri girince gül kokusu ve kanaviçeli, dantelli işlemeler, penceresinden de, zaten her yanı güzel olan manzarası karşılamıştı. Şevketi bostan, saç kavurma, kabak çiçeği dolması, yaprak sarması, favası, sarı renkli ekmeği de komşumuzda yediğimiz yemeklerle aynıydı... "Dolmades'in adı "Dolma" olmuştu bu sefer de. Kirazlar olunca söz yeniden geliriz dedik. Komşuya ve Şirince'ye bir de Aziz Nesin'e teşekkür ederek ayrıldık...

"En güzel şiir matematiktir. Yeryüzünde şimdiye kadar "iki kere iki dört eder" den daha güzel bir dize yazılmamıştır sanırım."

Aziz Nesin

"İnsan yalnızca söylediklerinden değil, sustuklarından da sorumludur."

Aziz Nesin

Orada Bir Köy Var Uzakta

Karaköy

Orada bir köy var. Hem de koca şehrin ortasında sıcacık bir köy. Eskinin yaşadığı ve yaşatıldığı mekanları, konuşsa neler anlatacak koca binaları, arka sokakları ve lezzetli ev yemekleri yapan küçük dükkanları, kunduracısı, berberi, manavı, kasabı, camiileri, parkları, birbirini tanıyan insanları, kapı önü sohbetleri, çamaşır kurutmak için yapılan komşular arası dayanışmaları var...

Karaköy' de bir merdiven

Sevmek bir ömür boyu ve beraberce yaşlanmak ne güzel. Çıkarken de inerken de beraber olmak ne güzel.

İnstagram'dan bir anı. İnstagram'da paylaşmaya başlayınca sitemi biraz ihmal ettim. "Penceremden İnciler" ismi ile hesabımı açmıştım. Kullanıcı ismi olarak yazdığım isimlerin arasından "Polianneinci" ismini seçmişti instagram. Keyifli bir yolculuk olmuştu ama sosyal medya kullanımı bir süre sonra bende bağımlılığa dönüşüp zamanımı çalmaya başladığı için, hesabımı kapatmayı tercih ettim.

"Galata hala Hazerfan'ı anar, boğazdan geçen gemilere göz kırpar ve onca yaşadıklarına rağmen sırtınızı yaslayacağınız çok eski bir sırdaş gibi sessiz sedasız durur İstanbul'un kalbinde."

Her yerde bir buluşma noktası vardır. Bu seferki Galata ile buluştuğumuz yerdeydi. Ve burada buluşanlar diyordu ki: "Sen bana Galata ol, ben sana İstanbul. Buluşuruz bir fotoğrafta."

Duvarın dökülen sıvalarına inatla sanat; meğer anarşist bir eylemmiş.

Bu köyde duvarları boyamışlar, süslemişler. Adına da "Duvar Boyama Sanatı" (Wall painting Art) demişler; giden yeşilin yerine gelen betonlaşmaya inatla...

Galata'ya çıktığımız gecede Dolunay vardı. Dolunay sonlanmaları ve dönüşümleri de beraberinde getirirmiş. "Her sonlanma aynı zamanda yeni bir başlangıçtır da ve yaşamda değişmeyen tek şey de değişimdir." Diye boşuna dememişler. Dilerim güzel dönüşümler olur... Dolunayın görüntüsü, fotoğrafta görüneninden daha da güzeldi. Fotoğrafa pek yansımadı. Gözümüz kaç piksel bilmem ama hiçbir fotoğraf makinesi onun gibi netlik ayarı yapamıyor.

Her zamanki gibi çiçek fotoğrafı. Rahmi Koç Müzesinin Bahçesinden bu seferki. Koleksiyonerlikten müzeciliğe giden yol da varmış. Emeklerine sağlık. Biz çok beğendik. Fotoğraf çekmek yasak değildi. O nedenle bol fotoğraf da çektik. Denizaltını gezdik, nostaljik buharlı vapur ile minik trene de bindik; çocuklar gibi şendik. Yalvaç Ural'ın oyuncak sergisini de gezerek müze turumuzu tamamladık. Müze içinin görüntüleri ise, fotoğraflardan hazırladığım videoda.

Sabahı karşılayan saatlerde İstanbul bizimdi. Tam sahiplendik derken bizi sessizce uğurladı.

Hoşçakal Liz, yine geleceğiz...

Seyahat Sayfanız:

Seyahatlerinizi, seyahat anılarınızı yazabilirsiniz. demet@penceremdeninciler.com adrese gönderirseniz; "Penceremden İnciler" de yayınlanacaktır. Okurlardan, yeterince gönderim alınırsa; derlenip, kitap olacaktır. Hadi o zaman, şimdi yazma zamanı.

Tiyatro

Oynadığım ve izlediğim tiyatrolardan oluşan inciler.

Notre Dame'ın Kamburu Quasımodo Müzikali

Notre Dame'ın Kamburu müzikali, geçtiğimiz mart ayında bizlerle buluşmuştu. Victor Hugo'nun ünlü öyküsünün müzikale uyarlanmış haliydi. Müzikalde, Esmeralda isimli Çingene kızına âşık üç adamın; biri âşık olduğu için Tanrı'nın emirlerine karşı geldiğini düşünen ve vicdanıyla savaşan rahip, biri evlenmek üzereyken Esmeralda'ya karşı tutkusuna yenik düşen soylu, diğeri de asıl kahraman olan çirkin, kambur, zavallı zangoç Quasimodo'nun öyküsü anlatılıyordu. Paris'in daracık arka sokaklarında geçmekteydi. Sahnede de dekor olarak şehrin ünlü "Notre-Dame de Paris" Kilisesi vardı. Tiyatro Victor Hugo yazımda sizlere Victor Hugo'nun eserlerinden uyarlanan oyunlara gitmeden önce mutlaka araştırıp okuyarak gidin demiştim ya, işte bu oyun nedeniyleydi. Öyküyü okuyup okumadığımı hatırlamıyordum. Müzikalin ilk yarısı ne olduğunu anlamaya çalışmakla geçti. İkinci yarıda öyküyü hatırladım, birinci perdeyle bağlantıyı kurabildim. Eve gidip okuduğumda ise hatırladım, artık unutulmamak üzere dimağıma yerleşmiş oldu. İzlemeye gideceğim oyunlara giderken okumak, araştırmak alışkanlığım değildir. Hatta büyüsünün kaçmasını hiç istemem. Klasik eserleri ayrı tutmanın gerekli olduğunu öğrendim böylece. Belki müzikal şeklinde olmasaydı zorlanmayabilirdim. İkinci perdenin sonunda ne olmakta olduğunu anladığım için alkışa katıldım tabii ki. Müzikler ve görsel şölen de harikaydı. Yine oyuncular ve seyirciler birbirimizi hep birlikte ayakta alkışlamıştık. Bu sefer, hem oyunu anlamaya çalışıp hem de izlemeye çalışırken de alkışı iki kat haketmiştim.

İnsanın Yedi Çağı

William Shakespeare'nin "Nasıl Hoşunuza Giderse" oyunundan:

Bütün dünya bir sahnedir...
Ve bütün erkekler ve kadınlar
sadece birer oyuncu...
Girerler ve çıkarlar.
Bir kişi birçok rolü birden oynar,
Bu oyun insanın yedi çağıdır...
İlk rol bebeklik çağıdır,
Dadısının kollarında agucuk yaparken...
Sonra mızıkçı bir okul çocuğu...
Çantası elinde, yüzünde sabahın parlaklığı
Ayağını sürerek okula gider...
Daha sonra âşık delikanlı gelir,
İç çekişleri ve sevgilinin kaşlarına yazılmış şiirleriyle...
Sonra asker olur, garip yeminler eder.
Leopara benzeyen sakalıyla onurlu ve kıskanç,
Savaşta atak ve korkusuz,
Topun ağzında bile şöhretin hayallerini kurar...
Sonra hâkimliğe başlar,
Şişman göbeği lezzetli etlerle dolu,
Gözleri ciddi, sakalı ciddi kesimli...
Bilge atasözleri ve modern örneklerle konuşur
Ve böylece rolünü oynar...
Altıncı çağında ise palyaço giysileriyle,
Gözünde gözlüğü, yanında çantası,
Gençliğinden kalma pantolonu zayıflamış vücuduna bol gelir.
Ve kalın erkek sesi, çocukluğundaki gibi incelir.
Son çağda bu olaylı tarih sona erer.
İkinci çocuklukla her şey biter.
Dişsiz, gözsüz, tatsız, hiçbir şeysiz...

William Shakespeare

İlk Yardım Son Yardım

Tiyatro sevgimi fark edişim, ortaokulda Türkçe öğretmenimizin çalıştırmış olduğu bir piyesle olmuştu. Uzun yıllar sonra, ısrarıma dayanamayıp destek olan meslektaşlarımla, Şener Aksu'nun http://www.biyografya.com/biyografi/2158 "İlk Yardım Son Yardım" oyununu sahnelemiştik. Bu oyunda hemşireyi oynamıştım. Hemşire keplerini çok severdim ve onlara yakıştığını da düşünürdüm. Oyunda kep de takmıştım. Hemşirelerin neden kep takmak istemediklerini de çok iyi anlamıştım; kepi sürekli yerinde mi, düzgün duruyor mu diye kontrol etmek ve saça takılı olan tokaları sürekli düzeltmek gerekiyordu... Oyunu meslek odamızda yapmayı istemiştim başlangıçta, yeterli katılım meslek sendikamızda olunca, burada oynamıştık. Acil servisin yoğunluğundan biraz nefes almak için geçici görevle 112'ye geçtiğim dönemde, nöbet aralarındaki boşluklarda çalışmıştık oyunumuza. Fırçası bol olan yönetmenimiz, iki 112 hekimi ve hemşireleri, hastane labaratuvar ve röntgen teknisyenleri ile buluşmuştuk oyunumuzda. Yönetmenimiz, bolca fırça nasıl atılır, atılanlara nasıl yedirilir'i öğretmişti. "Yöneticidir bağırır, kızar, bu normaldir." diye kanıksamış olan bizlere. Sonunda iyi bir iş çıkınca atasözlerimiz de devreye girmişti. "İnsan sevdiğini yerden yere vurur", "kasap sevdiği postu yerden yere vurur" şeklinde. Atalarımız da böyle demişti, ne yapsındı yönetmenimiz, haklıydı. Onun da emeğine sağlık, iyi bir iş çıkmıştı sonuçta...

Bir hastane odasında geçmekteydi. Üç yatak, yataklarda yatan biri uyuşturucu bağımlısı genç kız, biri sürekli ''Çok yorgunum, halsizim, moralim bozuk, üstelik bu gürültüden de tansiyonum çıkacak" diyen psikolojisi bozuk biraz daha büyük, diğeri de oğlu çok uzakta olduğu için, oğluyla sık görüşemeyen, oğlunu özleyen yaşlı bir hastanın, izleyicileri kâh güldüren, kâh üzen, sonunda da genç hemşirenin "Niye zamanında yapılmaz ilk yardım?" diyerek ve böylece "psikolojik ilk yardım"a saptama yapılarak sonlanan bir oyundu...

Oyuncular arasında büyük oğlum da vardı. İzleyiciler arasında da küçük oğlum ve eşim. Bu da benim için ayrı keyifti. Oyunu, biri yakın ilçede turne olmak üzere dört kez oynadık ve oyunumuz izleyicilerden bol alkış aldı. Doğum günüm yazısında termofor arayan abi burada da bizler için oyun dekorlarını taşımıştı. Buradan ona tekrar teşekkür ederiz. Çalışırken mutfağında ve sahnelerken, hatta biletleri satarken de çok eğlendik. Geliriyle de sendikanın bulunduğu katı şenlendirdik; pencerelerine perde, saksılarına çiçek oldu. Bu oyunun çıkmasında emeği olan bir büyüğümüz, ablamız geçtiğimiz yıllarda cennet oldu. Buradan onu saygıyla anıyorum...

"Anlatılan Senin Hikâyendir"

Amatör tiyatro oyunlarımızı oynayacak düzgün bir sahnemiz yoktu. Tiyatro yönetmenimiz ve bünyesinde çalışmalarımızı yaptığımız dernek kurucusu eşinin çabalarıyla bulabildiğimiz, seyirci aşağıda, sahnesi yukarıda olan belediye salonlarında oynamıştık oyunlarımızı. Onca emek verdikten sonra ya bir ya da en fazla iki kez oynayabildik bu nedenle. Daha sonraki yıllarda bir kültür merkezi yapıldı ve böylece yaşadığımız yer tiyatro salonuna kavuştu. Usta tiyatrocu olan yönetmenimiz kulisi beğenmemişti. Belki gelen tiyatrocular da aynını düşünüyorlardır. Bir de yalıtım hiç iyi olmamış, bunu rahatlıkla söyleyebilirim. Çünkü oyunların başlama saati, akşam ezanı saatine denk geliyor. Oyuncular profesyonel oldukları için bereket ezberleri etkilenmiyor. Belki saat ayarlaması yapılırsa bu sorun çözüme kavuşabilir. Kulisi görmedim ama bir şekilde idare ediliyor herhalde. Her ne şekilde olursa olsun, önemli olan bir salona kavuşmuş olmamız. Son iki, üç yıldır salon yapıldıktan sonra her mart ayında, tiyatro festivali nedeniyle birçok tiyatro geliyor yaşadığımız yere. O nedenle bu oyunu da geçtiğimiz mart ayında seyretmiştik. Oyunları, amatör tiyatro oynadığımız ekipten gelen arkadaşlarımızla birlikte izlemek geleneğimiz oldu. En çok da yöresel yemeklerimize, ballı çorba (aşure) katkısını sunan arkadaşımla izleriz. Buradan onlara da selam ve sevgilerimi göndereyim.

Levent Üzümcü'nün oynadığı "Anlatılan Senin Hikâyendir" oyunu da çok güzeldi.

Yazarı ve yönetmeni Cengiz Toraman.

Dekor çok sade; bir teneke, bir sandalye, kenarda da balıkçı filesi ve üzerinde deniz kabuklarından süsleri, tek kişilik, müzikli, kıyafet de değişim gerektirmediğinden çok da kulis ihtiyacı olmadığını sandığım, göçmek zorunda kalan insanların bir tür dramını anlatan, kısaca "İnsandan önce insanlığı sev" diyen bir oyundu. Levent Üzümcü röportajında (gaigadergi.com) öyle güzel anlatmış ki, ondan okuyun istedim. Sevgilerimle...

Leenane'in Güzellik Kraliçesi

Günaydın. Öncelikle yaratıcı yazma atölyesindeki genç kızımızın dediklerine bir bakalım:

Iraz: Kadın evini çekip çevirmek zorunda. Özel hayata bir tecavüz var burada...

Yazar: Bu anlattıklarını baştan anlatır mısın? Yazdığın öykünün sonuna neden cinayet ekledin?

Iraz: Buraya gelmeden önce araştırdım. Sonra bir şey fark ettim arada. Bir kadın, tecavüzcüsünün kafasını kesip köy meydanına asıyor ve altına "kanlı ibrete âlem" yazıyor. Kadının hapse girmeden önceki fotoğraflarına baktığımda, gerçek olmayacak şekilde bir mutluluk gördüm yüzünde. Yani artık delirdiğini gördüm; bu tecavüzün sonunda delirme. Tecavüz, sadece bedene olan bir şey değildir. Etrafımızdaki erkekler, kadınlara baktığım zaman, eşlerin onların eşlerinin özel hayata tecavüz ettiğini gördüm. Onların bakış açısı şu şekilde: ben eve ekmek getiriyorum, ben evin ayakta kalmasını sağlıyorum, kadın da evini düzenini sağlamak zorunda. Hayır, kadın evin içerisini sağlamak zorunda değil, kadın evin içinin düzenini sağlamak zorunda olan bir eşya değil. O kadın kendisine bakmalı, kendisini geliştirmeli, çocuğunu geliştirmeli aynı zamanda, erkekle birlikte evin içindeki düzeni sağlamalı o evi ayakta tutmalı. Böyle bir tecavüzün sonunda her kadın delirebilir...

Yazar: Neden delirdiğini düşünüyorsun? Çıkış noktası delirmek mi, bu doğru mu?

Iraz: Delirmek doğru değil, güçsüzlük, bir kopma noktası... Delirmek bir kaçış noktası değil, bir kopma noktası aslında, gelinebilecek en kötü nokta.

Yazar: Peki, bu tarza örnek olabilecek yabancı yazarları biliyor musun?

Iraz: Pek bildiğim söylenemez.

Yazar: Teşekkür ederim.

Iraz: Ben de teşekkür ederim.

"Kadın evini çekip çevirmek zorunda. Özel hayata bir tecavüz var burada..."

Leenane'in güzellik kraliçesi oyununun özeti de bu cümlede saklı.

Oyunda, kızının hayatına, duygularına, aşkına, tecavüz eden ve kızının hayatını, aşkını türlü entrikalarla mahveden, kendi işlerini yapabilecek durumda olduğu halde, çayını, çorbasını kızına yaptıran bir anne, iki kız kardeşi evlenip gittikleri için annesinin bakımı ona kalmış, evini çekip çevirmek zorunda olan, evlenememiş, cinselliğini yaşayamamış, yaşamının bir döneminde akıl hastanesinde de yatmış ve bu duruma uzun yıllar sonrasında da üzüntü duymaya devam eden orta yaşlarda kız, kıza âşık olan, ona "Güzellik Kraliçesi" diyen ve başka bir ülkede çalışmak durumunda olan, aşkı entrikalarla engellenince, Güzellik Kraliçesi'ni bırakıp, başka biriyle evlenen bir adam ve adamın mesajlarını kıza ileten, yaşadığı yerden bunalmış, gitmek isteyen adamın erkek kardeşi var. Oyun İrlanda'nın Leenane kasabasındaki bir evin mutfağında geçmekte.

Mag ile kızı Maureen'in mutfağı

Dekorda biraz sıkıntı hali, sallanırken gıcırdayan koltuk, şömine, şöminenin yanında, sonradan oyunun konusunun baş aktörü olduğunu anladığımız, şömine karıştırıcı demir, şöminenin üzerinde, "Şeytan öldüğünü çakmadan kapağı cennete atmaya bak." yazan yazı vardı. Bir de radyo. Fonda dışarıda hep yağan yağmurun çisilti ve gök gürüldeme sesleri ve ara ara odada bulunan radyoyu açınca dinledikleri müzikleri vardı. Tarzının karamizah olduğunu öğrendiğim oyun, yer yer güldürüyordu da. Bir ara sahneye sürpriz bir oyuncu girdi. Bu oyuncu bir kediydi. Anne, oyunda yer alıyormuş gibi kediden de bahsetti. Yerel kedimiz de oyuna renk katmış oldu böylece. Oyun içinde mini bir oyun sergiledi kedi. Anne de onu görmezden gelmedi.

Oyuncuların hepsi çok iyiydi. Bir solukta izlediğimiz oyunun perde arası vermesini bile istemedim. Oyunun sonundaki o muhteşem alkış sahnesinin de hiç bitmesini istemedim. Adeta oyuncular ve seyirci bütünleşti. Amatör tiyatromuzdan üç arkadaş birlikte seyrettik oyunu. Alkış sahnesi, oyunlarımızın özlemini biraz daha perçinledi. Yaratıcı yazma atölyesinde Iraz, yazdığı oyunun sonuna cinayet eklemişti. Yazar da sormuştu: "Yazdığın öykünün sonuna neden cinayet ekledin?" ve "Peki, bu tarza örnek olabilecek yabancı yazarları biliyor musun?" diye. Iraz'ın yazdığı öykünün sonuyla bu oyunun sonu aynı. Iraz bu tarzda yazan yazar var mı hatırlayamamıştı ve yanıtlayamamıştı o zaman. Bu sorunun yanıtını, ben verebilirim şimdi: Martin McDonagh (Oyunun yazarı) *https://tiyatrolar.com.tr/martin-mcdonagh

1996 yılında, Dublin'de sahnelenen oyun, İrlanda'dan çıkarak, Londra ve Broadway'de büyük ilgi görmüş, tiyatro dünyasının "Oscar"ında dört "Tony" ödülü alan yapıt, Time dergisi tarafından "1998 yılının en iyi on oyunu" arasında yer almış, bizde de 2001 yılında Afife Ödülleri'nde dört dalda ödül, anne rolündeki Rüçhan Çalışkur bu oyunla "En İyi Yardımcı Kadın Oyuncu " ödülünü almış. Sumru Yavrucuk ise 2013'de, "Kimsenin ölmediği bir günün Ertesiydi" oyunuyla "Yılın En Başarılı Kadın Oyuncusu" ödülünü almış. *https://tiyatrolar.com.tr/sumru-yavrucuk

Tam yazıyı bitireceğim şu anda eşim beni arayıp son dakika haberi verdi: "Sahnelenen oyunda Yavrucuk'a rol gereği su verilmesi gerekirken, antifriz verildi. Su sandığı antifrizi içen ünlü oyuncu, sahnede kusmaya başladı. Tedavisinin ardından taburcu edildi. Polis olayla ilgili soruşturma başlattı."

Sahnede kustuğunu gördüm ama rol gereği sandım. Oyunun gereği olmadığını hiç hissettirmedi. Daha önce de başka bir oyununu (Shirley Valentine) seyretmiştim; tek kişilik, "Kadın isterse her şeyi yapar"ı anlatan bir oyundu ve tek kişilik olmasına rağmen, sahneyi doldurup, bizleri seyrederken oyunun içine alıp, sürüklemeyi başarmıştı. Gerçekten de kendine verilen ödüllerin hepsini hak eden bir sanatçı... Yeteneğine sağlık.

Tesadüfün bu kadarı derler ya; tam da "Kimsenin ölmediği bir günün Ertesiydi " oyunundaki ödülünden bahsederken geldi haber. Neyse ki oyunun adı gibi pozitif sonuçlanmış; atlatmıştı. Eşim de ben de iyileşmesine sevindik. Kendisine buradan geçmiş olsun diyerek, daha nice oyunlar oynamasını ve nice başarılara imza atmasını dileriz. Bugün aynı zamanda "Kadın Hakları Günü" olması nedeniyle, bu gününü de kutlarız. Sumru Yavrucuk'a, Leenane'in Güzellik Kraliçesi'ne sevgilerimizle...

(Not: Gel de iş güvenliğinden bahsetme, bir şekilde yine karşımıza çıkıyor işte... Ya da merkürün retro haline mi bağlasak bilemedim. Hani insanların kafası da karışık oluyor ya o zaman. Antifriz ile suyun karışması... Kafamda deli sorular... Neyse aydınlanır nasılsa... Sizler de sağlıcakla kalın...)

İstanbul Efendisi

Osmanlı'da "Lale Devri" nin sonrasında geçen oyun, Osmanlı'nın kültürel ve etnik çeşitliliğini sergilerken, bir taraftan da dönemin toplumsal yapısı, sosyal ilişkileri ve yozlaşan değerlerini de hicvederek ayna tutmaktadır. Tüm İstanbul' un korktuğu, millete kök söktüren, esnafı falakadan geçiren Kadı Savleti Efendi, kızı Esma'ya hayırlı bir kısmet aramaktadır. Fakat Savleti Efendi fallara, perilere, cinlere düşkünlüğünden kızına münasip damat adayını bu yolla seçmeye kalkınca işler karışır.

Velhasıl kızı Esma sarığı güllü, yanağı benli, sümbül kâküllü Safi Çelebiye gönlünü kaptırmış, iki genç mümkünü olmayan bir aşka düşmüşlerdir. Koskaca İstanbul'da bu derde derman olacak, Kadı Savleti Efendi'yi kandırıp alt edebilecek tek kişi Çengi Afet'tir. Böylece bir çetrefil ki başlar, çözene aşk olsun.

*(http://www.devtiyatro.gov.tr/programlar-istanbul-efendisi)

Bu oyuna katıldığımda çalışmalar başlamıştı. Oyundaki rolüm cariyeydi. Üç cariyeden sağlıkla ilgili olanıydım ki, pamuk filan getiriyordum istenildiğinde sahneye. Üç cariye nakarat halinde olan aynı cümleleri söylüyorduk. Bu kadarı bile nasıl heyecanlandırıyordu. Her çalışmaya, nöbetlerimi (112'de çalışıyordum o zaman) provalara göre ayarlayıp, hiç aksatmadan katılıyordum ne de olsa hep çalışkan öğrenciydim yaşamımda. Provalar bitip oyun sergilendiğinde, "Güzel bir başlangıç olmuş" diyen arkadaşımla bir de önemli görevimiz vardı: Sahnenin perdesini çekmek. Oynamaktan daha adrenalinliydi üstelik. Bir ara fazlaca çekmiş olmalıyım ki perdenin düğmeleri çıktı. Arkadaşım stres içinde, olmuştu avaz: "Napıyorsun!" Sonraları ben ona sordum: "Neden bana bağırdın o zaman?" Hatırlamamıştı, heyecandı, adrenalindi işte.

Şimdilerde oyunları birlikte izliyoruz. Hep anıyoruz ne güzeldi diye. Hatta en son dedik ki bir kahvaltı düzenleyelim ve toplansın yine Fiskos'un çocukları, yani yönetmenimizin uğraşmaktan yorulduğu, Fiskos'un büyümeyen ama büyükmüş gibi yapan çocukları...

Tüm çocuklara sevgiyle... Fiskos Çocuk Tiyatrosu çalışmalarıyla, Direklerarası Tiyatro Seyircilerinden "Tiyatro Sanatına Emek Ödülü"nü alan yönetmenimize de...

https://tiyatrolar.com.tr/selma-sonat

Kadın Sığınağı

Fark Yaratan Farklı Kadınlar

2012 yılında, amatör tiyatro ekibi olarak, Tuncer Cücenoğlu'nun yazıp, Selma Ankara Sonat'ın yönetmenliğini ve oyunculuğunu da yaptığı "Kadın Sığınağı" oyununu oynamıştık. Bir kadın sığınma evinde geçen, tüm oyuncuları farklı mesleklerden, fark yaratan farklı kadınlardan oluşan ve eşinden dayak yemiş sığınma evinin müdürü ile farklı yerlerden gelip, farklı şekillerde şiddet gören kadınları anlatan bir oyundu.

Birleşmiş Milletler Genel Kurulu, farkındalık yaratmak amacıyla 1999 yılında 25 Kasım gününü "Kadına Yönelik Şiddete Karşı Uluslararası Mücadele Günü" olarak ilan etmiştir. Oyunumuzu uzunca bir zaman çalışarak ortaya koymuştuk. Öyle ki oyun çıkmadan önceki son iki haftada gece ikilere kadar prova yapıyorduk. Sadece bu bile "Fark yaratan farklı kadınlar" söylemini oluşturabilirdi. Mart ayında hem 8 Mart "Dünya Kadınlar Günü" hem de 24 Mart "Dünya Tiyatrolar Günü" etkinlikleri için yapmıştık oyunumuzu. Bu kapsamda oyunumuz yaşadığımız yere bir kadın sığınma evi yapılmasına dikkat çekmeyi de hedeflemişti. Televizyonda ve sinemalarda sahne arkası görüntülerini seyretmeyi severdim. Sahne arkasını yaşama şansını bir kez daha yakalamak da ayrıca güzel olmuştu. En güzeli mutfak kısmıydı, sahneye gelindiğinde her şey bitmişti ve görev seyirciye devredilmişti. Oyunumuzu bir kez sahneledik, yazarı da izledi ve bu bizler için onurdu. Kadın sığınma evi yapılmadı bildiğim kadarıyla ama dilerim oyunumuz, bu konuyla ilgili daha sonra yapılacak çalışmalara ilham olmayı başarabilir ve en güzeli de bu tarz yerlere hiç gerek kalmaması için farkındalık oluşturabilir...

Aşk Oyunları

Oyun yazarı: Umur Özlüer.

Oyun yönetmeni: Selma Ankara Sonat.

Oyuncular: Fiskos Tiyatro Oyuncuları.

Umur Özlüer, tam anlamıyla sivri kalemli bir gazete yazarı. Kurucusu olduğu, Kalimerhaba Derneği, yaşamımın renkli, tiyatrolu günleriyle dolu bir bölümünü oluşturdu. Yaşadığımız yerin belediyesinin desteğini alamadı ama güzel projelere imzalar attı. Aşk oyunları oyunu küçük skeçlerden oluşuyordu. Hepsinde de ayrı bir toplumsal yaşanmışlığa dikkat çekiyordu. Fiskos büyükler tiyatro olarak oynadığımız son oyundu. Biri komşu ilçe turne olmak üzere üç kez oynadık oyunumuzu.. Tiyatro insana insanı anlatır. Sosyal sağlığın olmazsa olmazı olan sanatın en önemlilerindendir. Hobi olarak tiyatroyla ilgilenmek de, izlemek kadar güzeldi. Yaşadığımız yere tiyatro oyunu geldiğinde, amatör Fiskos oyuncuları olarak mutlaka gitmeyi istiyoruz. Çünkü bir oyuna ne kadar emek verildiğini biliyoruz. Benim yolumun bir bölümünde oldukları için hepsine teşekkürü borç bilir, buradan sevgi ve saygılarımı iletirim. Kalimerhaba sanat sofrasında buluşmak üzere...

http://www.marmariskulturmerkezi.com/

Bir Evlilik Hastalığı 'Romantizma'

*Müzik, Luxus yapımı.
https://youtu.be/f8S15e2RcLI

Bir Evlilik Hastalığı 'Romantizma' oyunu ilk kez geçtiğimiz ekim ayında sahnelenmeye başlamış. Oyuncularına "Ayrılsak da Beraberiz" dizisinden aşinayız. Janset ve Gökçe Özyol. Dizide başrolde oynayan Hakan Yılmaz ise bu oyunda yapımcılık rolümü üstlenmiş. Oyuncular çok başarılıydı ve tabii ki de yapımcı da. Oyunu da keyifle seyrettik. Konu evlilikti. Yirmi yıllık evli bir çift, içinde ukde kalmış olan düğünlerini yapmayı istiyor ve düğün hazırlığı yaparken de birbirlerinden farklı hayaller kuruyorlar. Birinci perdede düğün hazırlığı aşamasında birbiriyle olan çekişmelerini, ikinci perdede de düğünde yaşadıkları çekişmeleri, tüm olanların onları ayrılığa götürüşünü ancak iş ciddileşince de ayrılmayı gerçekten istemediklerini, aslında birbirlerini ne kadar sevdiklerinin farkına varışlarını anlatıyordu. Özünde sevgi olan evcilik oyununu, biri erkek biri dişi olan iki ayrı kişinin bu oyunda yaşadıklarını anlatıyordu. Senin annen, benim annen, senin teyzen benim eniştem, sen ile benin çekişmelerini, birbirlerini kıskanmalarını ve bunun gibi hallerini güldürerek anlatıyordu.

Günün koşuşturmacası, iş ortamının verdiği stres, arkadaş, dost, aileler, akrabalar kısaca kişiler arası iletişimsizlikler, ekonomik zorluklar gibi birçok değişik nedenle zaman zaman yaşanan gerginlik ve sıkıntıların eşler arasında bertaraf edilip, geri dönüştürülmesini gördüm bu oyunda.

Önceki yaşanmışlıklarına bakarak içinden olumlu olumsuz olan düşünceleri ortaya çıkardılar, olaylara, birbirlerine ve yakınlarına olan olumsuz düşüncelerini tüm yalınlığıyla gün yüzüne çıkarttılar ve dillendirmekten çekinmediler. Bunu yaparken de hiç kabalaşmadılar, şiddete dökmediler; medenice cümlelerini, duygu ve düşüncelerini, yaptıkları hataları irdelediler. Onca yıl hayalini değişik şekillerde kurdukları düğünleri, istedikleri gibi mükemmel olmasa da bir şekilde gerçekleşti. Öyle ki gelinin annesinin olaya karışmasıyla da, düğün salonları, müzikleri, düğün pastası hatta nikâh memurunun okuduğu isimler bile karışmıştı. Aksilikler de oldu ama sonucunda geri dönüşüm aslında tam da istedikleri gibi oldu; evlilikleri tazelendi. Yaptıkları dans eşliğindeki konuşmalarıyla evliliklerini daha da taçlandırdılar. Zaten mutluydular; farkına vardılar ve yeniden mutlu sona ulaştılar...

Evlilik hastalığı 'Romantizma' oyunu; yaşamın acısıyla, tatlısıyla beraber kucaklandığı için; evlilikte her zaman romantizma beklemenin bir hastalık olduğunu bize anlattı. Anlatırken de güldürdü. Çoğu evli çiftin kendilerini de bulacakları oyunu, bu yıl sahneye konmuş olduğundan, sıcağı sıcağına bizlerle buluşturmaları da bizler için ayrı bir zevk oldu. Oyunun sahne önü, sahne arkası tüm ekibine teşekkür ederiz.

Elmayı Yedik

Amatör tiyatro oyuncularının rol aldığı "Elmayı Yedik" isimli tiyatro oyunu Marmaris'te sahnelendi. Kadınların maruz kaldığı ayrımcılığı, konu alan skeçlerden oluşan oyuna ilçe yaşayanı yoğun ilgi gösterdi. "Marmaris Halk Tiyatrosu" grubu skeçlerden oluşan tek perdelik "Elmayı Yedik" oyununu sahneledi. Oyun, Armutalan Kültür Merkezi'nde seyirciyle buluştu. Sanatseverler, oyuna yoğun ilgi gösterdi. Oyunun yönetmeni ve oyuncusu Atilla Geniş, oyun hakkında bilgi verdi. İki yıldır faaliyette olan bir grup olduklarını dile getiren Geniş: " 'Marmaris Halk Tiyatrosu' iki yıldır kurulan bir tiyatro. İkinci oyunumuzu sahneledik. Bu oyunumuz, kadınlar için yapıldı. Kadınların uğradığı ayrımcılığa karşı biz de bir ses olalım dedik. Ve Marmaris'ten kadınlara bir selam çaktık. Birinci oyunumuz da büyük bir ilgiyle karşılandı. Bu oyunda da ilgi fena değildi. Marmaris için çok doyurucu bir ilgi vardı. Bu akşam buradan çok mutlu ayrıldık. İyi bir enerji yaşadığımıza inanıyoruz. İnsanlara da iyi bir enerji verdiğimizi düşünüyorum. Daha büyük oyunlara hazırlanıyoruz." (*Gazete Haberlerinden*)

Basında bu şekilde yer alan, "Elmayı Yedik" oyununun izleyicileri arasındaydık. Konusu itibarıyla da, eğlendiren ve düşündüren bir oyundu. Komedi tarzında ve skeçlerden oluştuğu için de seyirciyi sarmaladı ve bol bol güldürdü. Tüm oyuncuların, bizlere de yansıttıkları, güzel bir enerjileri vardı. Aynı zamanda oyuncularından da olan yönetmenin ve diğer oyuncuların birbirlerini saran ve kucaklayan enerjileri, bu grup iyi oyunlar çıkartır dedirtti bizlere. Oyunlarına hazırlanırlarken, zor şartlarda çalışmalarına rağmen, yerel yöneticilerin desteğini ve yardımlarını almış olmaları, oyunlarını sahneleyecek bir tiyatro salonunun olması da en büyük şansları olmuş... Şansları ve başarıları daim olsun. Emeklerine sağlık...

Artık ilçemizde birkaç amatör tiyatro topluluğu oluştu. Oyun hazırlanırken ne kadar emek verildiğini biliyoruz. Zamanımız müsait olduğunca, izleyicileri olmaya devam edeceğiz. Nice güzel oyunlara...

Âdem ile Havva meselesine gelince:

Tek bir nefisten yaratılan Âdem ve Havva, şeytanın verdiği vesveseyle, nefislerine hâkim olamayıp elmayı yiyince, cennetten kovulurlar. Bunun, şeytanın vesvesesiyle olduğunun farkına varınca, şaşırıp kalırlar ve tövbe ederler. Rablerine: "Eğer bize salih (bir çocuk) verirsen, andolsun şükredenlerden olacağız." diye dua ederler. Duaları kabul olur...

Âdem ve Havva, elma yeme işini birlikte yaptılar. İnsan nesillerini birlikte oluşturdular. Bu konuda sorun varsa eğer, ne sadece Âdem'in, ne de sadece Havva'nın sorunu. Âdem de, Havva da, nefislerine hâkim olamadıklarından, eşit derecede sorumlu oldular...

Basın, oyunun, "kadınların maruz kaldığı ayrımcılığı" anlattığını yazmış ama bunda Havva'ların da suçu yok mu? Yani kısaca sorun, ne Âdem, ne de Havva sorunu. Yani ne erkek ne de kadın sorunu. 'Nefse hâkim olamama' sorunu...

İnsanlığın, **nefse hâkim olarak**, yeniden cennetine kavuşabilmesi dileğiyle...

Victor Hugo

Tiyatro sezonunu Victor Hugo'nun, Bir İdam Mahkûmunun Son Günü oyununu izleyerek açtık. "Victor Hugo politik ve toplumsal sorunlarla çok yakından ilgilenen bir yazardır. O yüzden daha 26 yaşında iken "Bir İdam Mahkûmunun Son

Günü" adlı kısa romanını yayınlamıştır. Toplumda insana bahşedilen en önemli hakkın yaşam hakkı olduğunu savunan yazar, idam cezasının kalkması için bu yapıtı yazmış ve kamu vicdanını etkilemeye çalışmıştır. Şuan birçok dünya ülkesinde daha yeni yeni ölüm cezası kalkmış olsa da, yaklaşık 200 yıl önce bir yazarın bu konuya değinmesi azımsanmayacak bir başarı kabul edilmelidir." (Kitabının arka kapak bilgisinden).

Romandan uyarlanan bu oyunda, kızına tecavüz eden bir adamı öldürerek idam cezasına çarptırılan, verilen idam cezasını beş hafta önceden öğrenen ve kim olduğu meçhul bir adamın, hesaplaşması, sıkıntısı, çaresizliği ve içinde bulunduğu durumu konu alan, kendi kendine ve seyirciye konuşarak; tüm düşünce ve duygularını seyirciye geçiren tek kişilik bir oyundu. Oyuncu Kazım Akşar'dan seyrettik. Kırk beş dakika hiç durmaksızın konuştu. Ezberine ve oyunculuğuna hayran kaldık; ayakta alkışladık.

Victor Hugo'nun eserlerinden uyarlanan oyunlara gitmeden önce, eğer hiç okumamışsanız, oyun ile ilgili bilgi edinip gitmenizi tavsiye ederiz. O zaman oyunu seyrederken kendinizi daha iyi verebilirsiniz. Aksi takdirde oyun güzel olsa bile, sıkılmanız olası. Konusu dram olan, tek kişilik bir oyunu izlemek de başarı. Biz oyunun sonrasında dostlarla içilen kahve eşliğinde bu sonuca ulaştık ve bu sene de geçen sene gibi bol oyunun gelmesini diledik.

Tiyatro, Sinema, Kitaplar İle İlgili Yazılarınız İçin:

İzlediğiniz veya oynadığınız tiyatro, sinema, okuduğunuz kitaplarla ilgili yazılarınızı yazabilirsiniz. demet@penceremdeninciler.com adresine gönderirseniz; "Penceremden İnciler"de yayınlanacaktır. Okurlardan, yeterince gönderim alınırsa; derlenip, kitap olacaktır. Hadi o zaman, şimdi yazma zamanı.

Müzik
En Güzel Mucize

"Her iki oğluma da boyamıştım,
İkisi de merak sarmıştı ergenliklerinde gitara.
Gitar onlara diyor ki: Müziğini yanına almayı unutma!
Düşüncem: Müzik, yaradılışın en güzel mucizesi..." demiştim.
Socrates de "**Müzik ruhun gıdasıdır.**" demişti. Bu bloğa, ruhun gıdası olan müziği eklememek olmazdı. Müzik evrenseldir. Ruhuma iyi gelen tüm müzikleri seviyorum. Mademki, "**Müzik insanlığın ortak dilidir.**" (Henry Wadsvorth Longfellow), o zaman bu dili de, hep beraber kullanmamız gerekir. Üstelik de "**Müzik duygularımızın en açık dilidir.**" (Emil Zeig).
"**Dünya sahnesinde işler sarpa sarınca orkestra devreye girer.**" (Kari Kraus).
"Bir milleti tutsak etmek isterseniz müziğini çürütün." ve "**Bir memleketin ahlak bakımından nasıl idare edildiğini anlamak isterseniz, o ülkenin müziğini inceleyiniz.**" demiş Confucius.

"Müziği kim anarsa başka insanların uğradığı tüm çöküntülerden kurtulur." (Ludwig van Beethoven)

"Müziğin amacı heyecandır, hiçbir sanat insan kalbinde bu kadar yüce bir insanlık duygusu uyandıramaz." (George Sand).

"Ağır ağır ölüyor yolculuğa çıkmayanlar, okumayanlar, müzik dinlemeyenler, gönlünde incelik barındırmayanlar." (Pablo Neruda).

Müzik bu denli önemli ve etkili. O halde, biraz da müziği anmalı ve dinlemeli.

"Musiki öyle bir denizdir ki, ben paçaları sıvadım ama hala içine giremedim." diyen Dede Efendi'yi de anmadan geçmemeli.

Müzik ya da musiki, en genel tanımı ile sesin biçim ve anlamlı titreşimler kazanmış halidir. Başka bir deyiş ile de müzik, sesin ve sessizliğin belirli bir zaman aralığında ifade edildiği sanatsal bir formdur.

Nota, müzikal sesleri simgeleyen işaretlerdir. Bir başka deyişle nota, müziği temel frekanslara verilen addır. Nota sözcüğü, bir fikri daha sonra hatırlamak için işaretler ile bir yere o fikri temsil edecek biçimde yazmayı dökmeyi anlatır. (Vikipedi)

Müzik enstrümanlarında kullanılan toplam yedi adet ana nota vardır. Bunlar: **DO, RE, Mİ, FA, SOL, LA, Sİ** olarak sayılabilir.

Müziğin oluşumunda, notalar kadar, notaların arasındaki boşluklar da önemlidir:

"Müziğe anlam kazandıran 'Es' lerdir" (Anonim)

Öyleyse şimdi **"müzik dinleme"** zamanı...

Hakkında (3. Menü)

Neden "PENCEREMDEN İNCİLER"?

Giriş yazımı yazdığım günden bu yana sayfalarım epey şekillendi ve "Hakkımda" yazısı oluştu.

Takip ettiğiniz için sizlere teşekkür ederim. Umarım beğenir ve keyifle okumaya devam edersiniz.

"Tababet ve Şuabatı San'atını", arzı icraya çalışan ve 28 yıllık pratikten yetişen bir hekimim. Ege'nin incisinde, kuruluşu daha eski olan okulundan mezunum. Bir dalda uzmanlaşmak yerine, "Bütüncül" yaklaşmak istedim. Sağlığa, beden, ruh, sosyal her açıdan bakmayı sevdim. Tüm bu sanatı icra edenler gibi önceliğim; "Primum Non Nocere" (Önce zarar verme) Hipokrat.

İçinde bulunulan zaman, yer, çevre koşulları, sosyal çevre, hepsiyle birlikte, "Bütüncül Yaklaşımı", "Koruyucu Sağlığı", "Sanat "ı da önemseyen, hepsinin sağlığın olmazsa olmazı olduğunu düşünen bir bakışa sahibim. 10 Ekim, "Dünya Ruh Sağlığı" günü ile başlamıştı buradaki çalışmam. Bu günün bu yıl ki teması: "Değişen Dünyada Gençler ve Ruh Sağlığı."

Dilerim ki; Penceremden İnciler, bu bağlama da hizmet eder ve yol gösterici olur...

Burada tüm bunları, elimden geldiğince, güzel, basit, sade ve taze anlatmaya çalıştım. Ve de anlatmaya devam edeceğim.

Atölye sözlük anlamı: Zanaatçıların veya resim, heykel sanatlarıyla uğraşanların çalıştığı yer, işlik. "Sanat Atölyelerinde, her atölyeyi oluşturan bir usta zanaatçı mutlaka hep var. Buraya süzülenler ustalardan öğrenilenlerdir.

Tüm öğretmenlerime ve ustalara saygıyla...

İletişim

E-Mail Adresi : demet@penceremdeninciler.com

Gizlilik Politikası

Merhabalar,

penceremdeninciler- 15.10.2018 / Sitenin ve paylaşımların, tüm hakları saklıdır / Siteden alıntı yapılırsa, kaynak gösterilmelidir / Sitede kullanılan alıntılar için kaynak gösterilmektedir / Site güvenlidir ve güvenlik ayarları etkindir /

ETKİNLİK (4. Menü)

MEKTUP

Burada yazmayı deneyimleyebilirsiniz.

Yazmak sağlığa iyi gelir. Bir hekim olarak, hepinizin sağlığına da küçük bir katkım olsun istedim. Dileğim; mektuplarınızdan da bir kitap oluşması. Hadi o zaman, sizler de ''Büyülü gerçeklik'' lerinizi oluşturun. Adı mektup ama masal da olur, öykü de, makale de, sizi etkileyen bir anınız da hatta seviğiniz bir yemeğin tarifi de. Nasıl isterseniz öyle. Yazarken bana hitap etmeniz de gerekmez. Sizleri daha fazla oyalamayayım. Artık yazma sırası sizin…

Belki senin de içinden bir yazar çıkar, bilemezsin...

Bakınız:

https://www.penceremdeninciler.com/2019/10/11/bir-yazi-birak/

Teşekkür ederim.

Mektuplarınızla devam edecek…

Demet Nohutçu